本书由中共广西区委党校、广西行政学院资助出版

THE PEARL RIVER-WEST RIVER
ECONOMIC BEIT

珠江—西江经济带

省际经济社会发展比较研究

莫仲宁 等◎著

A COMPARATIVE
STUDY OF THE PROVINCIAL ECONOMIC AND
SOCILI DEVELOPMENT

中国经济出版社
CHINA ECONOMIC PUBLISHING HOUSE
·北京·

图书在版编目（CIP）数据

珠江—西江经济带：省际经济社会发展比较研究／莫仲宁等著.
北京：中国经济出版社，2016.12
ISBN 978-7-5136-4466-2
Ⅰ.①珠… Ⅱ.①莫… Ⅲ.①区域经济发展—经济带—研究—中南地区 Ⅳ.①F127.6
中国版本图书馆 CIP 数据核字（2016）第 270995 号

责任编辑　杨　莹　郑潇伟
责任审读　贺　静
责任印制　巢新强
封面设计　任燕飞

出版发行　中国经济出版社
印 刷 者　北京艾普海德印刷有限公司
经 销 者　各地新华书店
开　　本　710mm×1000mm　1/16
印　　张　16.5
字　　数　248 千字
版　　次　2016 年 12 月第 1 版
印　　次　2016 年 12 月第 1 次
定　　价　48.00 元
广告经营许可证　京西工商广字第 8179 号

中国经济出版社 **网址** www.economyph.com **社址** 北京市西城区百万庄北街 3 号 **邮编** 100037

目　录

第二篇 珠江—西江经济带省际社会发展水平比较

第三篇 珠江—西江经济带省际经济可持续发展能力的比较

第一章　导　论

珠江—西江源远流长，是我国仅次于长江的第二大内河航运水道，上接云南和贵州、纵贯两广、汇于港澳。珠江—西江流域面积覆盖人口约1.2亿，涉及GDP 10000多亿元。2014年7月，国务院批复《珠江—西江经济带发展规划》，开启了我国跨行政区域、大区域的协调发展的历史篇章。在时代背景下开展珠江—西江经济带的省际比较研究，需要我们以实践为基础，以问题为导向，把握珠江—西江经济带形成机理及内在规律，全面、系统地比较广西、广东、云南、贵州的经济社会发展情况，发现并找出构成广西现实差距的影响因素和制约问题，从而提出更适合广西区情与所处发展阶段的对策建议，本书的研究成果将应用于珠江—西江经济带开发建设的进程中。

第一节　研究的背景、目的和意义

珠江—西江像一条绿色绸带将粤桂滇黔四省区紧密联系在一起，珠江—西江历来是连接西南和华南的“黄金水道”。在国务院批复《珠江—西江经济带发展规划》之后，粤桂滇黔四省区迅速行动、采取有力措施，这是真抓落实国家战略的积极响应，也是本书研究的时代背景和出发点。

一、研究的时代背景——珠江—西江经济带纳入国家战略

广西居于珠江—西江经济带的核心地位，西江干流流域占广西国土面积的87%。长期以来，广西始终把西江开发置于区域经济发展的重要位

置，尤其是改革开放以来，广西坚持不懈地实施西江开发、开放战略，西江流域的开发、开放、发展走过了极不寻常的路程。

（一）从沿江开放到珠江—西江经济带建设的历史进程

20 世纪 80 年代中期至 90 年代初期，我国对外开放由特区逐步扩大到沿海、沿江、沿边地区，初步形成从沿海向内地梯次推进的格局。广西沿江开放战略同步推进，从此，以梧州、柳州为重点的沿西江开发、开放逐渐掀起建设高潮，走出了一条从建设“西江经济走廊”、到建设“西江黄金水道”、再到建设“珠江—西江经济带”独具特色的流域经济开发、开放之路。

1. 建设“西江经济走廊”，开创广西沿江开放的新局面

乘改革开放东风，广西沿江地区开放同沿海地区开放一样如火如荼地开展。1988 年年初，在国家有关部门的牵头下，西江流域的广东、广西、云南、贵州四省区，加上港澳两个特区论证研究了建设西江经济走廊战略构想，旨在构建一条西江产业带，对全流域实行统一规划、梯度发展，形成上下游依存共赢的产业链。

西江 80% 流域面积在广西，实施“西江经济走廊”战略，受益最大的是广西，是一个千载难逢的发展机遇。广西作为提议方和参与方，拿出了真诚的意向和积极的行动，从政府、市场两方面形成强有力的推动力。一方面，发挥政府作用。广东、广西两省区签订了有关协议，共建西江走廊。沿江各城市政协联合组织，定期举办西江走廊政协横向联系协作会议，加强交流、达成共识，共同呼吁和推进西江走廊各城市经济文化合作交流和发展。另一方面，发挥市场作用。高调倡导全面融入粤港澳，通过整治西江，建设完善发达的交通网络，为发达地区市场、资金、技术和信息的转移和扩散提供基础条件。引导企业根据大珠三角地区市场需求，利用西江水运成本优势，发展水泥建材、食品加工、木材家具、林化工、林浆纸、中草药业、现代种养业等地方特色产业，加快西江流域工业化、城镇化。

西江经济走廊建设对广西沿江地区对外开放起着巨大的作用。一是充

分利用西江黄金水道的有利条件，积极发展内河航运和水陆直达运输，实现与广州黄埔港、南沙港对接，建立珠江水系航运与海运乃至远洋运输高度互动航运体系，为区域扩大开放创造有利条件。二是重点瞄准港澳台市场，主要发展农副产品的深加工出口、特色机电产品出口，建立一批出口产品生产和加工基地，为促进区域外向型经济发展创造产业基础。三是在产业布局、市场培育、水利电力资源开发、交通运输、区域性旅游、劳务输出以及科技教育等方面，加强交流与合作，为区域开发开放创造空间。四是高度重视发挥流域中心城市广州、南宁的作用，同时发展梧州、肇庆等中等城市，为区域经济一体化创造良好环境，从而促进建立发达的西江经济走廊。

2. 建设西江亿吨黄金水道，广西沿江开放迈上新台阶

随着西江经济走廊建设不断取得新进展，提升了其在泛珠三角区域合作的地位和作用。总体上看，无论是从理论到实践，从政府到民间，在经济、社会、文化等方面都有了一定的合作基础，为深入推进广西沿江开放创造了条件。

2008年2月，国家批准实施《广西北部湾经济区发展规划》，标志着广西北部湾经济区开放开发上升为国家战略。为促进区域协调发展，广西提出“打造西江亿吨黄金水道”的重大决策部署。西江亿吨黄金水道于2008年启动建设，本着“开放、合作、协调、高效、生态”的原则，坚持高起点、高标准、高质量地推进规划、建设、管理，紧紧围绕建设西江亿吨黄金水道的战略目标，大规模投资西江水运通道建设，全面提升水运生产力水平，努力形成以航运带动物流、物流带动产业、产业推动合作的区域合作与联动发展新格局。广西成立了由自治区党委书记和自治区主席任组长的西江黄金水道建设领导小组，颁布实施了《广西西江黄金水道建设规划》《西江航运干线航道建设规划》；会同粤滇黔等省共同编制了《西江航运干线航道建设规划》等，组建了广西西江开发投资集团有限公司，作为开发运作西江黄金水道项目建设投融资主体，实施了枢纽及船闸、航道、港口和物流、运力优化、支持保障系统“五大工程”建设，还配套出

台了支持西江黄金水道建设发展的一系列财税、土地、投资、金融等优惠政策。在一系列有力政策措施的推动下，截至2013年，西江黄金水道建设累计完成投资220亿元，内河港口货物吞吐量和内河货运量均破亿吨，分别达到1.07亿吨、1.61亿吨，基本实现西江亿吨黄金水道的建设目标。

建设西江亿吨黄金水道，促进了广西沿江开放迈上新台阶。从自身来看，通过大规模投资建设西江水运通道，以水运带动形成沿江经济带，一方面让桂西、桂东这两翼发展起来，一方面实现与北部湾地区的江海联动。从区域来看，通过建设两广水上交通大动脉建设，以航运促进广西与周边省份建立最紧密的区域合作，一方面吸引粤港澳等东部产业转移项目与广西对接，一方面吸引西南地区经广西与东部、东盟的资源和市场对接，从而构建起东、中、西之间优势互补、互利共赢、合作发展的区域经济协调发展大格局。

3. 建设珠江—西江经济带，打造广西沿江开放升级版

西江亿吨黄金水道建设成效突出。目前，西江航运干线南宁牛湾以下全面升级为2000吨航道，2000吨级船舶可从南宁、贵港直航粤港澳，内江港口实际通过能力突破亿吨。西江水运通道的航道等级、港口吞吐能力、运输服务能力显著提高，为珠江—西江经济带形成和发展，打造广西沿江开放升级版奠定了坚实的基础。

2014年7月8日，国家批准实施《珠江—西江经济带发展规划》，开启广西沿江地区进入开放发展的新时代，打造沿西江开放升级版成为了历史的必然选择。《珠江—西江经济带发展规划》中关于经济带的战略定位选择，对广西沿江开放提出了更新更高的要求：一是把珠江—西江经济带建设成为西南中南开放发展战略支撑带的战略定位，要求广西要向东部地区先进生产力靠拢，建设形成西南中南地区新的横向发展主轴，为实现东部发达地区与西部后发展地区的有效对接作贡献。二是把珠江—西江经济带建设成为东西部合作发展示范区的战略定位，要求广西要借助珠三角地区辐射带动作用，极大地提升自身发展实力，为西南、中南地区开放发展，发挥示范带动效应以及提供战略支点的功能和作用。三是把珠江—西

江经济带建设成为流域生态文明建设试验区的战略定位，要求广西积极探索跨省区流域生态建设新模式，为推动流域可持续发展发挥应有作用。四是把珠江—西江经济带建设成为海上丝绸之路桥头堡的战略定位，要求广西深化与东盟国家合作，为推进海上丝绸之路建设，进一步深化区域开放合作做不懈努力。总之，珠江—西江经济带建设发展，必将大大提升广西在全国区域协调发展和面向东盟开放合作格局中的战略地位和作用。

（二）珠江—西江经济带与区域开放格局变化

自20世纪80年代末广西和广东提出共建西江经济走廊，到目前珠江—西江经济带上升为国家战略，流域开发、开放、发展的30多年不寻常历程清晰地展现在世人面前。从早期的两广合作对主要江段的开发到目前全流域的科学全面开发，从较长时期的地方自主开发到目前的国家战略性开发，广西沿江开放完美地实现了从“西江经济走廊”到“西江黄金水道”，再到“珠江—西江经济带”的三级跨越。近日，在国家的推动下，大规模地开展珠江—西江经济带建设，更是实现了流域经济的华丽升级。珠江—西江经济带建设，必将区域协调发展和深化与东盟合作以及整个西江流域、西南地区的经济社会发展产生巨大的影响。

1. 建设“珠江—西江经济带”，适应打造中国—东盟自贸区升级版、建设“21世纪海上丝绸之路”的需要

2013年9月，在广西南宁国际会展中心召开的“第十届中国—东盟博览会”和“中国—东盟商务与投资峰会”上，国务院总理李克强发表主旨演讲，并倡议打造中国—东盟自贸区升级版。力争到2020年，双边贸易额达到1万亿美元。中国将进一步向东盟开放市场，并与东盟讨论进一步降低关税，削减非关税措施，开展新一批服务贸易承诺谈判，从准入条件、人员往来等方面推动投资领域的实质性开放，从而使中国—东盟自贸区升级版顺利推进，开创中国与东盟合作的未来“钻石十年”。同期，习近平总书记提出建设“新丝绸之路经济带”和“21世纪海上丝绸之路”的战略构想，强调相关各国要打造互利共赢的“利益共同体”和共同发展繁荣的“命运共同体”。推进海上丝绸之路建设，形成全方位开放新格局，是

新时期我国的重大发展战略，与打造中国—东盟自贸区升级版的战略意图高度吻合。建设珠江—西江经济带，将形成区域性新增长极，为打造中国—东盟自贸区升级版增添强劲动力。而珠江—西江经济带的战略目标之一是建设海上丝绸之路桥头堡，要充分发挥珠江—西江经济带对接东盟的国际通道、开放平台和多区域合作的虚拟中心与汇合点等诸多作用，放眼世界、融入东盟，为海上丝绸之路国家、东盟国家的振兴发展和人民福祉发挥重要作用。

2. 建设“珠江—西江经济带”，推动形成区域协调发展新格局

促进区域协调发展是我国独具特色的经济发展道路之一。自 1999 年起，我国进入了注重区域协调发展的阶段，在全国范围内实施区域协调发展总体战略，到目前为止，已经形成了西部大开发、东北振兴、中部崛起、鼓励东部率先发展的区域发展总体格局。坚持实施区域协调发展总体战略，不仅要求东、中、西、东北各经济区之间协调发展，而且要求各经济区内部协调发展，只有各经济区的协调发展，才能实现我国总体性的区域协调发展。珠江—西江经济带涵盖粤桂滇黔四省区，实现区域协调发展是应有之意。区域战略的选择只能是充分考虑布局合理性和各地区平衡发展，推动形成东部发达地区与西部后发展地区协调发展的新格局，只有这样，才能使我国大力推动区域协调发展的全局性目标得以实现。

3. 建设“珠江—西江经济带”，推进产业结构和生产力布局优化

推动《珠江—西江经济带发展规划》实施，是粤桂滇黔四省区的一致行动。广西实施方案的最大亮点是，从 2014 年起用三年左右的时间实施重大航运过船设施及航道、重大航运泊位、“市市通高铁”工程、“县县通高速”工程、重大民用机场工程、重大水利及供水水源、重点港口集疏运体系、重点产业园区集疏及配套基础设施、重点污水垃圾处理工程、重点林业生态工程、重大送变电工程、重大信息通讯基础设施等 12 大类 166 个项目，计划总投资 6303 亿元。基础设施建设大会战，以航运优先，突破瓶颈，集中优势，突出抓好“一干三通道”西江水道通航设施建设、重点内河泊位建设、集疏运体系建设，提高西江水道通航等级。同时，提出区域

内“市市通高铁”、24 个县“县县通高速”，强化铁路水运、公路水运等连接线建设，加快建成现代化综合交通运输网络。产业发展方面，围绕《珠江—西江经济带发展规划》目标，支持部分沿江重点产业园区基础设施建设，力求取得显著效果。进行短时间、大规模、高强度的基础设施建设投资，既可以明显改善沿江产业发展环境，发挥作为承接粤港澳产业转移最为便捷的通道作用，吸引产业转移，优化产业布局；又能以增量带动存量，促进珠江—西江经济带现代产业结构调整和升级，进而提高汽车、机械、冶金和高新技术、劳动密集型优势产业的竞争力，加快沿江地区工业化、城镇化步伐。

4. 建设“珠江—西江经济带”，对于实施“双核驱动”战略至关重要

鉴于我国沿海省份“双核”发展的成功实践和经验，广西从自身实际出发，于 2013 年提出以北部湾和西江经济带作为推动广西发展的“双核”，充分利用区位优势和多重叠加机遇，实施“双核驱动”战略，带动广西中东西之间协调发展。2008 年，北部湾经济区上升为国家战略，经过几年大投入、大发展、大开放，已经初步成为“双核驱动”的重要一核；而今，珠江—西江经济带在国家大力支持下加快建设发展，不久就会成为“双核驱动”的另一核。当推动广西发展的“双核”均上升为国家战略，必须作为区域发展的重要经济增长极来培育，比肩成为引领广西发展腾飞的“龙头”和“引擎”，最大限度发挥“双核驱动”的作用。珠江—西江经济带要在新一轮发展中奋起赶超，后来居上。以更新更高要求，实现更快更好发展，持久保持旺盛活力，为区域经济协调发展作出更大贡献。

二、服务于全面实施《珠江—西江经济带发展规划》为本书研究的出发点

《珠江—西江经济带发展规划》是由国家发改委牵头，在国家层面组织编制的。编制《珠江—西江经济带发展规划》，要求滇黔桂粤港澳加强沟通合作，联合争取共同推动珠江—西江经济带建设上升为国家战略。实施《珠江—西江经济带发展规划》，则要求各方加强合作，形成合力，共

同推进，建立流域协调发展机制，实现区域经济协调发展。《珠江—西江经济带发展规划》对广西和广东一体化发展，粤桂滇黔互连发展提出更新更高要求，因此，需要我们对粤桂滇黔四省区作深入调研和系统的理论研究，进行珠江—西江经济带的省际经济社会发展比较研究，本书以实施好《珠江—西江经济带发展规划》为研究的出发点，可以为实施《珠江—西江经济带发展规划》的全过程提供决策性参考。

（一）为了实施好《珠江—西江经济带发展规划》，需要开展相关的理论研究和探讨

2014 年，我国深入实施区域发展总体战略的新举措之一，是要谋划沿大江大河等区域发展新棋局，推进梯度发展。目前，正是《珠江—西江经济带发展规划》上升为国家战略并且启动实施之即，全面落实《珠江—西江经济带发展规划》就成为粤桂滇黔四省区决策部门和学术界的首要任务。

纵观自广西沿江开放以来，在理论研究方面，关于西江开发开放、西江经济走廊、西江黄金水道方面的成果众多，其中不乏对珠江、西江流域省际比较的研究成果，但是，受不同发展阶段的历史条件、要素发展、人文资源等因素约束，所形成的成果无不带有明显的时代特征。经检索，针对珠江—西江经济带开展的粤桂滇黔四省区比较研究的成果几乎未发现，这就迫切需要学术界在这方面多作努力。《珠江—西江经济带发展规划》在实施过程中需要有相关理论研究和应用研究的支持。

《珠江—西江经济带发展规划》是我国第二大流域进行的跨省区规划，主要涉及粤桂滇黔四省区。历史以及现实中形成的地区差距、要素差异、环境差别等因素决定了在实施《珠江—西江经济带发展规划》的过程中，首先需要了解相关省区实情，掌握实据，避免《珠江—西江经济带发展规划》虚化、措施弱化，导致实施《珠江—西江经济带发展规划》缺乏应有的根基。开展本书的研究，应该成为推动实施《珠江—西江经济带发展规划》不可或缺的一项工作，有利于深入了解流域各省区的底子，做到心中有数；有利于了解流域各方发展差距，做到求同存异；有利于把握流域各

方发展轨迹和未来方向，做到掌握实情，因此，本书的研究具有重要的现实意义。

比较研究珠江—西江经济带省际经济社会发展的差异，研究的着力点还在于，通过比较分析粤桂滇黔四省区经济发展循序渐进的过程，找出广西的要素禀赋在近阶段经济发展上的比较优势，发现引发比较优势静态或动态变化的影响因素，挖掘其中最主要的影响因素，从而能够趋利避害，发挥后发优势，化比较优势为竞争优势，实现跨越发展。显然，实施《珠江—西江经济带发展规划》要求在理论和实践上都应有较大突破。

（二）为了实施好《珠江—西江经济带发展规划》，需要建立科学合理的评价指标体系

珠江—西江经济带是一个区域经济板块的概念，流域内各地经济社会发展的过程中，每一时刻都产生海量数据，大量的数据资源使得各地区、各部门、各领域开始了量化进程，开展数据收集、挖掘、整理、处理工作，以便拿出令人信服的结论和分析，为提出决策有赖于的研究基础，这是当今大数据时代的特征。本书利用粤桂滇黔四省区经济社会发展历年的统计数据，通过构建评价指标体系，建立数学模型，进行珠江—西江经济带省际比较研究，就是基于这一认识。

本书对珠江—西江经济带的粤桂滇黔四省区经济社会发展作省际比较分析，实质是研究省际间发展上的差距。就目前而言，国内外衡量、对比国家（或地区）的经济发展水平的应用较广的方法较多，例如汇率法（又称世界银行图表集法）、购买力评价法、实际生活质量指数法、社会进步指数法、人文发展指数法、综合国力方程法、ASHA 指标法等。这类方法的应用，评价指标的选择很关键，依据研究的目的决定哪些指标能进入评价体系，接着设计评价指标体系，指标体系中各指标之间的关系和指标本身的经济含义会对研究的合理性、科学性产生决定性的影响。本书从经济增长、经济社会发展、经济可持续发展三大方面，对经济增速、经济结构、经济增长质量、经济社会发展水平、城乡居民收入、教育与人力资源开发、经济可持续发展能力、水资源与经济社会发展协调程度、生态文明

建设进程九项内容进行省际间的对比评价，根据比较研究需要，设计相应的评价指标体系，以求全面反映研究对象的数量特征和数量关系、互相联系。

无论理论还是实践，建立反映现象本身联系的多样性的评价指标体系都是合理的，何况处于目前的大数据时代，决策依赖于量化研究已经成为方向。因此，在实施《珠江—西江经济带发展规划》过程中，需要分析和研究规划实施中存在的矛盾以及各种因素对实施规划的影响和程度，或还需要对某种重要指标的未来变化的趋势进行预测，等等。另外，实施《珠江—西江经济带发展规划》，都应开展常规性的中期评估、终期评估，完成评估工作，离不开建立和应用评价指标体系这个有效的方法。显然，本书的研究成果应用性是较强的，其形成的评价体系和分析思路，可以在《珠江—西江经济带发展规划》实施过程中提供具有较高应用价值的参考。

第二节 国内外流域经济开发实践与经验借鉴

流域开发与区域开发有所差别，流域开发针对以河流为纽带通过干支流网络连接起来的带状区域，流域开发以水资源的开发利用为中心和前提，推动流域内各地区资源的综合开发利用，最终实现经济社会发展。从国内外开发历史来看，往往沿江河流域是区域热点之一，而大河流域基本会成长为一个国家的经济支柱。珠江—西江流域作为我国仅次于长江的第二大流域，以建设长江经济带促进全流域开发，对于国际国内区域发展所构成的影响和意义是重大的。流域地处于经济后发展区域，学习借鉴国内外流域开发的成功经验十分必要，例如美国的田纳西河流域综合开发、我国长江经济带建设就是最好的范例。

一、国外流域开发的经典范例

考察国外流域开发的实践，一个带规律性的普遍现象是，各国无不把沿江河的开发开放放在优先地位，沿江河流域先行开发，会成为流经国最早的经济发达地带，并且现在大都仍然保持经济繁荣的状况，田纳西河流域、莱茵河流域等开发历程正是如此。美国田纳西河流域综合开发与管理的实践，被公认为在国外流域开发与治理中是最成功和最典型的，为世界各国的流域综合开发树立了样板，也为在经济欠发达地区发展流域经济提供了借鉴。

（一）田纳西河流域典型的多元化开发

田纳西河是美国密西西比河流程最长、水量最大的支流，位于美国东南部，流域范围包括七个州，面积10.5万平方公里。田纳西河流域的开发始于20世纪30年代。经过40多年的细心规划和治理开发，田纳西河流域发生了根本改变，展示了人类对江河流域综合开发的辉煌成就。

田纳西河流域开发初期，首先建造水利工程，结合发展水电，解决航运和防洪。防洪建设采取疏浚河道、修筑蓄水库等措施，提高过各水库统一拦蓄调节能力，40多年来，在田纳西河流域修建了35座主要水坝和8座次要水坝，控制了洪害。同时，还进行航运、供水、游览以及电力开发。兴建的一系列水坝工程与水电发展结合，水坝建设配套修筑水电站与电力输送系统，利用水运便利，在附近修建大型火电厂、核电厂，形成水火互济的高容量电力系统。为了改善航运条件，在干流主航道的大坝都配套修筑了过船闸，使得主要江段保持常年通航，促进了流域内外工农业交流和人员相互交往。伴随河流治理、航运和水电发展，流域工农业、旅游业也得到发展，兴办了化肥厂、炼铝厂等重工业，示范农场、良种场和渔场等也因水运交通方便以后，与市场联系紧密而更快发展起来。

田纳西河流域的开发到了开发中后期，可持续发展理念指导流域综合开发整个过程。产业结构趋于合理，高耗能、耗水的重化工业经过改造升级获得了新发展，相对环保的金属加工、机械、电器、服装、纺织、食品等厂纷纷入驻兴办，一个布局合理、结构优化的田纳西河工业走廊基本建成。发达工业带来经济的繁荣，畅通的交通促进了对外联系与交往，商业、物流等业态蓬勃发展，旅游和休养娱乐业不断活跃，旅游业在该地区经济中成为仅次于制造业的第二大产业，现代产业和服务业在经济中的比重畸高，农业比重下降到5%，田纳西河流域从40多年前的以农业为主的区域发展到了以第二产业、第三产业为主导的工业化、城镇化水平相当高的区域，进入了现代化建设的高级阶段。

（二）计划与市场共同推动下的田纳西河流域开发经验

一般认为，田纳西河流域开发之所以取得成功，归结于它采取了独特的开发模式，即计划与市场共同推动模式，计划与市场共同推动模式对于田纳西河流域的综合开发起很大作用。

1. 建立管理体制，领导流域开发

为了改变流域水患灾害频发，经济落后，人民穷困的面貌，美国试图通过一种新的管理模式，对流域自然资源进行大规模综合开发。1933年，美国国会通过了“田纳西河流域管理局法”，成立田纳西河流域管理局（简称TVA）。田纳西河流域管理局为联邦一级机构，其管理架构由田纳西河流域管理局董事会、地区资源管理理事会和由15名高级管理人员组成的“执行委员会”三方构成。内设机构设置有农业、工程建设、电力建设和经营、自然资源开发保护等方面的机构，内设机构根据自然资源综合开发的需要适当调整。田纳西河流域管理局负责防洪、航运、水电、工农业用水、环保与自然生态平衡等方面的工程建设，涉及这类领域的计划制定、工程建设、企业管理等方面，田纳西河流域管理局都需下达指令，进行强有力的领导。为了顺利开展田纳西河流域的开发，田纳西河流域管理局对全流域进行了统一规划，制定合理的流域开发建设程序，使开发过程更加尊重江河流域的自然规律，有重点，分层次，整体性和系统性较为明显。田纳西河流域已经在航运、防洪、发电、水质、娱乐和土地利用六个方面实现了统一开发和管理。

2. 制定法案，规范流域开发

田纳西河流域管理局是依据“田纳西河流域管理局法”设立的，标志着田纳西河流域开发和管理从全面启动之时，就必须是法律监督下实施规范开发。按法案规定，田纳西河流域管理局的职能和任务是，改进通航，提高田纳西河防洪能力；恢复植被，合理使用田纳西河流域贫瘠的土地；

发展该流域的工农业；有权为开发流域自然资源而征用流域内土地，并以联邦政府机构的名义管理。法案授权田纳西河流域管理局拥有田纳西河流域内规划、开发、利用、保护各项自然资源的广泛权利，法律保障田纳西河流域管理局从河流水资源综合利用入手，在防洪、疏通航道、发电、控制侵蚀、绿化、促进和鼓励使用化肥等方面，采取兴建工程、兴办实业措施，实现多元化开发。流域开发会出现水库综合利用、防洪灌溉和大电厂的矛盾，通过部门沟通还使得有些问题不方便解决，而通过法律调解，会促使水利和电力统一经营收到较好的经济效果。随着时间的推移，根据不断出现的新情况，法案不断修改和补充，使发行债券等涉及流域开发和管理的重大事项得到相应的法律支撑。

3. 采用私人企业机制，灵活进行流域开发

田纳西河流域管理局代表政府，在法律授权下，对流域开发实施统一管理，但这样的管理不是僵化的，该局的运行机制具有私人企业的灵活性，一方面肩负政府职责，一方面又以市场手段推动开发。一切的流域开发行为都在流域开发总体规划指导下进行，讲求高度计划性；而具体资源开发和工矿企业的经营管理，按经济规律办事，讲求商业的灵活性，计划手段与市场手段有机结合、共同推动。

建立起灵活的运行机制发挥很大作用。流域开发早期，田纳西河流域管理局开发项目利用联邦政府的拨款，并享受免税待遇，后改为低税征收，在政府扶持下，田纳西河流域管理局启动运行。后来田纳西河流域管理局先行发展电力工业，先进行水电开发，而后陆续兴建火电、核电、燃气电站等。发展电力，主要依靠发行国内外债券，面向社会筹措建设资金，数年之后，电力赢利逐步增加，为发展积累了资金。田纳西河流域管理局发展的经济实体采取私人企业机制，追求利益最大化的结果，随着企业赢利的持续增长，资产总值也在不断增长，能够按期归还政府拨款，还支持了包括水资源在内的流域自然资源综合开发和管理。

二、长江经济带开发的实践与开发模式

长江是我国第一大河，世界第三大河，长江流域孕育了发达的长江经济带。长江经济带横贯东西九省二市，是全国除沿海开放地区以外，经济密度最大的经济地带，战略性地位不言而喻。从20世纪90年代中期提出建设长江经济带构想，到2014年明确为国家战略，经历了长达30年的历程。30年来，长江经济带充分发挥无可比拟的优势，依托我国最广阔的腹地和发展空间，实现超常规快速建设发展，初步建成了拥有巨大的经济增长势能和潜力、世界上可开发规模最大、影响范围最广的内河经济带。

（一）长江经济带建设的成功实践

长江经济带最初包括七省二市，面积148.5万平方公里，占全国总面积15.5%。而今，已扩围至九省二市，面积205.5万平方公里，占全国总面积21.4%，拥有6亿人口。长江经济带从20世纪80年代中期提出到现在历经了四个发展阶段，每一个阶段的建设都取得明显成效。

1. 启动合作发展的时期（1985—1995年）

1985年9月，“七五”计划提出东中西部的概念，要求加快长江中游沿岸地区的开发，大力发展同东部、西部地带的横向经济联系，致力于推动农业、工业、商业、文化教育和科学技术等方面的多边合作。据资料显示，1995年长江中游沿岸地区人口2亿多，GDP总计1.4万亿元，分别占沿江九省市的44%、62%和全国的18%、25%，其人口密度、经济密度和人均GDP分别为沿江九省市的1.6倍、2.3倍、1.4倍以及全国平均水平的4.5倍、6.2倍和1.4倍，在沿江九省市和全国的经济地位及作用日益突出。1995年，沿江九省市拥有大小城市216个，占全国城市数量的33.8%；城市化水平约为50%，比全国平均水平高21个百分点；城市密度为全国平均密度的2.16倍。

2. 建设区域航运中心的时期（1995—2005年）

2005年，长江沿线七省二市签订《长江经济带合作协议》。明确了长江经济带的战略定位，一是依托长三角城市群、长江中游城市群、成渝城

市群；二是做大上海、武汉、重庆三大航运中心；三是推进长江中上游腹地开发；四是促进“两头”开发开放，即上海及中巴（巴基斯坦）、中印缅经济走廊。

3. 打造经济新支撑带的时期（2005—2013 年）

2013 年 9 月，国家发改委会同交通运输部在北京召开关于《依托长江建设中国经济新支撑带指导意见》研究起草工作动员会议，当时包括上海、重庆、湖北、四川、云南、湖南、江西、安徽、江苏九个省市。经过近 20 年发展，长江经济带已经积累了坚实的发展基础，跃升为继珠三角经济区之后的中国经济新支撑带。仅以长江水运为例，2013 年，长江干线货运量达到 19.2 亿吨，占全国内河货运量的 60%，承担了沿江地区 85% 的煤炭、铁矿石以及中上游地区 90% 的外贸货运量。长江水运的发展，加快了沿江地区的经济交往，增强了沿江地区的优势互补，成为建设长江经济带的重要依托。

4. 建设长江黄金水道的时期（2014 年至今）

十八届三中全会以后，我国基本确定了四个区域发展战略，即京津冀一体化、丝绸之路经济带和 21 世纪海上丝绸之路以及长江经济带，这是在国家新战略下实现跨区域、跨国界联动的大棋局。长江经济带是我国经济发展的一个重要轴线，覆盖上海、江苏、浙江、安徽、江西、湖北、湖南、四川、重庆、云南、贵州 11 个省市，其中，贵州和浙江两省于 2014 年确定被纳入。国家对建设长江经济带作了一系列重大部署：2014 年 3 月 5 日，十二届全国人大二次会议上，李克强总理在政府工作报告中首次提出，要依托黄金水道，建设长江经济带。2014 年 4 月 25 日，中共中央政治局会议提出“推动京津冀协同发展和长江经济带发展”。2014 年 4 月 28 日，李克强总理在重庆召开座谈会，研究依托黄金水道建设长江经济带。他强调长江生态安全关系全局，要求确保一江清水绵延后世、永续利用，走出一条绿色生态的新路。按照中央要求，国家发改委在“十三五”时期侧重于大江大河编制新一轮的区域规划，通过依托这些大江大河、陆路交通干线来引领带动发展，形成新的经济带和经济发展极。建设长江经济带，将更好地考虑发挥东部沿海地区的优势，利用长三角城市群在长江经济带上的龙头引导作用，在基础设施、产业、公共服务等方面达到一体化，从而形成中国经济发展的重要增长区域。

（二）长江经济带的开发模式

建设长江经济带，是新时期我国区域协调发展和对内对外开放相结合、推动发展向中高端水平迈进的重大战略举措，长江经济带的开发模式值得深入探究。

1. 共建“黄金水道”模式

国家开发长江流域形成经济带，打造长江黄金水道，早已有之。2003年以后，长江黄金水道联合开发被提上国家和沿江省市的议事日程，黄金水道的含金量伴随着流域经济迅猛发展而不断提升。

长江黄金水道建设的突破口是以港航、物流合作带动相关产业发展。港口建设率先启动，长江干线的上海、南通、苏州、镇江、南京、马鞍山、芜湖、安庆、九江、黄石、武汉、岳阳、荆州、宜昌、重庆、泸州等为区域性枢纽港口，着力支持其建设和发展，做大做强。逐步完善五大港口运输体系，主要是：以上海国际航运中心为核心的集装箱运输体系；铁矿石江海转运体系；煤炭专业化运输体系；汽车滚装运输体系和石油及液体化工品江海运输体系。在港口发展中不断拓展港口功能，重视利用港口优势，发展临港工业，促进地区经济发展。

各地参与建设长江黄金水道的积极性持续高涨，推进模式各具特色。上海市借自由贸易区的东风，加快建设上海国际航运中心，打造长江内河“水上高速公路”；江苏省每年从省财政安排内河航道建设专项资金不少于12亿元，加快实施长江南京以下12.5米深水航道建设工程，进一步巩固水运大省的地位。安徽省提高长江芜湖至南京航道能力，实现了3万吨级海轮驶抵芜湖、万吨级轮船进出安庆的历史性突破。湖南、江西、重庆、四川加快航运枢纽建设，以大幅提高通江达海水运通道能力。

在“十二五”的前两年，内河水运建设中央投资达到180亿元，已超过“十一五”中央投资的总和。“十二五”期间，整个长江黄金水道建设资金的需求规模将超过1500亿元，这些资金将主要用于长江干线航道、重要支流航道、支持保障系统和中西部地区公用码头等公共基础设施的建设。其中，长江沿江亿吨大港达到8个，长江干线内河货运船舶平均吨位超过1080吨，三峡船闸过闸船舶平均吨位达到3445吨。预计到2020年，长江干线货运船舶平均吨位超过2000吨、水系超过1200吨。至今为止，长江黄金水道优势日益显现，长江货运量已位居全球内河第一。“十三五”以沿江重要港口为节点和枢纽，统筹推进水运、铁路、公路、航空、油气管网集疏运体系建设，打造网络化、标准化、智能化的综合立体交通走廊，使长江这一大动脉更有力地辐射和带动广阔腹地发展。

2. 城市群发展模式

长江经济带覆盖11个省市、6亿人口，人口密集，经济繁荣。沿江重要城市有重庆、武汉、南京、上海，节点城市有39个，横跨长江三角洲城市群、长江中游城市群和成渝城市群。长江经济带区域核心城市综合功能强，长江经济带中上海为龙头，武汉为龙腰，重庆为龙尾，这三个重点城市分别带动三大城市群发展。上海，中国国家中心城市，中央直辖市，拥有副省级、国家级新区——浦东新区，以及国家级战略金融中心——“陆家嘴”；上海自由贸易试验区的设立顺应了全球经贸发展新趋势，是我国实行更加积极主动开放战略的一项重大举措。重庆，中国国家中心城市，中央直辖市，拥有副省级、国家级新区——两江新区，以及国家级战略金融中心——“江北嘴”。城市体系已比较完备，特大城市、大城市、中等城市、小城市、县城、县属镇和乡级镇组成的七级城镇体系，城镇等级齐全，类型多样。区域内次中心城市有经济实力，城市体系空间布局合理化。城市带的整体优势比较突出。以现代化交通体系为依托，建设一体化城市体系，城市综合服务功能完善。到目前为止，沿江城市群发展已具备经济支撑带基础条件，也是中国新型城镇化战略主战场。

3. 产业梯度转移模式

长江经济带是全国高密度的经济走廊之一，东部沿海聚集中国乃至世界的高端制造业，中部地区集中了中国的先进制造业，长江经济带把东部地区、中部地区、西部地区天然连接在一起，为产业从东向西梯度转移，促进经济转型升级提供了便利条件。上海、南京等沿江城市利用科技、人力资源丰富和制造业发达的优势，加快制造业发展步伐，为东部产业向外转移奠定良好基础；武汉、合肥等沿江城市积极打造承接产业转移的载体，比如安徽正在发展的皖江经济带，承接了东部地区的很多产业；重庆、成都等沿江城市大力发展电子信息等新产业，与东部沿海地区产业形成产业配套。现代化沿江高铁和铁路的建设强化了长江黄金水道的传统优势。利用天然的长江航道和现代化的沿江综合运输体系，长江上、中、下游地区之间立足于自身的比较优势，进一步展开更高层次、更密切的合作，推动产业转移，深化产业分工，形成直接带动超过1/5国土、约6亿人的强大发展新动力。

三、国内外流域开发的启示

国内外沿江沿河流域开发中的成功做法和经验，对珠江—西江经济带建设具有重要的启示：

一是从战略高度重视大江大河流域开发。国外一些发达国家都把沿江沿河流域的经济开发作为经济发展战略重点，并且达到预期效果。自改革开放以来，特别是新世纪以来，国家持续对重要江河开发作出一系列部署安排。2011年，国务院出台《关于加快长江等内河水运发展的意见》，使我国江河流域开发进入黄金发展时期。长江是我国横贯东部地区、中部地区、西部地区的第一大河流，连接我国经济最发达地区和十分贫困的西部地区，长江经济带战略有利于东部地区、中部地区、西部地区三大区域的联动，并与“两带一路”（即丝绸之路经济带、长江经济带和21世纪海上丝绸之路）国家区域战略联动，对我国未来经济增长起到支撑作用。事实表明，合理开发大江大河流域对于全国发展至关重要。珠江—西江经济带上升为国家战略，也是我国构建区域协调发展大棋局的重要一步，必将对中南西南开放发展起到重要的推动作用。

二是规划先行，立法保障。江河流域开发涉及水资源开发与管理，岸线资源合理利用和水生态保护等，以及涉及沿岸产业、城市发展等流域经济社会发展的方方面面，因而，需要编制科学规划，将各类要素有机结合起来，各类资源合理整合起来，才能实现流域整体开发、有效开发目标，密西西比河、莱茵河、泰晤士河、罗纳河等世界名河开发正是这样做的。我国长江经济带、珠江—西江经济带从国家层面进行规划建设，对于全流域的整体开发具有很强的指导意义。与规划并行，法制建设很关键。国际经验表明，流域开发与管理，必须建立一整套完备的法律法规来规范约束，比如美国颁发田纳西河流域管理局法，对田纳西河流域实行航运、防洪、发电、水质、娱乐和土地利用六个方面的统一开发和管理。我国针对江河流域开发的法律体系已经比较完善，要严格执法，充分发挥法制建设在江河流域开发中发挥重要的作用。

三是产业发展带动城市群发展。一般来看，国内外的流域开发从水资源综合治理入手，取得实质进展的标志是发挥江河优势，发展临江产业，通过产业集聚，推动周边城市兴起，最终形成覆盖全流域的城市群和产业带。莱茵河流域开发以世界第一大港鹿特丹，以及法兰克福等四大城市为中心，联合周边 90 多个中小城市共同组成城市圈，形成“香蕉形”经济轴线的主体，是世界上最密集城市群和产业带之一。经过 30 多年发展，长江经济带的长江三角洲成为我国最大的综合性工业基地，工业总产值占全国 1/4，是我国以至世界经济增长最迅速、城市化进程最快的地区之一，构造世界级城市群条件已基本具备。长江三角洲为珠江—西江经济带城市群建设提供了示范，说明以大城市为核心，沿江河地带为轴线，带动全流域经济起飞是一条流域开发的成功之路。

四是政府作用和市场作用协同发挥。西方国家对沿江沿河开发的成功经验之一是采用政府主导型市场经济模式，建立兼具政府与企业、科研机构与经营实体的实权机构，统一负责流域开发和管理。政府对全面合理规划、开发、利用流域内各种资源实行强有力的干预；而在有效运营官方、企业和民间资本，以及在洪水控制、航运、水能开发和产业发展、城镇建设等方面，政府为发挥市场配置资源的决定性作用提供制度保证和前提条件，如此在全流域开发的过程中，发挥好政府和市场的协同作用。在国家布局长江经济带、珠江—西江经济带发展的大格局下，市场决定和政府有为都不可或缺，应坚持市场化改革方向，最大限度地提高资源配置效率，增强珠江—西江经济带建设的内生活力。

第三节　研究框架、主要内容和方法

全面实施珠江—西江经济带发展规划具有重大的战略意义和深远的历史意义。本书遵循流域经济发展的客观规律，区域发展的内在机理，运用相关理论和方法，确立本书基本的研究思路。

一、本书研究的主要观点

本书的主要观点概述如下：

——改革开放以来，粤桂滇黔四省区创建了“广东速度”“广西速度”“云南速度”“贵州速度”，这是举世瞩目的“中国速度”的地区版。特别是20世纪90年代以来，粤桂滇黔四省区经济增长速度基本上均高于全国平均水平，呈现出经济长周期地高速增长状态。国家实施西部大开发战略，更是推进了桂滇黔经济增长呈现迎头追赶态势，广西和云南先后迈入GDP万亿元俱乐部，为西部省区与全国同步全面建成小康社会打下了基础。因此，比较研究粤桂滇黔四省区经济增速，提出促进广西经济平稳健康发展的对策建议很有必要。

——改革开放以来，粤桂滇黔四省区产业结构不断调整优化升级，产业结构变动成为了经济快速增长的驱动因素。目前广东逐步向后工业化阶段过渡，广东三次产业的产值结构水平居我国第一方阵，滇桂黔三省区大约落后于全国7~12年，并且农业产业专业化程度在全国水平之上，农业省份的特征十分突出。因此，比较研究粤桂滇黔四省区产业结构演变过程差异，比较各地产业结构与经济关联性，以及三次产业区位商等，提出广西优化产业结构的对策建议很有必要。

——改革开放以来，粤桂滇黔四省区经济增长质量提升的过程比较复杂，目前，各地已经或正在转到以提高经济增长质量和效益为中心的轨道上。广东作为我国经济发展的排头兵，经济增长数量和质量方面，已经将广西、云南和贵州远远抛在后面。这几年广西经济增长质量有所好转，但与广东的差距明显。因此，测算粤桂滇黔四省区全要素生产率，综合评价各地经济增长质量，提出广西提高经济增长质量对策建议很有必要。

——改革开放以来，粤桂滇黔四省区社会与经济同步发展，但各省份社会发展水平存在明显差距，广东社会发展总体水平居全国前五名，而广西、云南、贵州则居于全国末尾。广西社会各项事业发展指标有好有劣，而主要的指标排名落后，当务之急，要奋力追赶上全国社会发展平均水平。因此，运用定量分析方法，比较研究粤桂滇黔四省区社会发展状况和水平，提出加快广西社会发展的对策建议很有必要。

——改革开放以来，粤桂滇黔四省区城乡收入差距变化在逐年缩小，广东为低位水平的缩小变化模式，广西为中位水平的缩小变化模式，云南和贵州为高位水平的缩小变化模式。城乡收入差距与经济增长之间存在长期稳定关系，但是不同省份处在城乡收入差距的不同水平和经济发展的不同阶段。广西城乡居民收入无论是绝对差距还是相对差距均较明显。因此，比较研究粤桂滇黔四省区城乡收入差距状况，提出广西缩小城乡差距的对策建议很有必要。

——改革开放以来，粤桂滇黔四省区教育发展势头良好，广东教育发展水平居全国排名前列，广西、云南和贵州教育发展水平有待提升。广西、云南和贵州三个西部省区教育与经济增长的关联性不一致，教育对于经济增长的贡献作用不太理想，广西经济发展对教育的促进作用比较明显。因此，建立数学模型，比较分析粤桂滇黔四省区教育发展、教育与经济增长状况，提出促进教育公平健康发展对策建议很有必要。

——改革开放以来，粤桂滇黔四省区经济可持续发展能力都有不同程度地提升，广东经济可持续发展能力不断增强，反映可持续发展能力的各项指数均保持在全国领先地位。广西、云南、贵州可持续发展能力均不太乐观，包揽全国末位。近几年，广西经济可持续发展能力指数变化不大。因此，对粤桂滇黔四省区经济可持续发展能力进行静态和动态分析，提出促进广西经济可持续发展的对策建议很有必要。

——改革开放以来，粤桂滇黔四省区水资源与经济发展协调关系在不断地改善，珠江—西江水资源总量丰富，这是粤桂滇黔四省区特有的优势。广东工业化水平很高，水资源综合承载能力较低。广西、云南、贵州后发展欠发达，实现经济快速发展，面临着水资源的压力越来越大。广西水资源开发利用不平衡。因此，采用应用定量分析方法，比较粤桂滇黔四省区水资源与经济发展协调关系，提出促进广西水资源与经济协调发展的对策建议很有必要。

——改革开放以来，粤桂滇黔四省区在加快经济建设和社会发展的同时，对资源节约和生态环境保护的意识与日俱增。国家在建设生态文明发展战略的引导下，生态文明建设不断取得新进展。鉴于近年来粤桂滇黔四省区生态文明建设也面临一些困难和问题，因此，对比分析省际生态文明建设成效，并对“十一五”时期、“十二五”前期各地污染减排效果进行比较，最后形成结论性意见。以广西现有问题为导向，提出推动生态文明示范区建设，打造美丽广西的对策建议很要必要。

二、本书研究的主要内容

本书拟用经济增长、社会发展、可持续发展三篇，每篇相应三章，系统地论证了上述观点，内容框架加上导论共由十章构成。

导论，分析珠江—西江经济带开发开放的历史沿革和时代背景，研究珠江—西江经济带上升为国家战略的重大意义，借鉴国内外流域经济开发实践与经验，阐述本书的研究框架、主要观点的研究方法。

第一篇，珠江—西江经济带省际经济增长的比较。本篇试图从流域省际经济增长视角，运用区域经济发展比较理论和方法，比较分析粤桂滇黔四省区经济增长速度、产业结构演变、经济增长质量状况，对于找准广西在珠江—西江经济带开发建设的地位和作用是很有重要现实意义的。本篇包含第一章到第三章。

第一章，采用国内生产总值（GDP）、人均国内生产总值（人均 GDP）和地方财政一般预算收入这三个指标来测度粤桂滇黔四省区的经济增长速度，对比分析自 1990 年以来各省区经济增长情况，客观评价“广东速度”“广西速度”“云南速度”和“贵州速度”，根据定量分析结果以及广西的现实问题，提出促进广西经济平稳健康发展的对策建议。

第二章，依据产业结构的理论和方法，对粤桂滇黔四省区产业结构演进状况与阶段性特征进行比较分析，探讨产业结构演进对于粤桂滇黔四省区经济增长长远、深刻的影响，根据定量分析结果以及广西的现实问题，提出加快广西产业结构调整、优化升级的对策建议。

第三章，运用全要素增长率理论和方法，建立综合评估指标体系，比较分析粤桂滇黔四省区经济增长质量，以及它们在全国的地位，根据定量分析结果以及广西的现实问题，提出提高广西经济增长质量的对策建议。

第二篇，珠江—西江经济带省际社会发展水平的比较。本篇将在框定的社会发展概念范围内开展研究。试图从动态与静态、纵向与横向的维度考察粤桂滇黔四省区的社会发展水平、城乡居民收入、教育发展的情况和趋势，为做出广西加快社会事业发展的决策提供定量分析依据。本篇包含第四章到第六章。

第四章，从把握经济社会发展的基本内涵入手，运用层次分析方法，参考国家有关部门和北京市等省市设置评价社会发展水平指标体系的思路，建立社会发展综合评价指标体系，对粤桂滇黔四省区社会发展水平进行评价和比较分析，根据定量分析结果以及广西的现实问题，提出广西的对策建议。

第五章，采用定量分析方法，对粤桂滇黔四省区城乡收入的绝对和相对差距，泰尔指数等进行比较分析，利用模型对比分析各地城乡收入差距对经济增长的影响，根据定量分析结果以及广西的现实问题，提出广西缩小城乡收入差距的对策建议。

第六章，通过比较分析粤桂滇黔四省区教育发展的规模、质量和效益水平。从教育与经济增长关系视角，建立向量误差修正模型（VECM），分析各地教育产出与经济增长指标间动态关联关系。根据定量分析结果以及广西的现实问题，提出促进广西教育公平健康发展的对策建议。

第三篇，珠江—西江经济带省际经济可持续发展能力的比较。本篇主要采用定量研究方法，对粤桂滇黔四省区可持续发展能力、水资源与经济社会发展协调程度和水资源承载力、生态文明建设和“十二五”时期节能减排完成情况进行省际比较，通过从不同视角的评价和比较分析，发掘潜在优势，发现深层次问题，对于走出珠江—西江经济带特色的可持续发展道路，避免先污染后治理的发展模式，具有重要实践指导意义。本篇包含第七章到第九章。

第七章，利用经济可持续发展理论和方法，建立科学、可行的可持续发展评价指标体系，对粤桂滇黔四省区经济可持续发展能力进行静态和动态分析，根据定量分析结果以及广西的现实问题，提出促进广西经济可持续发展的对策建议。

第八章，遵循可持续发展理念，建立综合指标体系，对粤桂滇黔四省区水资源与经济发展协调度进行计算和分析，对粤桂滇黔四省区水资源承载力进行评估，根据定量分析结果以及广西的现实问题，根据定量分析结果，提出促进广西水资源与经济协调发展的建议

第九章，借鉴文献资料，建立生态文明建设评价体系，评价粤桂滇黔四省区生态文明建设情况，对比分析各地生态文明建设绩效，并对“十一五”时期、“十二五”前期各地污染减排效果进行比较分析，根据评价结果，提出推动生态文明示范区建设，打造美丽广西的对策建议。

三、本书研究的主要思路和方法

本书以服从和服务于全面实施《珠江—西江经济带发展规划》为出发点，以珠江—西江经济带涵盖的广东、广西、云南和贵州为研究对象，依据区域经济学、数量经济学、可持续发展等理论，采用定性与定量研究结合，定量研究为主的方法，围绕经济、社会和可持续发展三大方面，经济

增速、产业结构、经济增长质量；社会发展水平、城乡收入差距、教育发展；可持续发展能力、水资源与经济发展、生态文明建设九大问题开展省际比较研究。对比分析粤桂滇黔四省区经济社会发展历程、发展特征、发展趋势、发展差距，基于现实分析和定量研究的结果，深刻剖析广西不同领域发展面临的矛盾和问题，有针对性地提出解决广西经济社会发展和可持续发展不同领域的不同问题的对策建议。为全面实施《珠江—西江经济带发展规划》，实现广西经济社会总体平稳发展、经济提质增效升级和可持续发展提供理论支持与决策参考。

本书具体研究方法是，宏观分析与微观研究相结合、规范分析与实证分析相结合、静态分析与动态分析相结合、定性分析与定量分析相结合、比较与综合相结合、归纳与演绎相结合，重点为区域经济分析的指标体系、计量模型、计算机软件应用。

第一篇

珠江—西江经济带省际经济增长比较

实现经济快速增长，是地处珠江—西江经济带的广西和广东、云南、贵州四省区的迫切要求和现实需要。借1978年我国实施改革开放的东风，粤桂滇黔四省区迎来了经济高速增长的黄金时期。在创造一个又一个经济增长佳绩之时，最令人瞩目的是粤桂滇黔四省区都创造了超常的经济增速，广东作为全国改革开放的“实验田”先行一步，创造出不断刷新记录的“广东速度”，广西、云南和贵州作为西部省区，自西部大开发以来，跨入了高速增长的轨道，分别创造了“广西速度”“云南速度”“贵州速度”。到2012年，广东经济总量占全国的11.0%，经济总量规模富可敌国。广西和云南分别于2011年、2012年迈入了我国万亿元GDP俱乐部，为本地经济崛起奠定了坚实的经济基础。伴随着30多年经济高速增长，粤桂滇黔四省区经济增长的结构调整也在不断进行，2012年，广东第一产业比重仅占GDP的5.0%，进入工业化中后期阶段；广西、云南分别占16.7%、16.0%，进入了工业化中期阶段；贵州占13.0%，即将进入工业化中期阶段。同全国重要经济板块的发展格局相似，在珠江—西江流域经济快速增长中，省份间经济差异与非均衡经济增长越来越显著，广西、云南、贵州与引领我国经济发展的火车头——广东的差距，恰好地反映了西部地区与东部地区的差距。粤桂滇黔四省区有较大的经济增长差异，这是不争的事实，但我们仍需要从不同的方面进行比较，发现经济增长差异深层次的真实情况。本篇试图从流域省际经济增长视角，运用区域经济发展比较理论和方法，比较分析粤桂滇黔四省区经济增长速度、产业结构演变、经济增长质量状况，对于找准广西在珠江—西江经济带开发建设的地位和作用是很有重要现实意义的。

第二章　粤桂滇黔经济增长速度的比较

经济增长理论认为，经济增长是指在一个较长的时间跨度上，一个国家生产的产品和劳务总量（或人均总量）的持续增加。一个国家经济增长实际上包含经济总量的增加和经济总量的增长速度两个方面，从数量方面反映经济增长是经济总量与经济增长速度的结合。GDP 增长率是表征经济增长最重要的指标，以不变价计算的 GDP 增长即为经济增长的速度。就一个保持着较快经济增长速度，实现超常经济增速的地区而言，研究分析其经济增长，可以采用地区生产总值（GDP）、人均地区生产总值（人均 GDP）和地方财政一般预算收入这三个指标来进行测度。GDP 常被公认为衡量国家或地区经济状况的最佳指标；人均 GDP 是衡量经济发展状况的指标；地方财政一般预算收入是反映一个地区真实经济实力的指标，因此，这三个指标往往作为衡量地方经济增长的数量指标。本章对比分析粤桂滇黔四省区经济增长情况，将从上述三个指标来展开比较分析。首先对“广西速度”作客观评价，再将对比粤桂滇黔四省区分别创造的“广东速度”“广西速度”“云南速度”和“贵州速度”，最后形成研究结论。以广西现有问题为导向，提出保持广西经济平稳快速增长的对策建议。

第一节　“广西速度”的评价分析

自改革开放以来，“深圳速度”至今还是一个地区实现腾飞发展的代名词。而中国创造了全球惊叹的“中国速度”，以至于当今外国经济学家在衡量各国发展速度时提出了一个“中国年”的比较方法。在“中国速度”的时代，各省份经济速度非同寻常。“广西速度”的提出虽然时间不长，其真正意义是指保持一个高于全国平均水平的经济增长速度，这是一项影响广西全局最重要的硬指标。回顾广西经济增长的历程，广西 GDP 增速高于全国平均水平是从 20 世纪 90 年代初期开始，20 多年来基本上保持高于全国平均水平的经济增速，理论上判断“广西速度”应是在 20 世纪 90 年代初期。“广西速度”包括经济增长和民生改善方面。本章重点研究经济方面的主要指标特征。鉴于 1990 年以后广西经济增速快、持续时间长且相对平稳的状况，我们选取 1990 年以后的《广西统计年鉴》数据，对地区生产总值、人均地区生产总值及地方公共财政预算收入的总量、速度进行分析，研究和探索它们之间的关系和变化规律。

一、广西主要经济指标总量分析

20 世纪 90 年代以来，广西国民经济与全国一样，出现了持续、快速的发展良好局面，经济增长速度快，经济总量迅速增加。如表 2. 1 所示，1990 年，广西 GDP 为 449. 06 亿元，人均 GDP 首次超过千元，达 1066 元；1994 年，广西 GDP 为 1198. 29 亿元，人均 GDP 破两千元关口，达到 2675 元，相比 1990 年水平，两项指标名义增长高达 2. 67 倍、2. 51 倍，仅用四年时间实现了 GDP 和人均 GDP 翻番。此后，广西 GDP 总量增加势头不减，2000 年，GDP 为 2080. 04 亿元，破 2000 亿元大关；2004 年，GDP 为 3433. 50 亿元，再破 3000 亿元大关；2006—2015 年间，GDP 从 4746. 16 亿元提升至 16803. 12 亿元，几乎每年都破整数大关。人均 GDP 呈现同样增长态势，1995 年，广西人均 GDP 为 3304 元，1998 年为 4346 元，2001 年为 5058 元，均突破整数关；2002—2015 年间，人均 GDP 年均增速为 10. 97%，连年破整数关；2006 年，达到 10240 元，人均 GDP 首破万元；2010 年，达到 20219 元，破 2 万元整数关；截至 2013 年，人均 GDP 达到 30741 元，破 3 万元整数关。很显然，自“十五”时期以来，广西经济增长步入了加速上升周期，开创了“广西速度”的前景。

表 2.1　1990—2015 年广西主要经济指标情况

年份	地区生产总值（亿元）	人均地区生产总值（元/人）	地方财政一般预算收入（亿元）
1990	449.06	1066	46.83
1991	518.59	1058	55.92
1992	646.60	1318	61.20
1993	871.70	1982	95.93
1994	1198.29	2675	62.26
1995	1497.56	3304	79.44
1996	1697.90	3706	90.51
1997	1817.25	3928	99.16
1998	1911.30	4346	119.67
1999	1971.41	4444	133.56
2000	2080.04	4652	147.05
2001	2279.34	5058	178.67
2002	2523.73	5558	186.73
2003	2821.11	6169	203.66
2004	3433.50	7461	237.77
2005	3984.10	8788	283.04
2006	4746.16	10240	342.58
2007	5823.41	12277	418.83
2008	7021.00	14652	518.42
2009	7759.16	16045	620.99
2010	9569.85	20219	771.99
2011	11720.87	25326	947.72
2012	13035.10	27952	1166.06
2013	14449.90	30741	1317.60
2014	15672.89	33090	1422.28
2015	16803.12	35190	1515.08

资料来源：国家统计局分省年度数据库、广西统计年鉴及 2015 年广西统计公报。

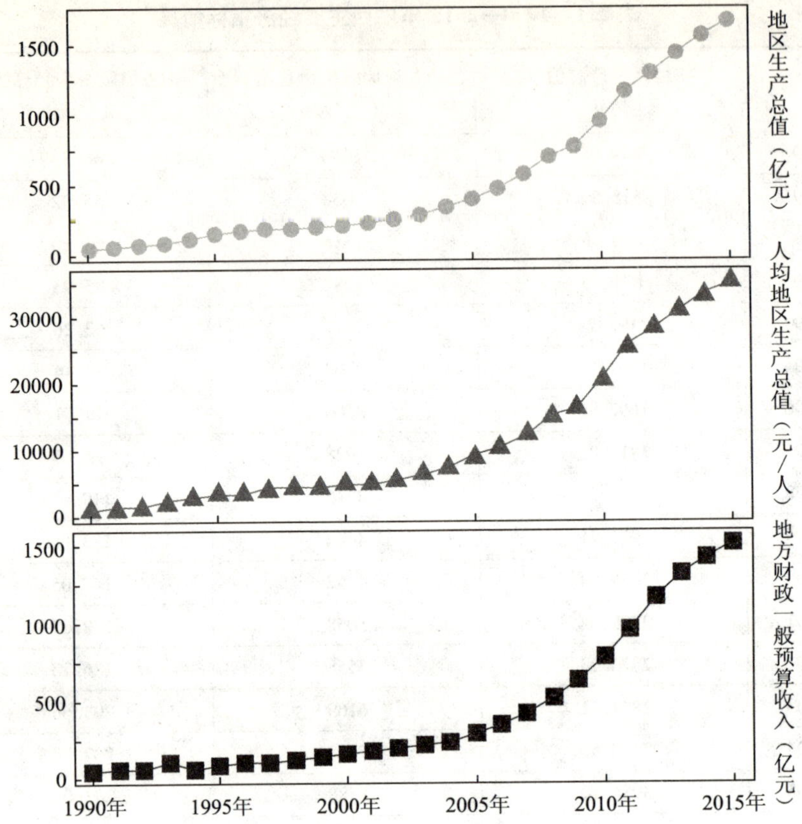

图 2.1　1990—2015 年广西主要经济指标走势图

1990 年，广西地方公共财政预算收入为 46.83 亿元，占 GDP 的 10.42%。1994 年，分税制财政体制改革以后，广西地方公共财政预算收入增长幅度并不大，1998 年，地方公共财政预算收入达到 119.67 亿元，比 1990 年增长了 2.56 倍。以 1998 年地方公共财政预算收入破 100 亿元为标志，广西迎来了公共财政预算收入不断创新高的阶段。从增量看，公共财政预算收入突破 100 亿元大关间隔时间越来越短，到 2003 年破 200 亿元，用了四年时间；到 2006 年破 300 亿元，用了三年时间；2006—2010 年，公共财政预算收入连续突破 400 亿元、500 亿元、600 亿元、700 亿元整数关；2012 年，公共财政预算收入达到 1166.06 亿元，破千亿元整数关；2015 年，公共财政预算收入为 1515.08 亿元，是 1994 年的 24.33 倍。

二、广西主要经济指标增速分析

从1990—2015年的广西统计年鉴中，收集广西地区生产总值、人均地区生产总值及地方财政一般预算收入增长率数据，整理如表2.2所示。

表2.2　1990—2015年广西主要经济指标增长率

年份	地区生产总值增长率（%）	人均地区生产总值增长率（%）	地方财政一般预算收入增长率（%）
1990	7.00	5.23	13.09
1991	12.73	10.90	19.41
1992	18.32	16.80	9.44
1993	18.30	16.70	56.75
1994	15.20	13.20	-35.10
1995	11.40	10.04	27.59
“八五”平均	15.15	13.49	11.15
1996	8.30	7.20	13.94
1997	8.00	7.03	9.56
1998	10.00	9.00	20.68
1999	8.00	7.10	11.61
2000	7.90	7.00	10.10
“九五”平均	8.44	7.46	13.11
2001	8.30	7.50	21.50
2002	10.60	9.80	4.51
2003	10.20	9.40	9.07
2004	11.80	11.10	16.75
2005	13.20	12.30	19.04
“十五”平均	10.81	10.01	13.99
2006	13.50	12.30	21.04
2007	15.10	13.80	22.26
2008	12.80	11.70	23.78
2009	13.90	12.90	19.79
2010	14.20	13.90	24.32

续表

年份	地区生产总值增长率（%）	人均地区生产总值增长率（%）	地方财政一般预算收入增长率（%）
“十一五”平均	13.90	12.92	22.22
2011	12.30	12.00	22.76
2012	11.30	10.40	23.04
2013	10.20	9.30	13.00
2014	8.50	7.70	7.94
2015	8.10	7.23	6.52
“十二五”平均	10.07	9.31	14.44

资料来源：国家统计局分省年度数据库、广西统计年鉴及2015年广西统计公报。

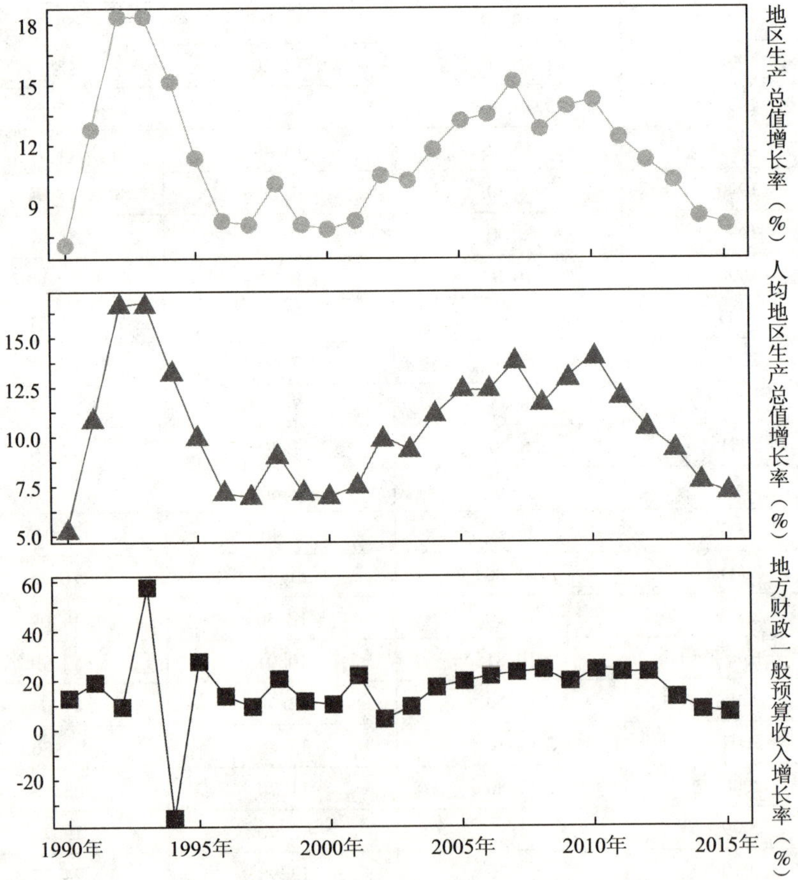

图2.2　1990—2015年广西主要经济指标增长率走势图

由表2.2可知，从1990—2015年的26年间，广西GDP年均增长率为11.46%，有18年GDP实现了两位数增长。其中，1991—1995年广西经济过热现象严重，GDP增长率最高达到18.3%，GDP虚高增长，带来不少社会问题。1996年，在国家宏观调控下，广西实现了“软着落”，GDP从高位拐头下滑为1位数的增长（8.3%）。1999—2000年，受亚洲金融危机等影响，我国经济出现了分税制后的第二个低点，受此影响，广西GDP增长率出现了自1991年以来的最低点（2000年增长率为7.9%）。2002年11月，签署《中国与东盟全面经济合作框架协议》，中国—东盟自由贸易区建设正式启动以来，广西借向东盟重点开放发展的东风，重新步入了新一轮快速发展时期。自2002年起，广西GDP增速恢复到10%以上的增长常态，2010年以后，受全国整体经济增长趋缓的影响，广西GDP的增长速度逐年下滑，至2015年时，广西GDP增长率仅为8.1%，但“十二五”期间年均增长率仍能勉强维持在两位数水平（约10.07%）。自1990年以来，总体上广西GDP呈现高速增长，人均GDP同步保持着年均增长10.40%的速度，GDP增长率与人均GDP增长率趋势线基本一致。如图2.2所示。

分析地方财政一般预算增长情况，1994年实行分税制改革以后，全国各地公共财政预算收入增速普遍提高，年均增速在40%以上的省市较多，广西地方财政一般预算收入增速仅在1995年一度达到27.59%，其他年度的增速均不高于25%，这在全国还是比较低的。以我国的普遍现象来看，一般财政增速约高出GDP增速10个百分点。除去1990—1995年间，广西地方公共财政预算收入增速失常情况，1998—2015年的18年间，只有1998年、2001年、2008年、2010年、2011年、2012年、2013年，地方财政一般预算收入增速高出GDP增速，2015年，地方财政一般预算收入增速比GDP增速低1.58个百分点，说明广西经济运行存在质量问题。

第二节　粤桂滇黔经济增长速度的比较

在我国实施西部大开发战略推动下，广西、云南和贵州均实现了两位数以上的经济增速，创出“广西速度”“云南速度”“贵州速度”是应有之义。“广西速度”可以表达为创造“高于全国、快于西部”的经济增长速度，具体目标为发展速度保持在全国各省区市第一梯队，即前10位；经济总量保持在第二梯队，即第11~20位。“云南速度”可以表达为以超前于全国平均的增长速度向前跑；“贵州速度”可以表达为创造“高于过去、高于西部、高于全国”的经济增长速度。改革开放以来，“广东速度”就创造了辉煌的成就，今后必将创造未来。近期，广东提出围绕提前两年完成全面建成小康社会的任务，2014年起保持9%以上的年均增速。因此，现在和未来相当长的时间里，国民经济保持高于全国平均水平的速度实现增长，是粤桂滇黔四省区的同一目标任务。以下对1990—2015年粤桂滇黔四省区经济增长差异进行比较分析。

一、粤桂滇黔省际经济发展情况比较

广东、广西、云南和贵州分别位于我国东部、西部地区，省区之间存在的经济差异是我国东西部差异的缩影。基于实证统计和计量方法模型，分析粤桂滇黔四省区之间的区域经济差异，对影响省际差异的因素作出判断。分析粤桂滇黔四省区经济增长差异问题，选取描述经济增长速度的地区生产总值、人均地区生产总值及地方财政一般预算收入三个主要指标，从总量和速度两方面作对比分析。

（一）粤桂滇黔省际经济总量比较

从各地公布的统计数据获知（如表2.3所示），2015年，广东、广西、贵州和云南的GDP分别为72812.55亿元、16803.12亿元、10502.56亿元和13717.88亿元。自1990年以来，GDP年均增长率分别为12.81%、11.46%、10.31%和10.15%；2015年，广东、广西、贵州和云南的人均GDP分别为67503元、35190元、29847元和29015元，1990—2015年间，人均GDP年均增长率依次为11.26%、10.40%、9.85%和9.10%；2015年，广东、广西、贵州和云南的地方财政一般预算收入分别为9364.76亿元、1515.08亿元、1503.35亿元和1808.14亿元，分别是1990年的约

71.48 倍、32.35 倍、42.50 倍和 23.35 倍。2015 年，粤桂滇黔四省区经济总量分别占全国 GDP 总值的 10.76%、2.48%、1.55% 和 2.03%，单位面积上的 GDP 分别为 4029.50 元/平方公里、706.36 元/平方公里、590.15 元/平方公里和 344.90 元/平方公里，广东仍居全国领先位置，广西和云南正走向第二方阵。从经济总量来看，1990 年，广东、广西、贵州和云南 GDP 分别为 1471.84 亿元、449.06 亿元、260.14 亿元和 451.67 亿元，广东 GDP 分别是广西、云南和贵州的 3.3 倍、3.3 倍和 5.7 倍；2003 年，广东与广西、云南和贵州的 GDP 总量差距进一步扩大为 5.6 倍、6.2 倍和 11.1 倍；2010 年以后，粤桂滇黔四省区 GDP 总量差距扩大的速度才有所减缓，2015 年，广东 GDP 分别是广西、云南和贵州的 4.33 倍、5.31 倍和 6.93 倍。

从人均 GDP 来看，广东从 1990 年的 2537 元增长到 2015 年的 67503 元，一直遥遥领先于其他三省区，贵州一直居于末位，而广西和云南互有高低。在 2001 年以前，云南人均 GDP 基本上高于广西，此后广西后来居上，人均 GDP 持续高于云南。2015 年，广东人均 GDP 为 67503 元，是广西的 1.92 倍，云南、贵州人均 GDP 分别低于广西 6175 元、5343 元。

从地方财政一般预算收入来看，1990 年，广东的公共财政预算收入为 131.02 亿元，分别是广西、云南、贵州的 2.80 倍、1.69 倍和 3.70 倍。尽管粤桂滇黔四省区的公共财政预算收入都在增长，但广东以其雄厚的经济实力领跑于其他三省区，其公共财政预算收入在 1988 年就已超过 100 亿元，而云南在 1992 年突破 100 亿元，广西于 1998 年突破 100 亿元，贵州于 2002 年才突破 100 亿元；广东的公共财政预算收入在 2001 年突破 1000 亿元，而广西、贵州和云南分别在 2012 年、2011 年和 2012 年才突破 1000 亿元。到 2015 年，广东、广西、云南和贵州的公共财政预算收入分别为 9364.76 亿元、1515.08 亿元、1503.35 亿元和 1808.14 亿元，而广西、贵州、云南的公共财政预算收入仅为广东的 16.18%、16.05% 和 19.31%。就总量而言，广东公共财政预算收入远高于其他三省区，云南在西部三省区中居于首位，广西略低于云南，贵州则排在最末位。

表 6 – 10　变量 Pearson 相关系数

		资金配置效率	经营能力指数	股权集中度	资产负债率	流动资产占用率	流动比率	流动负债比率	固定资产占用率
资金配置效率	Pearson Correlation	1							
	Sig. (2 – tailed)								
经营能力指数	Pearson Correlation	0.690 * * *	1						
	Sig. (2 – tailed)	0.000							
股权集中度	Pearson Correlation	0.315 * *	0.100	1					
	Sig. (2 – tailed)	0.023	0.483						
资产负债率	Pearson Correlation	–0.257 *	–0.103	–0.186	1				
	Sig. (2 – tailed)	0.066	0.468	0.188					
流动资产占用率	Pearson Correlation	0.228	0.169	0.263 *	–0.190	1			
	Sig. (2 – tailed)	0.105	0.230	0.059	0.176				
流动比率	Pearson Correlation	0.109	0.053	0.202	–0.583 * * *	0.658 * * *	1		
	Sig. (2 – tailed)	0.443	0.710	0.150	0.000	0.000			
流动负债比率	Pearson Correlation	0.158	0.072	0.077	–0.496 * * *	0.404 * * *	0.126	[illegible]	
	Sig. (2 – tailed)	0.264	0.612	0.586	0.000	0.003	0.373		
固定资产占用率	Pearson Correlation	–0.001	0.030	0.235 *	0.014	–0.452 * * *	–0.347 * *	0.011	1
	Sig. (2 – tailed)	0.996	0.833	0.093	0.922	0.001	0.012	0.939	

注：*、* *、* * *：分别在 0.10、0.05、0.01 水平（双侧）上显著相关。

表 7－2 煤炭加工转换项目效率比率

转换项目	省及全国	行次	2010 年			2011 年			2012 年		
			消耗煤炭	转换产品量	吨煤制品	消耗煤炭	转换产品量	吨煤制品	消耗煤炭	转换产品量	吨煤制品
			1	2	3＝2/1	4	5	6＝5/4	7	8	9＝8/7
煤炭发电	单位	1	亿吨	亿千瓦小时	千瓦小时/吨	亿吨	亿千瓦小时	千瓦小时/吨	亿吨	亿千瓦小时	千瓦小时/吨
	山西	2	0.9968	2104.35	2111.11	1.0980	2296.45	2091.48	1.1547	2443	2115.67
	全国	3	15.4543	33319	2155.97	17.5579	38337	2183.46	17.8531	38928	2180.46
	效率比率	4＝2/3			97.92%			95.79%			97.03%
城市供热	单位	5	亿吨	亿吉焦	吉焦/吨	亿吨	亿吉焦	吉焦/吨	亿吨	亿吉焦	吉焦/吨
	山西	6	0.001	1.1651	1165.10	0.0106	1.2234	115.42	0.0195	1.4062	72.11
	全国	7	1.5253	29.1113	19.09	1.6834	28.1031	16.69	2.0251	29.543	14.59
	效率比率	8＝6/7			6104.60%			691.35%			494.32%
煤炭炼焦	单位	9	亿吨	亿吨	吨/吨	亿吨	亿吨	吨/吨	亿吨	亿吨	吨/吨
	山西	10	1.1640	0.8505	0.73	1.2498	0.9010	0.72	1.1800	0.8608	0.73
	全国	11	4.7150	3.8864	0.82	5.2960	4.3271	0.82	5.4068	4.4779	0.83
	效率比率	12＝10/11			88.65%			88.23%			88.08%
城市人工煤气	单位	13	亿吨	亿立方米	立方米/吨	亿吨	亿立方米	立方米/吨	亿吨	亿立方米	立方米/吨
	山西	14	0.0034	8.7203	2564.79	0.0056	9.3515	1669.91	0.0055	8.7787	1596.13
	全国	15	0.1040	279.938	2691.71	0.0870	84.7256	973.86	0.0799	76.969	963.31
	效率比率	16＝14/15			95.28%			171.47%			165.69%

数据来源：2011—2014 年《中国统计年鉴》《山西统计年鉴》。具体依据：山西省主要年份能源加工转换投入产出表、《中国统计年鉴》“电力平衡表”中“火电”生产量、“分地区城市集中供热情况”（忽略农村烧煤供热情况）、“分地区工业产品产量”中“焦炭”（假设用于炼焦的煤炭全部用于焦炭生产）、“分地区城市燃气情况”中“人工煤气”（假设用于制气的煤炭全部用于城市制气供气，忽略农村煤气供应情况）。

（二）粤桂滇黔省际经济增速比较

从GDP的增长速度来看，2007年以前，广东GDP增速居四省区之首，1990年，广东GDP增速比广西、贵州和云南分别高出4.6个百分点、7.3个百分点和2.9个百分点；1993年，这一数值分别扩大为4.7%、12.6%和11.9%；尽管之后广东的GDP增速依然较高，但随着广西、贵州和云南经济增长速度越来越加快，省际间的差距开始慢慢缩小。2007—2010年间，广西GDP增速高于其他三省，自2011年起，则是贵州GDP增速排在首位。“十一五”期间，GDP年均增速最高的为广西的13.90%，贵州、广东和云南分别以12.35%、12.28%和11.82%位列其后；“十二五”期间，贵州年均GDP增速以12.51%位居前列，其后为云南（11.10%）、广西（10.07%）和广东（8.49%），贵州年均GDP增速甚至高出“十一五”时平均水平约0.23个百分点。

粤桂滇黔四省区人均GDP增速趋势与其GDP增速趋势大致相同。如图2.3所示，广东该项指标增速自1990年以来一直保持领先水平，截至2003年，广东人均GDP增速为15.8%，分别高于广西、贵州和云南6.4个百分点、5.8个百分点和8.1个百分点。此后，广东人均GDP增速逐年下滑，而贵州则在近几年内脱颖而出，逐渐跃居四省前列。“十二五”期间，贵州人均GDP增长率年均水平为12.25%，比位居第二位的云南高出2.07个百分点；广西的年均值为9.16%，位列第三，比贵州低约3.09个百分点；而广州仅为7.44%。

就地方财政一般预算收入增速来说，广东、广西、贵州和云南四省基本相当（如图2.3所示）。1994年实行分税制改革之前，广东公共财政预算收入增速最高，1990—1992年年均增长率为19.3%，而同期广西、贵州、云南的增速仅为9.3%、10.2%和12.2%；1994年分税制改革之后，广西、贵州、云南的公共财政预算收入开始快速增长，特别是2002年以后，贵州的公共财政预算收入增速高于其他三省区。2002—2015年，贵州公共财政预算收入的年均增长率为20.67%，位于四省区之首，云南（16.75%）和广西（16.13%）紧随其后，而广东（15.80%）

则排在末位。

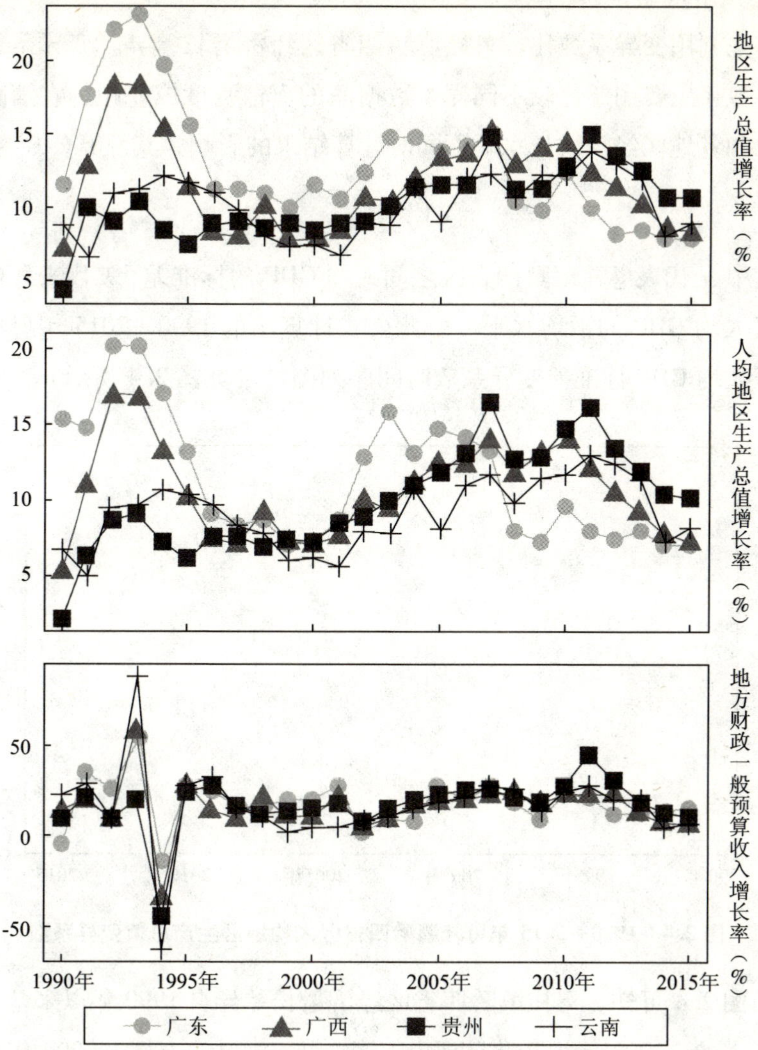

图 2.3　1990—2015 年粤桂滇黔四省区主要经济指标增长情况比较

二、粤桂滇黔省际经济增长比较

为了进一步比较粤桂滇黔四省区经济增长的相对差异，利用变异系数（Coefficient of Variation）和泰尔指数（Theil Index）两个指标来度量，并选择人均 GDP 作为计算各统计指标的经济变量。

（一）粤桂滇黔省际经济增长差异情况

首先利用变异系数比较粤桂滇黔四省区经济增长差异。变异系数又称离散系数，主要用于比较不同样本数据间的离散程度或差距，它消除了计量单位和各地区经济增长水平不同对计算结果的影响，其计算公式为：

$$V_\sigma = \frac{\sigma}{\bar{x}} \qquad (2-1)$$

其中 σ 代表粤桂滇黔四省区之间人均 GDP 的标准差，$\bar{x}$ 代表粤桂滇黔四省区人均 GDP 的平均水平。由此公式计算出的 1990—2015 年粤桂滇黔四省区人均 GDP 标准差变异系数时间序列图像（如图 2.4 所示）。

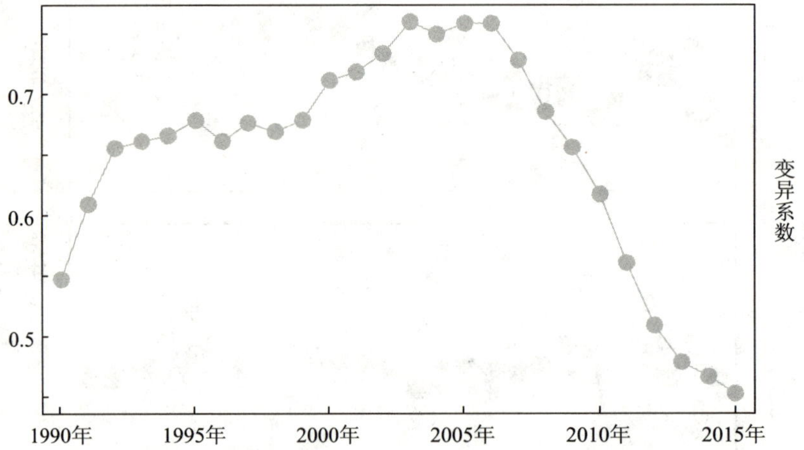

图 2.4　1990—2015 年粤桂滇黔四省区人均地区生产总值变异系数

由图 2.4 可知，粤桂滇黔四省区经济增长差异自 1990 年以来基本上是持续拉大的，2007 年才开始呈现出下降态势。其中，1990—1992 年间省际差距拉大程度较明显，粤桂滇黔四省区差异系数从 0.547 变动到 0.656，年均增加 0.054；到 2003 年时差异系数达到峰值 0.760，这也是广东人均 GDP 增速与其他三省差距较大的一年。粤桂滇黔四省区差异系数自 2007 年后开始大幅下降，到 2015 年的八年间，差异系数年均下降 0.034，说明广西、贵州和云南三省的经济崛起在逐步拉近四省之间的差距。

泰尔指数是衡量各地区经济发展差距的又一重要指标，该指标的设定是建立在信息理论中熵的概念基础上，其计算公式可以表示为：

$$T = \sum_i Y_i \cdot \left(\frac{Y_i}{P_i}\right) \tag{2-2}$$

其中，Y_i 为第 i 个地区人均 GDP 占所有地区的份额，P_i 为第 i 个地区人口数量占所有地区人口总额的比例。1990—2015 年四省泰尔指数计算结果如图 2.5 所示。

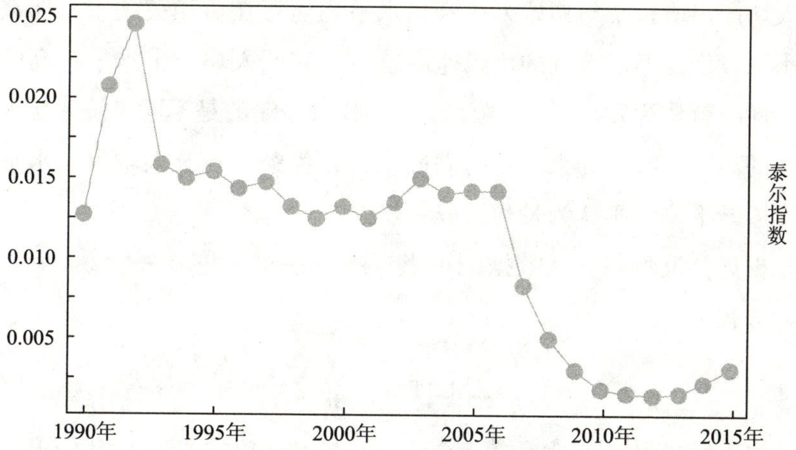

图 2.5　1990—2015 年粤桂滇黔四省区人均地区生产总值泰尔指数

从图 2.5 可以看出，自 1990 年以来，粤桂滇黔四省区人均地区生产总值的泰尔指数走势与差异系数基本趋同，该指标的变动大致经历了三个发展阶段：第一阶段从 1990—1992 年，与差异系数相似，粤桂滇黔四省区的经济增长差异呈直线上升趋势，增长的幅度较大，从 0.013 变动到 1992 年时的最大值 0.024；第二阶段为 1993—2006 年，粤桂滇黔四省区的经济增长差异自 1993 年下降为 0.016 之后走势取缓，基本维持在 0.014 左右的水平。第三阶段为 2007 年以后，粤桂滇黔四省区人均 GDP 泰尔指数与差异系数一样开始呈现出下降趋势，进一步说明粤桂滇黔四省区的经济发展差距在不断缩小。

(二) 粤桂滇黔省际经济增长差异收敛情况

经济增长的收敛性是指在封闭经济条件下，一个有效经济范围的不同经济单位（国家或者地区），其经济增长速度与初期的静态指标（人均产出或收入）之间是负相关的，即落后地区的经济增长率会高于发达地区，从而导致各经济单位初期的静态指标差异逐步消失的过程。

按照收敛方式的不同，经济增长收敛性可被分为β－收敛和σ－收敛。β－收敛关注的是经济系统人均产出增长率与其初始人均产出水平的关系，如果人均产出增长率与初始人均产出水平之间存在负相关关系，那么人均产出水平较低的经济系统的增长速度就高于初期人均产出水平较高的经济系统，此时就认为发生了β－收敛。σ－收敛关注的是不同经济系统人均收入水平的离散状况。如果随着时间的推移，各经济系统人均收入水平的离散程度逐渐下降，则认为发生了σ－收敛。

根据粤桂滇黔四省区数据的特点，本节主要讨论σ－收敛。σ－收敛的检验方程为：

$$\sigma_t^{\ 2} = \frac{1}{n}\sum_{i=1}^{n}\left(\log y_{it} - \frac{1}{n}\sum_{i=1}^{n}\log y_{it}\right)^2 \qquad (2-3)$$

式（2－3）中，y_{it}表示第i个经济系统在t年的实际人均GDP，σ_t为n个经济系统之间实际人均GDP对数值$\log y_{it}$的标准差。如果在$t+T$年满足$\sigma_{t+T} < \sigma_t$，则称这n个经济系统具有T阶段的σ－收敛。若对任意年份$s < t$，均有$\sigma_s > \sigma_t$，则称这n个经济系统具有一致的σ－收敛。

利用上述公式计算得出1990—2015年广东、广西、贵州和云南四省人均地区生产总值的σ收敛系数σ_t，以判断是否存在σ－收敛，结果如图2.6所示。

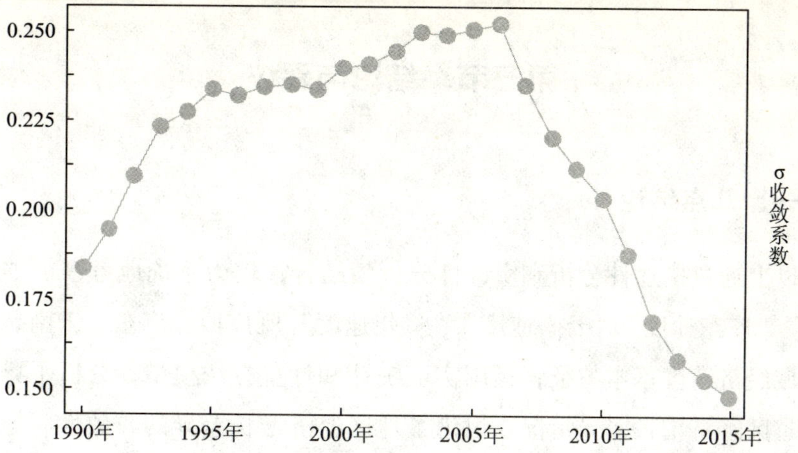

图 2.6 1990—2015 年粤桂滇黔四省区人均地区生产总值 σ 收敛系数

由图2.6可以看出，自1990年以来，粤桂滇黔四省区 σ 收敛系数先升后降，进一步验证了之前差异系数和泰尔指数分析所得到的结果。从 σ 收敛系数 σ_t 走势可以看出，粤桂滇黔四省区的经济发展水平差异在1990—2015年间的变动大致经历了两个阶段。第一阶段为1990—2006年，σ 收敛系数由0.183上升到峰值0.252，呈现出 σ－发散趋势，即粤桂滇黔四省区经济差异呈扩大趋势，在2006年时，粤桂滇黔四省区的差异最大。第二阶段为2007—2015年，与差异系数情况相仿，σ 收敛系数呈现出下降趋势。自2007年以后，σ 收敛系数从0.252一路下滑，到2015年时，σ 收敛系数从仅为0.148，甚至低于1990年时的水平，呈现出 σ－收敛现象。说明近段时间以来，粤桂滇黔四省区经济差距在不断缩小，这得益于国家实施西部大开发战略，西部省区的广西、云南、贵州实现了跨越式发展的缘故。但从总体上来说，σ 收敛系数在样本期内先升后降，说明粤桂滇黔四省区的人均GDP的 σ－收敛现象具有阶段性特征，而非长期行为，粤桂滇黔四省区的差异是否能保持近年来的缩减态势仍有待继续观察。

第三节　结论与建议

一、几点结论

以上通过描述性分析和实证性分析相结合，较为系统地考察了“广西速度”“广东速度”“云南速度”“贵州速度”既广西、广东、云南、贵州的省域经济速度基本特征；运用实证统计和计量方法模型，分析了粤桂滇黔四省区经济增长差异情况，讨论了地区经济增长差异的收敛性问题，据此，得出以下基本结论：

第一，“广西速度”代表经济长周期地高速增长状态。改革开放30多年来，广西经济获得了快速的发展。特别是“八五”以来，在一系列有效政策的实施和市场化改革的深入推动下，广西经济取得了前所未有的发展，国民经济步入了持续快速增长的新时期。从2002年起，GDP年均增长率在10%~15%的范围轻微波动，连续实现GDP两位数增长长达10年。这期间，广西GDP年均增速高于全国平均水平，经济增长数量扩张明显，表现为“广西速度”这样一个长周期地高速增长的态势。预计未来一段时间，广西经济仍然处于高位运行，“广西速度”仍将发挥应有作用。

第二，粤桂滇黔四省区经济年均增速高于全国，经济增长的速度特征明显。粤桂滇黔四省区自20世纪90年代以来的经济增长速度基本上均高于全国平均水平，为此，各地不约而同对今后经济增长速度提出了保持高于全国水平的目标，并且实现预期目标的可能性较大。从客观上看，广东进入“十二五”期间的经济增速有所放缓，地区生产总值增速从2010年的12.4%下滑到2015年的8.0%，但仍然高于全国平均水平1.1个百分点，而且广东经济增长的惯性仍然较强，特别是有雄厚产业作强劲支撑。广西、贵州、云南依赖后发展优势，“十二五”期间，三省年均经济增长分别为10.07%、12.51%和11.10%，高于广东同期水平，今后经济增长有望再迎来一个加速阶段。可以说粤桂滇黔四省区经济增长的速度特征是明显的。各地经济增速不同的表现，必将明显影响珠江—西江经济带原有经济格局的变化。

第三，桂滇黔自西部大开发以来呈现追赶态势。随着西部大开发战略的提出和实施，国家对西部地区经济发展的重视，广西、贵州和云南抓住西部大开发的重大机遇快速发展，其经济增长速度甚至超过了广东，2004—2015年广西、贵州和云南GDP分别年均增长12.05%、12.27%和11.24%，分别高于广东（11.02%）1.03个百分点、1.25个百分点、0.22个百分点。贵州近两年经济增速惊人，2013年比2012年增长12.5%，2014年比2013年增长10.8%，2015年比2014年增长10.7%，GDP总量从2010年的4602.16亿元提高到2015年的10502.56亿元，跨入万亿元俱乐部。此外，广西和云南分别于2011年和2012年迈入GDP万亿元俱乐部，三个西部省区经济呈现出明确的你追我赶态势。

第四，粤桂滇黔省际地区差异在逐步缩小，以广东经济由高速转为中速，欠发达地区赶上为特征。20世纪90年代初期粤桂黔滇四省区经济增长差异比较大，广东经济发展水平远高于其他三省区。“十一五”时期以来，省际经济增长差异逐步呈现出减小的趋势。利用变异系数、泰尔指数比较粤桂滇黔四省区经济增长差异，也得出了2007年以后省际经济增长差异程度正在逐渐缩小的结论。研究省际经济增长收敛性，1990—2015年，粤桂滇黔四省区经济总体上不存在长期收敛的趋势，σ－收敛表现出阶段性特征，而在2007年以后，呈σ－收敛趋势，说明珠江—西江经济带的省际差距在近几年内已存在逐渐缩减的态势。由此表明，实施西部大开发，极大地推动了西部省区加速发展，缩小了与广东的经济差距，抑制了粤桂滇黔四省区经济增长差距不断扩大的势头。

二、问题与对策

（一）广西经济增长存在的主要问题

分析结果表明，“广西速度”表现为一种经济长周期地高速增长态势，无论经济增长数据和总量状态数据，都是令人可喜的。但由于广西自身实力较弱，经济基础较差等制约，每当宏观面和基本面发生变动，会直接导致经济增长的波动，甚至出现明确的拐点。目前，在经济增长方面主要面临以下问题：

1. 经济增速有放缓迹象

根据统计数据，自21世纪以来，广西“十五”时期经济年均增长10.81%，“十一五”时期经济年均增长13.90%，“十二五”期间经济年均增长10.07%，“十二五”相比“十一五”下降了3.83个百分点。这看似在宏观大环境下出现的经济放缓迹象，但与贵州相比，贵州却是能够保持着较高的经济增速，经济增长率为西部地区最高，“十二五”年均增长12.51%，比广西高2.44个百分点。云南、贵州同时作为长江经济带和珠江—西江经济带的成员，适合左右借力、乘势而上，尤其是在长三角地区的强力辐射带动下，两省发展的外部推力和内生动力比广西要大些，可见，广西后面的追兵已经很逼近了。

2. 全社会固定资产投资增长下降

广西是投资驱动型经济。“广西速度”的加速形成根本原因是广西处于一个长周期高速增长的时期，是因为坚定地保持了一个较高水平的全社会固定资产投资率，使投资对经济增长的拉动作用得以充分发挥。“十一五”时期，广西年均投资率为58.31%，支撑着GDP以13.9%的年均增速增长；进入“十二五”，广西年均投资率为82.15%，相比“十一五”增长了23.84个百分点；同期，贵州年均固定资产投资率为89.60%，比广西高约7.45个百分点。“十二五”期间，广西全社会固定资产投资年平均增长率为18.12%，同期贵州为28.02%，比广西高约9.90个百分点，远高于广西水平。自2011年起，广西固定资产投资增长率逐年下降，而贵州不降反升。广西投资增速减弱，投资效益不佳，重大项目对投资增长的引领作用没有显现，直接引致GDP的下滑。

3. 经济增长点未能形成强劲辐射带动作用

北部湾经济区自2008年上升为国家级战略重点经济区以来，广西举全区之力，把经济区作为区域重要增长极优先培育率先发展，2012年，完成的地区生产总值已经占全区比重的三成多，初步成为驱动广西发展的“一核”。但是，目前北部湾经济区在重大项目布局、重点产业园区建设、交通基础设施建设、沿海港口建设以及保税物流体系建设方面存在不少问题，其中，重大项目储备总体不足，结构不合理，项目成熟度低的问题突出，石化工业后续项目跟进不足，钢铁工业项目开工率低。总体上经济区综合实力还不雄厚，辐射带动能力还不够明显。珠江—西江经济带刚刚上升为国家战略，把它打造成为驱动广西发展的又“一核”仍然任重道远。对比广东，广东经济发展以广州、深圳“双核”驱动，动力强、发展快、后劲足。广西应该坚定不移地推进北部湾经济区和西江经济带的快速发展，实施“双核驱动”发展战略，持久保持区域经济活力旺盛。

4. 其他主要经济指标并不理想

在我国全面加快发展的大背景下，尽管广西经济发展同样向好，但由于自身基础十分薄弱，经济运行质量不高，全区一些主要经济指标，如地区生产总值、工业增加值、社会消费品零售总额的总量在全国的排位仅为中等偏下。如2014年，广西GDP总量为15672.89亿元，列全国各省市自治区第19位，增幅仅比全国平均水平高0.2个百分点，人均GDP却排在全国倒数第5位。工业增加值、全社会固定资产投资、社会消费品零售总额排名均列全国中下位，其中工业增加值列全国第19位，投资和消费分别列全国第22位和第16位。与广东相比，广西的差距明显。

（二）促进广西经济平稳健康发展的对策建议

1. 积极实施“双核驱动”战略，打造更强发展引擎

（1）北部湾经济区作为一个重要增长极，关键是统筹抓好沿海沿边开发开放，稳步提高经济总量在全自治区的比重，发挥好龙头带动作用。为此，应重点搞好以下工作：完善综合交通设施，形成便捷通畅、高效安全的综合交通体系；发展临海临港产业，加快布局形成石化、能源、钢铁、电子、修造船、粮油食品加工、电子信息、林浆纸、新材料、海洋生物工程等产业集群；推进北部湾城市群建设，推进南宁、北海、钦州、防城港等城市产业实现跨越发展，加快形成产业规划、基础设施、通信、物流、

城镇建设等一体化发展格局；在全面提升海洋和陆地生态环境优势的基础上，提高区域综合竞争力。

（2）西江经济带作为另一个重要增长极要发挥黄金水道的优势，尽快提升综合经济实力。应重点搞好以下工作：推进东西部合作和两广一体化，统筹江海联动、东西互动、融合发展；加快推进西江黄金水道及其他综合交通设施建设，提升完善西江黄金水道整体通过能力，加强沿江港口集疏运系统建设，推动发展多式联运，加快建设西江地区中心城市互联互通1小时综合交通网；积极承接东部产业转移，加快传统产业改造升级，加快西江经济带沿线各市与珠江三角洲的市场对接；加快西江经济带产业培育，以科技创新为支撑，积极培育发展战略性新兴产业，形成以新能源汽车、内燃机、机械、冶金、化工、农产品加工、新能源、新材料、修造船、生物医药等产业集群；推进沿江城镇带建设，通过西江航道建设促进城市发展，打造以南宁为核心，柳州、梧州等为副中心的西江经济带中心、次中心城市，形成与北部湾“南北钦防”相对应的西江经济带城市群，以城市人口增加和产业集聚为重点，实现工业化和城镇化、港口和城市建设的良性互动，拉动经济总量的增加和人均经济总量增加；加强生态建设，全面打造西江绿色长廊。

（3）促进北部湾经济区和西江经济带互动、协同发展。加快推进两个区域内基础设施、产业园区、特色旅游、科教文化、医疗卫生、生态环保等多领域合作；加强公路网、航道、城际公共交通、铁路建设等对接合作；强化产业规划衔接，促进北部湾经济区各城市与西江经济带各城市之间的产业互补；加强特色园区合作，探索建立配套产业合作示范园区；共同培育新型产业链，形成上中下游配套、大中小企业协作的产业集群；加强旅游合作，整合各市旅游资源优势，培育旅游精品线路；加强科技、教育、卫生等领域合作，鼓励发展科教园区和职业教育基地以及面向东盟国家的文化交流、教育培训等科教研发型服务产业；加强生态环境保护技术交流合作，建立区域生态补偿机制，采取多样化的生态、资源补偿方法和模式，建立健全生态建设和环境保护协调机制。

2. 积极推动一批重大项目建设

加快推进县县通高速公路、市市通高速铁路、港口水运、棚户区改造、城市重大基础设施、工业、农林水利、现代服务业、生态环保等九大领域重大项目建设，重点围绕西江经济带黄金水道、重大产业、重点园区、重大物流、生态环境等项目，进一步夯实西江经济带发展基础。同时，还要加快推进一批重大产业支撑项目建设，以项目为载体推动工业结构优化升级，以承接产业转移为抓手，促进汽车、装备制造等优势特色产业加快转型升级，以重点园区建设为重点，集聚创新资源，加快发展生物医药、新材料等战略性新兴产业，推进生产性服务业集聚示范区建设和现代物流业一体化发展。推进90个工业跨越发展“1131”工程超亿元项目和50个重大产业升级项目，抓好25个自治区重点产业园区和30个产城互动试点园区建设，形成具有竞争优势的特色产业集群。广西北部湾经济区要加快引进大项目，发展大产业，建设沿海临港大工业基地，吸引更多世界500强、国内500强企业前来投资，加快建设北海电子信息、石化、新材料，钦州石化、先进装备制造，防城港钢铁、有色金属等千亿元产业，加快推进钦州中石油二期、北海神华能源基地等一批重大项目。西江经济带要积极推动两广产业深度融合发展，打造成为先进制造业基地和国家级承接产业转移示范区。柳州市应发挥老工业基地的龙头带动作用，再创老工业基地的新辉煌。

3. 增强投资对经济增长的拉动作用

广西已步入工业化中期阶段，工业化中期阶段对后发地区来说是重要的发展黄金期，在这个阶段，扩大投资是拉动经济增长最直接、最有力、最有效的途径，要千方百计“扩投资、稳增长、强后劲”。广西要积极力争在投资规模上有重大突破，大力推动投资持续较快增长，加快形成一批新的经济增长点，增强投资对经济增长的拉动作用。

（1）用好、用足、用活国家政策，大力推动广西投资持续较快增长。按照《珠江—西江经济带发展规划》《国务院关于进一步促进广西经济社会发展的若干意见》《广西北部湾经济区发展规划》，完善区域发展总体布局，强化对产业投资项目的合理规划布局，加大对区域特色产业投资项目的合理规划和支持力度，将有限的资金优先安排在推进沿海沿江率先发展、充分发挥北部湾经济区引领带动作用、积极打造西江经济带产业集聚优势上，最终实现全区经济的又好又快发展。

（2）财政资金优先支持重大基础设施、重要领域、重点项目，发挥好财政投资拉动广西经济增长的关键作用。紧紧围绕“县县通高速、市市通高铁、片片通民航”的目标，大力推进交通基础设施建设，全面实施西江经济带基础设施建设大会战，加快推进电源、电网和天然气管网等能源项目建设，扎实推进城市基础设施建设，优化发展硬环境。突出抓好重大产业和重点民生领域项目建设，努力形成开工一批、在建一批、投产一批、储备一批的项目建设良性循环机制。

（3）充分调动民间资本积极性，加大金融支持实体经济力度。广西经济跨越式发展仅仅靠财政投资是不够的，要充分借助金融机构的力量，更要充分调动民间资本积极性。要充分发挥工业扶持资金、科技创新引导资金的杠杆作用，引进更多的民间资本投资，形成多元化的投资格局；要放开民间投资城镇基础设施、公用事业建设的限制，除国家法律法规明确规定外，企业、个人及外商均可投资城市基础设施、旧城改造和新城区建设；建立公共用品合理投资补偿机制，鼓励和促进社会资金投入公共公用事业项目建设；降低民间资本进入实体经济的门槛，形成资源配置的激励导向，鼓励引导民间资本投资，进一步缩小企业投资的核准范围，以交通、金融、水利、能源、医疗、教育、文化、社会福利等行业和健康、养老等服务业以及市政基础设施和保障性住房等领域为突破口，向社会推出民间资本投资项目。

（4）要创新投资方式，多渠道筹集项目建设资金，积极探索建立财政资金、开发性金融资金与商业性金融资金、民间资金协调配合的信贷模式，搭建高效的融资平台。大力发展以现代产权制度为基础的混合所有制经济，放宽民间投资准入。深化投融资体制改革，鼓励扩大跨境融资，吸引境内外金融机构到广西设立地区总部和分支机构，加快建立多元化、多层次的金融组织体系，推动金融机构加大对实体经济的信贷支持力度，大力支持有条件的企业上市融资及场外市场挂牌。加强银政企的协调，推动更多银行的信贷资金投向北部湾经济区和西江经济带的实体经济尤其是战略性新兴产业。研究出台支持沿边金融综合改革的财政政策，支持引入境外资金，满足重大项目、重点工程、特色优势产业、战略性新兴产业和与东盟、南亚国家互联互通重点基础设施项目的多元化融资需求。

（5）以投资促进经济结构调整优化。要着力推进产业转型升级，把产业做大做强做优。抓好一批先进制造业项目建设投资，严控投资产能过剩项目，防止新的低水平重复建设，加快淘汰落后产能，促进广西经济发展方式转型升级。

（6）强化重大项目统筹推进工作，科学解决当前重大项目前期工作总体推进不够快、建设用地及资金困难等制约因素，重点抓好在建和续建项目建设，确保国家已经批准开工的在建重大水利、铁路、重大装备等项目的资金需求，千方百计提高投资效益。

4. 深化开放合作，以区域合作促进广西经济平稳快速增长

（1）实施更加积极主动的开放合作战略。要充分用好中国—东盟博览会、中国—东盟商务与投资峰会等合作平台，以及“南宁渠道”等合作机制，提升与东盟合作的水平与质量，加大对粤港澳台及欧美日韩开放力度，创新招商引资思路，重点引进 IT 产业、电子信息、轻型加工制造业、高新技术产业，积极开展金融、科技、管理、人才、智力等的引进与合作。继续深入推进央企入桂、民企入桂、外企入桂等活动，努力在扩大开放合作中上项目扩投资。

（2）联手粤、港积极开拓东盟市场。广西是中国西南地区最便捷的出海通道，更是中国与东盟发展经贸关系最便捷的地区，广西应进一步发挥连接粤港与东盟桥头堡的区位优势，深化开放合作，着力构筑区域间优势互补、资源共享、协同开拓东盟市场的经济体系，联手粤港共同开拓东盟市场。粤港企业利用”南宁渠道”进入东盟市场，可以更好地享受中国—东盟自由贸易区的“零关税”等优惠政策，实现更高效益。积极争取国家

在粤、港已有的CEPA先行先试政策在广西的延伸和覆盖，特别是将相关部委与香港特区政府签署的CEPA补充协议中，允许香港和广东省政府在广东率先推出或试行的25项先行先试政策措施，进一步在广西延伸和覆盖，使港商、粤商与广西联手开拓东盟市场也同样享有先行先试的优惠政策，积极争取粤港优势产业向广西转移，促进三方互利共赢，推动广西与港、澳在金融、商贸、保险、会展、旅游、信息、加工贸易和专业服务等方面的交流与合作不断深化。建立和完善与桂港、桂粤经济发展相适应的政策措施，努力营造良好的投资、创业和经商环境，推进桂粤港合作项目的进一步落实，辐射带动珠江—西江经济带加快发展。

（3）加强桂粤港基础设施建设方面的协调合作。加强桂粤港跨界跨区域基础设施建设的协调合作，将进一步密切广西与香港和珠江三角区域的联系，改善北部湾经济区和珠江—西江经济带的投资环境，加快产业结构调整和布局，拓展产业发展空间，促进广西内地和粤港经济紧密合作与融合发展。推进桂粤港三地开展区域合作规划（涵盖城市合作规划）、交通网络规划、信息网络规划、能源基础网络规划的衔接，争取实现桂粤港基础设施建设的无缝对接，避免三地基础设施的重复建设与资源浪费；争取国家层面的帮助和支持，协同桂粤港三方通力合作，加快交通、物流设施建设，争取早日实现桂粤港与东盟国家“1234小时经济圈”交通物流发展新格局，促进桂粤港整体区域优势的发挥。

5. 深化各项改革，创新体制机制，优化发展环境

要着力深化重点领域改革，破解审批难、投资难、融资难等问题。更多运用市场力量，更多依靠市场化改革的办法，释放改革红利。要以好的环境、高的效率、优的政策来吸引企业、留住企业、壮大企业，充分激发市场主体创造活力，增强经济发展内生动力。要在行政体制、财税、金融、投融资、价格、民生、统筹城乡、农业农村、科技等重点领域和关键环节加大改革力度，加快转变政府职能，把该放的权力放掉，建立和完善政府权力清单和市场主体负面清单制度，由注重事前审批向加强事中事后监管转变，构建较为完善的政务服务体系。要进一步清理审批事项，重点

是加快投资项目审批、生产经营活动事项、工商登记制度改革。加快推进行政审批服务中介机构配套改革，规范中介服务行为，减少前置审批条件和环节。加强政务服务体系建设，完善行政审批服务平台，逐步推进网上审批，实现行政审批标准化和政务服务无差异化，提高审批效率。加快用地改革试点工作，优化重大项目用地统筹保障，自治区统筹重大项目的用地指标优先保障，重点新区用地指标单列。

第三章　粤桂滇黔产业结构演进的比较

产业结构理论论证了产业结构协调发展的二重性，一方面产业结构升级和优化是经济增长到相当程度的必然结果；另一方面成功或比较成功的产业结构调整反过来更加有力地推动经济的增长。人类社会发展的历史证明，经济总量的增长是由经济结构的转变所组成的，是实现经济增长的结构性决定因素之一。现代经济发展规律表明，当人均 GDP 处于 800～1500 美元时，为经济结构转换的时期；当人均 GDP 处于 1500～3000 美元时，为原来经济结构根本转换的时期；当人均 GDP 超过 3000 美元时，为产业结构、消费类型发生重大转变的时期。2013 年，广东、广西、贵州和云南的人均 GDP 分别为 9565 美元、4998 美元、3745 美元和 4098 美元，均超过了人均 GDP 3000 美元，共同迈入了城镇化、工业化进程加速发展，产业结构加速转型的发展时期。但是，粤桂滇黔四省区经济发展的非均衡现象表现得非常突出，广东人均 GDP 高于贵州 5820 美元，两省经济差距相差一倍多。经济发展依赖于非均衡的结构转变，一般表现为劳动、资本等要素从生产率较低部门向生产率较高部门的转移，产业由东向西梯度转移，本身可以使资源要素在更大范围、更高层次上实现重新优化配置，促进经济增长。本章依据产业结构的理论和方法，以经济结构的核心内容产业结构作为研究重点，对粤桂滇黔四省区产业结构演进状况与阶段性特征进行比较分析，研究检验产业结构合理与否的标准，探讨产业结构演进对于粤桂滇黔四省区经济增长长远、深刻的影响，最后形成结论意见。以广西现有问题为导向，提出加快广西产业结构调整、优化升级的对策建议。

第一节　广西产业结构演进分析

产业结构在经济增长中发挥越来越重要的作用，经济结构调整与经济发展的各方面密切相关，包括产业结构、主导产业、就业结构等。以20世纪90年代以来的广西产业结构调整作为研究期，根据我国不同发展阶段产业结构转变的重点和方向，对广西产业结构调整做出理性判断。

一、1990年以来广西产业结构的变动

产业结构调整优化是广西长期发展中的关键问题。改革开放以来，广西产业结构实现了从农业为主，向目前的第二产业为主导的方向不断优化发展，现代产业结构特征越来越明显。

1990—2015年间，广西三次产业增加值结构发生了明显的变化（如图3.1所示），总趋势是第一产业比重大幅度下降（下降23.99个百分点），第二产业比重大幅度上升（上升19.48个百分点），第三产业比重稍微上升（上升4.51个百分点），三次产业增加值构成比例由1990年的39.26∶26.31∶34.43演变为2015年的15.27∶45.79∶38.94，产业结构已由“一三二”型转变为“二三一”型。

图3.1显示了自1990年以来，广西三次产业增加值比重结构的变动趋势。第一产业比重曲线从1990年起就一直呈现出明显下降态势，反映出广西逐步从传统的农业型社会转向现代工业型社会的特征；第二产业增加值比重在1990—1995年间大幅上升，在1996—2003年间趋势变缓，2004年后这一比重再次出现明显上升，反映出广西工业总量和规模在反复波动中极度扩张，加剧了工业化进程；第三产业比重曲线在2003年以前一直趋于平稳上升，2003年出现较高峰值，而后缓慢上升，2015年第三产业占GDP比重仅比1990年高出4.51个百分点。第一产业比重明显下降，第二产业比重明显上升，而第三产业比重变化不大，这是1990—2015年间广西产业增加值结构变动的基本特征。

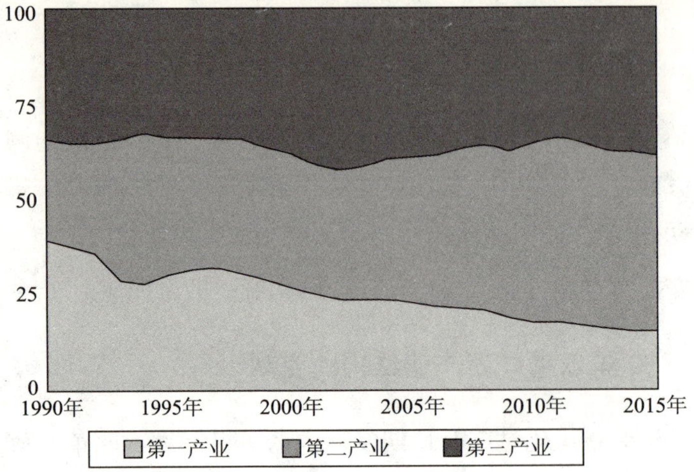

图 3.1　1990—2015 年广西三次产业增加值比重结构图

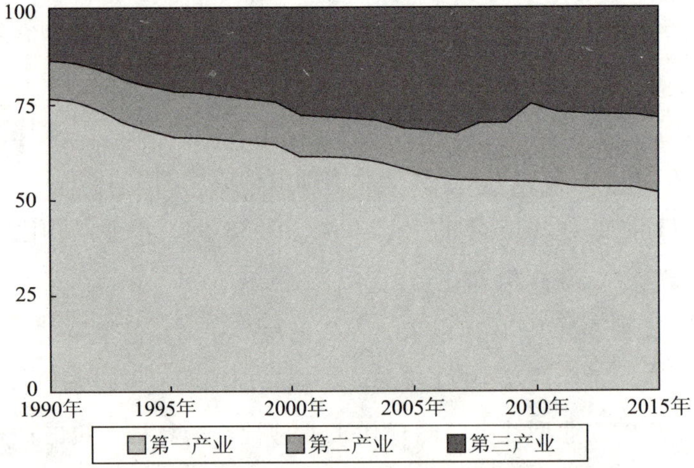

图 3.2　1990—2014 年广西三次产业就业人口比重结构图

三次产业就业人口比重结构也呈现出相似的趋势。如图 3.2 所示，第一产业就业人口比重自 1990 年起逐年下滑，2015 年，减少了 24.64 个百分点；第二产业和第三产业比重则呈现出扩大趋势，1990—2015 年间分别增加了 9.51 和 15.14 个百分点。三次产业就业人口比由 1990 年的 76.52∶9.81∶13.66，演变为 2014 年的 51.88∶19.32∶28.80。但同时也可以看出，到"十二五"时期，广西仍有大量从业人员聚集在第一产业，2014 年该项比重高出全国平均水平约 22.38 个百分点。

二、广西产业结构演进与经济增长关系实证分析

产业结构变动与经济增长互相依赖，相互促进。改革开放以来广西经济迅速崛起，导致了产业结构发生相应变动，而产业结构变动成为了经济快速增长的驱动因素，构成了经济增长的坚实基础。理论和实践表明，推动产业结构优化升级对于广西经济增长有明显作用。为反映出广西三次产业一直以来的发展水平，以及产业结构变迁与广西整体经济增长间的关联关系，本节将利用协整理论和格兰杰（Granger）因果检验等统计方法，选取 1990—2015 年广西第一产业、第二产业、第三产业的增加值（分别记为 X1、X2、X3）来反应三次产业的发展水平，用地区生产总值（GDP）来衡量整体经济增长状况，数据均来源于知网的中国经济与社会发展统计数据库，同时为了使不同时期的数据具备可比性，将各年度增加值调整为 1990 年的可比价水平。

（一）样本数据检验

出于对经济数据中异方差现象的考虑，本节对广西地区生产总值和第一产业、第二产业、第三产业增加值取自然对数，分别记为 lnGDP 和 lnX1、lnX2、lnX3。同时，利用 Eviews 统计软件，运用 ADF 检验方法对变量进行单位根检验，检验结果如表 3.1 所示。

表 3.1　各变量的 ADF 检验结果

变量	处理	ADF 统计量	0.01 临界值	0.05 临界值	0.1 临界值
lnGDP	原始序列	-1.103	-3.738	-2.992	-2.636
	1 阶差分	-1.383	-3.738	-2.992	-2.636
	2 阶差分	-4.941	-3.753	-2.998	-2.639
lnX1	原始序列	3.072	-2.669	-1.956	-1.608
	1 阶差分	-1.668	-2.669	-1.956	-1.608
	2 阶差分	-7.896	-2.669	-1.956	-1.608

续表

变量	处理	ADF 统计量	0.01 临界值	0.05 临界值	0.1 临界值
lnX2	原始序列	1.314	-2.665	-1.956	-1.609
	1 阶差分	-1.062	-2.665	-1.956	-1.609
	2 阶差分	-4.416	-2.669	-1.956	-1.608
lnX3	原始序列	1.971	-2.665	-1.956	-1.609
	1 阶差分	-1.101	-2.665	-1.956	-1.609
	2 阶差分	-3.551	-2.686	-1.959	-1.607

根据表 3.1 检验结果可以看出，序列 lnGDP、lnX1、lnX2 和 lnX3 本身是非平稳的，四项指标的一阶差分序列在 0.01 显著水平下也未显示出平稳迹象，但二阶差分序列在 0.01 显著水平下经检验为平稳序列，说明 lnGDP、lnX1、lnX2 和 lnX3 都是二阶单整序列 I（2）。据此可以进一步对样本进行协整检验，以验证变量间是否具有协整关系，使接下来的 Granger 因果检验能够得到统计上稳定的结果。本节拟采用 Johansen 秩检验方法考察变量 lnGDP、lnX1、lnX2 和 lnX3 之间的协整关系情况，由 Eviews 计算得出的结果列于表 3.2。

表 3.2　Johansen 协整检验结果

假设协整关系数	秩统计量	0.05 临界值	p 值
无	84.1827	47.8561	0.0000
至多 1 个	34.8104	29.7971	0.0122
至多 2 个	9.8573	15.4947	0.2919
至多 3 个	0.9797	3.8415	0.3223

由 Johansen 检验结果可以看出，变量 lnGDP、lnX1、lnX2 和 lnX3 之间在 0.05 置信水平下存在 2 个协整关系，由此，可以判断对数据进行变量间的 Granger 因果检验是有效的。

（三）Granger 因果检验

用 Eviews 对广西经济增长与产业结构变动进行 Granger 因果检验分析，

其结果如表3.3所示。

表3.3　Granger 因果关系检验结果

原假设	F 统计量	p 值	结论
lnX1 不是 lnGDP 的格兰杰原因	1.1613	0.3343	接受
lnGDP 不是 lnX1 的格兰杰原因	1.9946	0.1636	接受
lnX2 不是 lnGDP 的格兰杰原因	13.9564	0.0002	拒绝
lnGDP 不是 lnX2 的格兰杰原因	39.6580	0.0000	拒绝
lnX3 不是 lnGDP 的格兰杰原因	9.0089	0.0018	拒绝
lnGDP 不是 lnX3 的格兰杰原因	0.7575	0.4825	接受
lnX2 不是 lnX1 的格兰杰原因	2.8185	0.0847	拒绝
lnX1 不是 lnX2 的格兰杰原因	9.1578	0.0016	拒绝
lnX3 不是 lnX1 的格兰杰原因	3.8031	0.0408	拒绝
lnX1 不是 lnX3 的格兰杰原因	1.2410	0.3115	接受
lnX3 不是 lnX2 的格兰杰原因	11.3221	0.0006	拒绝
lnX2 不是 lnX3 的格兰杰原因	2.3322	0.1242	接受

注：显著性水平取0.1。

根据表3.3的Granger检验结果可以看出，广西第一产业与经济增长间互不为Granger原因，第二产业与经济增长间则存在显著的Granger因果关系，第三产业结构是地区经济发展的Granger原因，但反过来，地区经济发展并不是广西第三产业增长的Granger原因。由此可见，一方面，广西的第二和三产业对地区的经济发展具有显著的推动作用，而第一产业在这一过程中所发挥的作用并不明显。因而，由第一产业逐渐向第二产业、第三产业转移将为广西经济发展营造新的动力。另一方面，广西经济水平提升带动了第二产业的增长，但并未对第一产业和第三产业创造类似的发展契机。

从产业间的相互关系情况来看，在0.1的置信水平下，第一产业是第二产业的Granger原因，但不是第三产业的Granger原因；第二产业是第一产业的Granger原因，但不是第三产业的Granger原因；第三产业同时是第一产业和第二产业的Granger原因。从1990—2015年间的情况来看，广西第一产业和第二产业之间形成了良好的互动机制，使第一产业能够很好地支撑第二产业发展，而第二产业也能够有效反哺第一产业。然而，从广西第三产业的角度来说，虽然第三产业增长将有利于第一产业和第二产业的共同发展，但并没有形成一个相互促进的良性机制，使第一产业和第二产业也能够反过来有效推动第三产业的提升。研究结果表明，广西在经济结构调整的过程中，仍需探索产业间的联动机制，为产业健康转型营造条件。

第二节 粤桂滇黔产业结构演变的比较

我国区域经济的差异性决定了广西、云南和贵州与广东经济发展上的差距，更深层次的原因是前三省区存在着层次较低、比较效益较差的产业结构，并且产业结构在市场经济中转换升级难的问题较为突出。以下对1990年以来粤桂滇黔四省区产业结构演进状况作比较分析。

一、粤桂滇黔省际产业结构现状以及变动的比较

自1990年以来，粤桂滇黔四省区经济快速发展，三次产业之间的结构变化趋势明显表现为第一产业比重下降，第二产业、第三产业比重上升，以下深入分析粤桂滇黔四省区产业结构变化趋势和产业结构现状的特点。

（一）粤桂滇黔省际产业结构现状比较

三次产业的构成反映了经济发展的综合水平。表3.4、表3.5分别列出了2015年全国和粤桂滇黔四省区三次产业的增加值结构，以及2014年全国和粤桂滇黔四省区三次产业的就业结构。

表3.4 2015年粤桂滇黔四省区三次产业增加值结构

地区	第一产业（%）	第二产业（%）	第三产业（%）	相当年份（年）
全国	9.00	40.53	50.47	2015
广东	4.59	44.65	50.76	2021

续表

地区	第一产业（%）	第二产业（%）	第三产业（%）	相当年份（年）
广西	15.27	45.79	38.94	2000
贵州	15.62	39.48	44.89	2000
云南	14.99	40.04	44.97	2001

数据来源：中国经济与社会发展统计数据库和各地统计公报。相当年份是指该地区三次产业结构中第一产业比重相当于全国第一产业比重水平的年份。

表3.5　2014年粤桂滇黔四省区三次产业就业结构

地区	第一产业（%）	第二产业（%）	第三产业（%）	相当年份（年）	第一产业结构偏离度
全国	29.50	29.90	40.60	2014	22.34
广东	22.36	41.41	36.23	2023	17.69
广西	51.88	19.32	28.80	1996	36.48
贵州	61.32	15.26	23.42	1986	47.50
云南	53.71	13.18	33.11	1995	38.18

数据来源：中国经济与社会发展统计数据库。第一产业结构偏离度是指该地区第一产业就业比重与同年增加值比重之差。

从表3.4可以看出，2015年，全国三次产业的增加值构成为9.00∶40.53∶50.47，广东为4.59∶44.65∶50.76，广西为15.27∶45.79∶38.94，贵州为15.62∶39.48∶44.89，云南为14.99∶40.04∶44.97。按第一产业相当年份来看，广东三次产业的产值结构相当于全国2021年的水平，广西、贵州和云南的相当年份分别为2000年、2000年和2001年，三个西部省区三次产业结构的发展水平相当年份仍处于全国在21世纪初的平均水平。

从表3.5可以看出，2014年全国三次产业的就业构成为29.50∶29.90∶40.60，广东为22.36∶41.41∶36.23，广西为51.88∶19.32∶28.80，贵州为61.32∶15.26∶23.42，云南为53.71∶13.18∶33.11。按第一产业相当年份来看，广东三次产业的产值结构相当于全国2023年的水平，远远领先于广西（1996年）、贵州（1986年）和云南（1995年），广西、贵州和云南三个西部省份的第一产业就业结构仍处在全国20世纪平均水平。此外，就粤桂黔滇四省区的第一产业结构偏差情况而言，广东结构偏差较小，为17.69%，低于全国约5.65个百分点，而广西、贵州和云南三个偏差远高于全国平均水平。其中，广西（36.48%）、云南（38.18%）结构偏差接近40%，贵州则达到了47.50%，比全国高约25.26个百分点。可见，广西、贵州和云南三省区产业结构不合理，已经成为制约经济发展的突出问题。

（二）粤桂滇黔省际产业结构演变的比较

粤桂滇黔四省区的产业结构演变既有共性也有各自的特性。如图3.3所示。

1990—2015年，广东三次产业结构的变化趋势是第一产业比重大幅下降（从1990年的24.67%下降到2015年的4.59%），第二产业、第三产业比重上升（第二产业比重从1990年的39.50%上升到2015年的44.65%，第三产业比重从1990年的35.83%增加到2015年的50.76%），尽管三次产业比重发生了变化，但产业结构模式仍然为“二三一”型。

1990—2015年，广西三次产业结构发生了明显的变化，总趋势是第一产业比重大幅度下降（下降23.99个百分点），第二产业比重大幅度上升（上升19.48个百分点），第三产业比重稍微上升（上升4.51个百分点），三次产业构成比例由1990年的39.4∶26.4∶34.3演变为2015年的15.27∶45.79∶38.94，产业结构已由“一三二”型转变为“二三一”型。

1990—2015年，贵州三次产业结构的变化趋势是第一产业比重下降（从38.48%下降到15.62%），第二产业比重小幅上升（从35.68%上升到39.48%），第三产业比重大幅上升（从25.84%增加到44.89%），产业结构模式已由“一二三”型转变为“三二一”型。

1990—2015年，云南三次产业结构的变化趋势是第一产业比重较大幅度下降（从37.22%下降到14.99%），第二产业、第三产业比重有较大幅度上升（第二产业比重由34.94%增加到40.04%，第三产业比重由27.84%增加到44.97%），云南产业结构模式已由“一二三”型转变为“二三一”型。

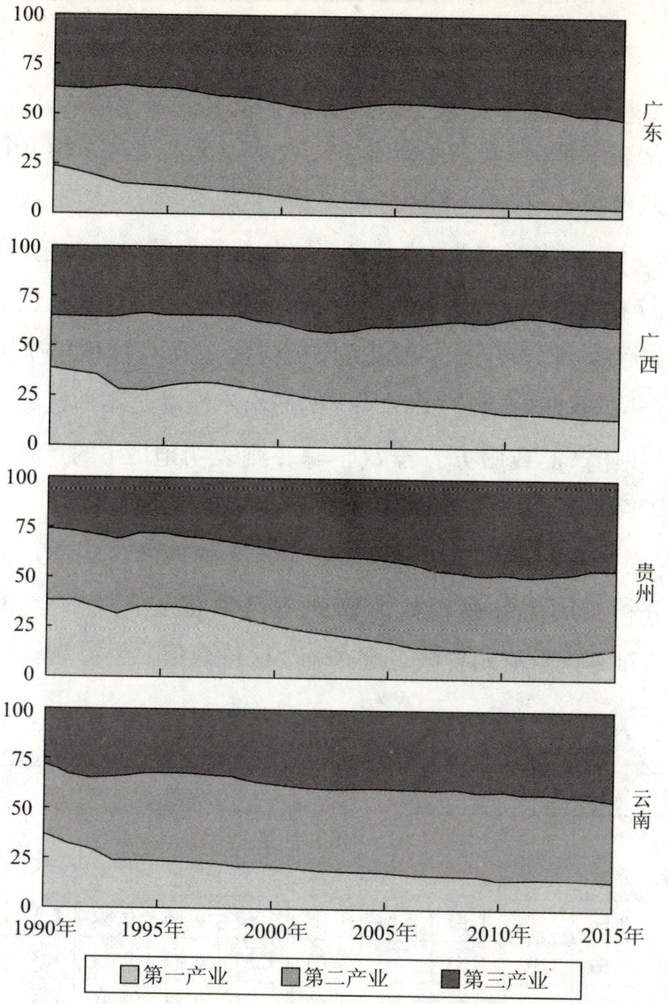

图 3.3　1990—2015 年粤桂滇黔四省区增加值比重结构图

二、粤桂滇黔省际三次产业区位商比较

区位商，是指一个地区特定部门的产值在该地区总产值中所占的比重与全国该部门产值在全国总产值中所占比重方面的比率，其表达式为：

$$LQ_{ij} = \frac{L_{ij} / \sum_{j} L_{ij}}{\sum_{j} L_{ij} / \sum_{i} \sum_{j} L_{ij}} \tag{3-1}$$

其中，i 表示地区，j 表示行业，L_{ij} 表示第 i 个地区，第 j 个行业的产出，LQ_{ij} 表示地区 i，行业 j 的区位商。

若 $LQ_{ij}>1$，则表明产业 j 在地区 i 的专业化程度较高，超过全国水平，意味着产业 j 在地区 i 生产较为集中，具有相对规模优势，发展较快，具有一定的比较优势。若 $LQ_{ij}<1$，则表明产业 j 专业化程度低于全国水平，其规模比较弱势，意味着地区 i 的产业 j 的产出不能满足本地区的需求，还需要由区域外供给产品或服务。若 $LQ_{ij}=1$，则表明地区 i 的产业 j 专业化水平与全国水平相当，供给能力恰好能够满足本地区的需求。

这里从总体和变动趋势两个方面对粤桂黔滇四省区三次产业区位商进行计算和分析，从而考察粤桂滇黔四省区的优势产业。表 3.6 列出了 1990—2015 年粤桂黔滇四省区三次产业的区位商值。

表 3.6 1990—2015 年粤桂滇黔四省区三次产业区位商

年份	广东			广西			贵州			云南		
	第一产业	第二产业	第三产业	第一产业	第二产业	第三产业	第一产业	第二产业	第三产业	第一产业	第二产业	第三产业
1990	0.91	0.96	1.14	1.45	0.64	1.09	1.42	0.86	0.82	1.37	0.85	0.88
1991	0.90	0.99	1.09	1.53	0.65	1.05	1.59	0.82	0.79	1.34	0.83	0.97
1992	0.87	1.03	1.04	1.64	0.66	1.02	1.64	0.83	0.82	1.39	0.81	0.99
1993	0.82	1.06	1.03	1.46	0.79	1.02	1.62	0.80	0.92	1.24	0.89	1.01
1994	0.75	1.05	1.08	1.40	0.84	0.98	1.76	0.80	0.83	1.21	0.94	0.97
1995	0.73	1.04	1.11	1.52	0.76	1.03	1.79	0.77	0.84	1.24	0.93	0.96
1996	0.69	1.02	1.16	1.60	0.73	1.03	1.79	0.74	0.90	1.21	0.93	0.98
1997	0.69	1.00	1.16	1.75	0.71	1.00	1.85	0.75	0.89	1.26	0.93	0.95
1998	0.66	1.03	1.12	1.75	0.76	0.95	1.76	0.81	0.88	1.25	0.97	0.92
1999	0.66	1.03	1.11	1.75	0.76	0.97	1.73	0.82	0.90	1.30	0.93	0.95
2000	0.61	1.01	1.13	1.78	0.77	0.97	1.75	0.83	0.91	1.43	0.90	0.95
2001	0.57	1.01	1.14	1.76	0.75	1.01	1.68	0.85	0.93	1.44	0.90	0.95

续表

年份	广东			广西			贵州			云南		
	第一产业	第二产业	第三产业	第一产业	第二产业	第三产业	第一产业	第二产业	第三产业	第一产业	第二产业	第三产业
2002	0.55	1.02	1.13	1.74	0.75	1.03	1.65	0.87	0.93	1.46	0.90	0.95
2003	0.53	1.04	1.10	1.82	0.76	1.01	1.64	0.87	0.95	1.51	0.89	0.96
2004	0.49	1.06	1.09	1.78	0.79	0.98	1.49	0.88	0.98	1.47	0.90	0.96
2005	0.52	1.06	1.07	1.89	0.80	0.97	1.52	0.86	1.00	1.58	0.87	0.98
2006	0.52	1.06	1.06	1.96	0.83	0.94	1.47	0.86	1.03	1.63	0.89	0.95
2007	0.50	1.06	1.06	1.98	0.88	0.88	1.44	0.82	1.09	1.63	0.90	0.95
2008	0.50	1.06	1.06	1.93	0.91	0.86	1.41	0.81	1.11	1.67	0.91	0.93
2009	0.49	1.06	1.05	1.82	0.94	0.87	1.36	0.82	1.11	1.67	0.91	0.94
2010	0.49	1.07	1.04	1.73	1.01	0.82	1.35	0.84	1.09	1.52	0.96	0.93
2011	0.50	1.07	1.04	1.74	1.04	0.79	1.27	0.83	1.12	1.58	0.91	0.96
2012	0.49	1.07	1.04	1.65	1.06	0.79	1.29	0.86	1.07	1.59	0.95	0.92
2013	0.48	1.06	1.06	1.58	1.06	0.81	1.23	0.92	1.02	1.57	0.95	0.92
2014	0.51	1.09	1.02	1.68	1.10	0.79	1.51	0.98	0.92	1.69	0.97	0.90
2015	0.51	1.10	1.01	1.70	1.13	0.77	1.74	0.97	0.89	1.67	0.99	0.89

数据来源：中国经济与社会发展统计数据库。

从第一产业区位商变动情况来看，广东的第一产业区位商小于1，说明广东第一产业专业化程度在全国水平之下，处于比较劣势地位，需要从区外调入或进口，才能满足市场需要。而其他三省区第一产业区位商在所选取的观测区间内均大于1，说明广西、贵州、云南第一产业专业化程度在全国水平之上，具有绝对比较优势。从变动趋势来看，广东第一产业区位商逐渐变小，相对弱势越来越大；广西第一产业区位商逐渐变大，且在2007年达到最大值（1.98），尽管其第一产业区位商近年来略有下降，但是仍然名列四省区首位；贵州第一产业区位商在20世纪90年代快速增加，但从2004年起就处于下降趋势；云南第一产业区位商则以相对平稳的速度逐渐上升。

从第二产业区位商变动情况来看，广东第二产业区位商自1992年起一直大于1，说明广东第二产业专业化程度较高，意味着广东第二产业生产集中，具有规模优势，发展很快，具有明显的比较优势，同时也意味着广东第二产业产品除满足本区域需求外，还对外提供产品和服务；广西第二产业区位商2010年以前均小于1，2010年开始才大于1。贵州和云南第二产业区位商则在1990—2015年间一直小于1，说明贵州和云南第二产业专业化程度较低，处于比较劣势地位。从变动趋势来看，粤桂滇黔四省区第二产业区位商值基本呈递增趋势，比较优势逐渐变大。

从第三产业区位商变动情况来看，广东第三产业区位商值在样本期内均大于1，说明广东第三产业专业化程度高于全国平均水平，其规模具有比较优势，第三产业的产出不仅能满足本区域的需求，还可以向外供给产品和服务；广西第三产业区位商在20世纪90年代大于1，2000年以后小于1，其比较优势逐步变小；贵州第三产业区位商在2007年以前一直小于1，2007年起才大于1；云南第三产业区位商除1993年大于1外，其他年份一直小于1。从变动趋势上来看，广东、广西、贵州和云南的第三产业区位商在近年内均存在下降趋势，说明广东、广西、贵州和云南的第三产业在全国的相对优势水平在逐年递减，但在2015年时，广东第三产业区位商为1.01，仍大于1，说明广东仍然保持较为明显的比较优势。

三、粤桂滇黔省际产业结构演进与经济增长比较分析

运用计量经济学理论，建立面板数据模型，定量分析粤桂滇黔四省区产业结构变动对经济增长影响的差异性。数据来源于《广东统计年鉴》《广西统计年鉴》《贵州统计年鉴》和《云南统计年鉴》，样本区间为1993—2015年。变量选取粤桂滇黔四省区的实际GDP作为衡量经济增长的指标，第一产业、第二产业、第三产业的增加值作为产业结构的代表变量，为剔除物价水平变动的影响，上述指标均调整为1990年的价格水平。为了消除可能存在的异方差，对上述指标分别取自然对数，分别用lnGDP、lnX1、lnX2和lnX3表示。

（一）数据平稳性和协整检验

所谓面板数据，即时间序列和横截面结合的数据，这种数据结构包含个体、指标、时间三维信息。与单独的横截面数据或时间序列数据分析方法相比，面板数据分析不仅扩大了样本容量，而且有效地防止了多重共线性，更好地解决变量间的相关性问题，从而使得参数估计结果更为可信。

在对数据进行拟合分析前需要对数据的平稳性质和变量间的协整情况进行检验，以确定运用面板数据模型展开分析的合理性和有效性。

首先，对变量进行面板单位根检验，由检验结果可知，lnGDP、lnX1、lnX2 和 lnX3 的水平值都是非平稳的，而它们的二阶差分序列都在统计意义上显著平稳，由此可以确定序列 lnGDP、lnX1、lnX2 和 lnX3 均为二阶单整序列 I（2）。

其次，对变量 lnGDP、lnX1、lnX2 和 lnX3 进行协整检验，以确定各地地区生产总值和第一产业、第二产业、第三产业增加值之间是否存在长期稳定关系。本节采用的是广泛应用的 Pedroni 面板协整检验方法，检验结果显示 Panel ADF – Stat 统计量和 Group ADF – Stat 统计量对应 p 值均小于 0.05，而且 Johansen – Fisher 面板数据协整检验也表明 lnGDP、lnX1、lnX2 和 lnX3 之间存在协整关系，因此经济增长与产业结构变动存在长期的均衡关系。

（二）模型设定与实证分析

下面利用粤桂滇黔四省区 1990—2015 年的数据进行建模分析。

首先，利用 Hausman 检验判断模型是固定效应还是随机效应。根据 Eviews 软件输出结果，p 值小于 0.05，所以在 0.05 的显著性水平下，选择拒绝 Hausman 检验随机效应的原假设，建立固定效应模型。

其次，利用 F 检验选择模型形式，根据一系列检验结果，最终确定为三次产业对地区经济增长影响具有地区差异的变系数固定效应模型，其具体形式如下：

$$\ln GDP_{it} = \alpha_i + \beta_{1i}\ln X1_{it} + \beta_{2i}\ln X2_{it} + \beta_{3i}\ln X3_{it} + \varepsilon_{it} \qquad (3-2)$$

其中，i 代表粤桂滇黔四省区，t 表示时间，α_i 为 i 地区的固定效应，

β_{1i}、β_{2i}、β_{3i}分别为 i 地区第一产业、第二产业、第三产业对当地地区生产总值的推动效应，ε_{it}为随机扰动项。

基于上述模型设定，利用 Eviews 软件对数据进行拟合，计算得到的结果如表 3.7 所示。考虑到模型残差的自相关问题，在模型中加入了 1 阶自回归项，回归后模型的 D-W 统计量值达到了 1.8811，可以认为模型的残差已不存在显著的自相关。而且，根据调整后的 R^2 和 F 统计量值可知，模型的拟合优度很高且总体线性关系显著，各变量系数均能通过 t 检验表明产业结构变动对经济增长的影响显著；截距的固定影响 C 反映了粤桂滇黔四省区之间的差异。

表 3.7 固定效应—变系数模型回归结果

系数	广东	广西	贵州	云南
C	0.268 [1.291]	0.356 [1.291]	0.237 [1.291]	0.765 [1.291]
lnX1	0.179 [1.865]*	0.388 [11.153]***	0.362 [10.110]***	0.248 [2.903]***
lnX2	0.521 [16.847]***	0.386 [19.924]***	0.407 [11.552]***	0.423 [12.105]***
lnX3	0.402 [7.282]***	0.351 [10.064]***	0.379 [10.656]***	0.376 [5.696]***
AR (1)	0.728 [17.602]***	0.809 [17.712]***	0.938 [18.573]***	0.861 [11.581]***
adj. R^2	1.0000			
F 统计量	345370.8***			
D-W 统计量	1.8811			

注：[ ] 内为 t 统计量值，***，**，* 分别代表在 0.01，0.05，0.1 显著性水平下统计显著。

从表 3.7 可以看出，大体而言，粤桂滇黔四省区的第二产业变动对经济增长的推动作用均较为突出，其次为第三产业，最后才是第一产业。

分产业看，第一产业对地区经济发展促进效应较为明显的地区为广西，第一产业增加值每提升一个百分点，将带来地区生产总值 0.388 个百分点的增长。其次为贵州，第一产业增加值每提升一个百分点，将给贵州带来地区生产总值 0.362 个百分点的增长。云南和广东分列第三和第四，这两个省区第一产业的单位增长分别推动地区经济约 0.248 个百分点和

0.179 个百分点的增长。

从第二产业的情况来看，对本地经济增长推动作用较为突出的为广东，广东第二产业每提升一个百分点，将促进地区生产总值约 0.521 个百分点增长，而云南和贵州这一水平分别为 0.423 个百分点和 0.407 个百分点，广西位列最后，广西的第二产业增加值单位增长仅提升地区产值约 0.386 个百分点。

从第三产业情况来看，对地方经济推动效应相对突出的仍为广东，广东第三产业增加值增加一个百分点，将提升地区生产总值约 0.402 个百分点。其后为贵州的 0.379 个百分点和云南的 0.376 个百分点，广西则以 0.351 个百分点位列四省之末。

根据面板数据模型拟合得到的结果，广西的第三产业对地区经济增长的推动作用低于第一产业和第二产业水平。同时，相对于其他省份，广西第二产业和第三产业对地方经济的推动作用均低于其他三省，而第一产业则具有一定优势。说明相较而言，广西增长动力仍源于第一产业，而第二产业和第三产业的推动能力相对有限。

第三节　结论与建议

一、几点结论

通过运用定量分析方法对粤桂滇黔四省区的产业结构现状及其演变进行研究，并且利用协整理论和格兰杰（Granger）因果检验等统计方法，以及利用建立面板数据模型对粤桂滇黔四省区产业结构变动与经济增长之间的关系进行实证分析和比较分析，得出以下几点结论：

第一，自改革开放以来，广西第一产业比重大幅下降，第二产业比重大幅上升，第三产业极缓慢上升，产业结构由“一三二”型转变为“二三一”型，实现了不断优化发展。产业结构变动成为了经济快速增长的驱动因素，第二产业和第三产业增长在统计意义上显著为地区经济发展的 Granger

原因。由此表明，第二产业和第三产业发展共同对广西经济发展有显著推动效应，但该促进作用相比其他三省水平仍相对较低。

第二，粤桂滇黔四省区产业结构变化都发生在工业化不同的发展阶段，呈现出第一产业比重不断降低，第二产业、第三产业比重不断增加，其中，第二产业比重增加快于第三产业比重增加，第二产业是国民经济增长的主要来源。广东在完成工业化之后逐步向“后工业化”阶段过渡，但是，2015 年，广东第三产业比重占 50.76%，远未达到后工业化阶段第三产业比重应为 60% 以上的要求。广西目前已经接近工业化中期阶段，这一阶段非农增加值比重并未达到 90%，仍有差距，因而迫切需要推动经济转型，大幅提高第三产业的比重。

第三，目前桂滇黔三省区产业结构不合理问题突出，三次产业的增加值结构水平落后于全国约 15 年；三次产业就业结构水平落后于全国 20 年甚至 30 年。三次产业在劳动力的使用上存在着接近 40% 甚至以上的偏差，二元经济结构转化和农村富余劳动力转移仍然任重道远。

第四，考察粤桂黔滇四省区三次产业区位商，不难发现，广东非农产业专业化程度高于全国水平，具有明显的比较优势，第二产业、第三产业形成的产品和服务构成突显的外溢效应。2010 年，广西第二产业区位商开始大于 1，表明广西的优势特色工业品既满足本地需求，又向区外输出。桂滇黔三省区第一产业区位商均大于 1，表明三省区农业产业专业化程度在全国水平之上，农业省份的特征十分突出。

二、问题与对策

（一）广西产业结构存在的主要问题

以上定量分析表明，尽管改革开放以来广西产业结构调整取得很大进展，但与全国相比较，与广东相比，仍存在产业结构层次低、工业总量小、第三产业发展不足，就业结构不合理等问题，具体如下：

1. 产业层次低

产业层次低，主要表现为第一产业比重较高，2015 年，广西第一产业比重高于全国6.27个百分点，高于广东11.68个百分点；第三产业发展不充分，广西第三产业比重低于全国12.53个百分点，低于广东11.82个百分点。第二产业比重虽然高于全国，稍低于广东，但因为第一产业比重高，导致了广西三次产业产值结构仅相当于全国2000年的水平，落后了15年，产业层次低的特征明显。

2. 工业总量小

1990—2015年，广西工业年均增速为27.20%，高于全国平均水平7.04个百分点，低于广东1.41个百分点。从“八五”时期到“十五”时期，广西工业增速低于广东；“十一五”时期，广西工业年均增速高于广东4.73个百分点；“十二五”时期，再次高于广东3.86个百分点。广西作为后发展地区，尽管工业速度保持两位数增长，后发优势突出，但原有工业基础差、总量小的问题在短时期很难解决。2014年，广西规模以上工业企业单位数为5447个，广东为41133个，比广西多约6.55倍；广西规模以上工业企业主营业务收入为2.01万亿元，占全国的1.82%，广东为11.75万亿元，占全国的10.65%，说明广西工业规模总量偏小。

3. 第三产业发展不足

目前，我国进入工业化中期阶段，呈现第三产业明显加快的态势，而广西第三产业发展比较缓慢，1990—2015年，第三产业占GDP比重仅由34.43%变化到38.94%。2010年，广东第三产业增加值占全国总数的比重为11.93%，广西为1.95%；2015年，广东第三产业增加值占全国总数的比重为10.82%，广西为1.92%，两广差距十分明显。第三产业内部结构不合理，无论是传统服务业，还是现代服务业两广差距都很大。2014年，广西传统服务业的批发和零售业，交通运输、仓储和邮政业，及住宿和餐饮业的增加值占全国比重分别为1.78%、2.57%及3.26%，广东分别为12.46%、9.62%及11.95%；广西现代服务业的金融业，房地产业，及其他行业的增加值占全国比重分别为1.87%，1.56%及1.89%，广东分别为9.53%、11.81%及10.59%。因此，广西第三产业的总量和结构都存在不合理问题。

4. 就业结构不合理

就业结构相当年份表现为三次产业的就业结构中第一产业就业比重相当于全国第一产业比重水平的年份。2015 年，广西就业结构水平相当于全国 1996 年的水平，第一产业就业比重为 51.88%，高于全国 22.38 个百分点，高于广东 29.52 个百分点；第二产业就业比重为 19.32%，低于全国 10.58 个百分点，低于广东 22.09 个百分点；第三产业就业比重为 28.80%，低于全国 11.80 个百分点，低于广东 7.43 个百分点。第二产业劳动力比重过低而第一产业劳动力比重过高乃至过剩的问题仍然存在。

（二）加快广西产业结构调整、优化升级的建议

在经济新常态下，要通过全面深化改革，促进经济结构调整、转型升级和提质增效。中央新的产业结构调整政策指向明确，主要针对高污染和高能耗产业产能过剩问题实施宏观调控，这不但给广西带来难以避免的阵痛，而且本轮调整产业结构是在我国经济增长速度换挡期进行的，由此带来的挑战会比以往更严峻。推进产业结构调整，必须顺应国内需求结构升级以及国际市场变化的新趋势，加快推进产业结构优化升级，及时调整产业结构和产品结构，大力发展现代农业，加快工业化、现代化进程，促进服务业特别是现代服务业加快发展，壮大战略性新兴产业，不断提高质量和效益，增强竞争能力，抢占未来发展制高点。

1. 继续保持高于全国平均水平的发展速度，为产业结构调整创造条件

广西是后发展欠发达地区，只有坚持把加快发展放在首位，继续保持一个高于全国平均水平的发展速度，实现两位数以上的经济增长速度，才能为产业结构调整创造必要条件。坚持以提高经济发展质量和效益为中心，主动适应经济发展新常态，做到扩大总量与优化结构相结合，紧紧抓住多重叠加的新的重大机遇加快发展，不断扩大经济总量，壮大经济实力，为调整产业结构提供强有力的经济支持。充分利用国内外各种有利因素加快工业化、现代化进程，加大重大基础设施、重大产业项目、重要产业园区和先进制造业基地建设力度，积极培育战略性新兴产业，大力发展现代服务业，建立健全现代产业体系，推动广西产业结构跨越式升级转换。

2. 把广西产业结构调整的主战场放在工业领域

工业是经济发展的重要支柱，是经济新常态下推动经济提质增效的主动力，也是推进广西新型城镇化、农业现代化的关键。对广西国民经济影响较大的部门主要集中在工业领域，因此，把广西产业结构调整的主战场放在工业领域，坚持总量调控、有进有退、产能置换、优胜劣汰，突出抓好化解产能过剩、传统产业转型升级和工业科技创新。要着力加强供给侧结构性改革，加快培育新的发展动能。着力抓好去产能、去库存、去杠杆、降成本、补短板五大重点任务，扎实推进供给侧结构性改革。

（1）不折不扣执行好中央化解产能过剩的决策部署，综合运用安全、环保、质量、能耗、产业政策等市场化法治化手段，推动过剩产能退出，严格控制新增产能，继续淘汰一批落后产能，关闭一批资源枯竭、工艺设备落后、污染严重、不具备安全生产条件、产品质量低劣、亏损严重、扭亏无望的企业。严格控制“两高”和产能过剩项目，对不符合国家产业政策，超能耗指标或未取得排放总量批标的项目，一律不受理、不核准、不审批，降低高能耗工业比重。全面加强节能减排，建设一批资源节约型、环境友好型示范企业。对列入国家产业政策限制类的既是高耗能、高污染行业，又是广西支柱产业的，要加大技改加快转型。

（2）加速改造提升传统产业。以促进工业转型升级、提高工业发展质量和效益为主攻方向，突出抓好现有重点产业的优化升级，促进广西工业企业不断发展壮大。大力发展一批具有一定知名度与国际竞争力的大公司和企业集团，使之成为广西工业经济的主力和支柱。积极发展一批工艺和技术装备达到国内先进水平，经济效益好，在国内市场有较强竞争力，可持续发展的优势企业。鼓励企业积极引进国际先进技术和先进设备，改造传统的产业，淘汰落后的生产工艺和产品，实现产业结构跳跃式发展。加快推进食品、制糖、有色金属、钢铁、汽车、机械、造纸、纺织、化工、医药等传统优势产业优化升级。对广西优先重点发展的十四个千亿元产业给予财税、信贷、土地等政策扶持，支持这些产业集群良性发展。对列入国家产业政策鼓励类的企业包括一些中小企业、或采用新材料、新能源以及推广节能与环保产业的企业等，支持其尽快能形成规模、占领市场。

（3）稳步推进经济改革“三去一降一补”。2015 年中央经济工作会议对 2016 年经济工作作出全面部署，强调结构性改革的五大任务是抓好去产能、去库存、去杠杆、降成本、补短板。为此，广西要积极推动企业兼并重组、盘活存量资产、发展股权融资，多措并举，积极稳妥降低企业杠杆率。要认真落实国务院《降低实体经济企业成本工作方案》，进一步减轻企业税费负担，降低企业融资成本、制度性交易成本、人工成本、用能用地成本、物流成本。

（4）大力实施工业科技创新，增强创新驱动发展新动力，为产业结构调整提供科技支撑。推动信息化和工业化深度融合是加快转变经济发展方式和工业转型升级，走新型工业化道路的必然选择。广西要积极推进工业化和信息化深度融合，发挥信息化引领作用，以信息化加速工业化进程，促进工业结构整体优化升级，促进产业结构优化升级和经济发展方式转变。要加快发展壮大北海、南宁、桂林三个电子产业基地，充分发挥柳州、桂林国家级“两化”融合试验区、桂东承接东部产业转移示范基地的优势，促进电子信息产业快速发展。推进数字城市和数字广西建设，分类指导重点行业提升信息化水平。深入实施重大科技攻关工程、重大科技专项和千亿元产业研发中心能力提升行动，在装备制造、新能源汽车、生物及新医药等产业领域重点研发攻关，加快开发高新技术及产品。加快建设以企业为主体的创新体系，增强企业技术创新能力，提升国家及自治区级重点实验室和工程实验室、工程技术研究中心、企业技术中心等创新平台的能力。鼓励企业技术创新和发明创造，加大对技术研发的投入，积极研制和开发新产品，增强科技成果转化能力，以自主创新提升产业整体技术水平，提高产品的市场占有率，延长产业的生命周期。提高高校、科研院所服务经济社会发展能力。把创新成果转变成实实在在的产业活动，提高产业整体素质和质量。

3. 加快发展现代农业

（1）切实加强粮食生产。进一步明确各级政府抓粮食生产的责任，完善粮食生产考核奖惩机制。加强基本农田建设，稳定农田面积，实行最严格的耕地保护制度和对征用基本农田的审批制度。稳定广西粮食种植面积，夯实粮食安全生产基础，产粮大县要巩固生产优势，充分挖掘潜力，扩大生产总量。推广普及良种良法，提高粮食单产水平。深入贯彻落实中央和自治区各项强农惠农政策，进一步建立健全财政支持粮食生产的政策体系，充分调动种粮主体的积极性，促进粮食生产稳定发展。

（2）调整优化农业产业结构、农业产品结构。支持现代化农业中的主导产业和特色农产品的发展，大力发展高产、优质、高效、生态、安全农业，引导和促进农产品生产向优势产区集中，推进现代农业建设。重点支持甘蔗、畜牧、蔬菜、水果、水产、桑茶、中药材、林产、花卉等发展，积极培育出一批与主导产业相适应的特色农产品基地。

（3）提高产业化经营组织程度，建立健全社会化服务体系。优先支持家庭农场等新型农业经营主体、农业产业化龙头企业、农业产业化示范区、生产基地及农贸市场建设。促进农产品产供销“一条龙”产业链经营机制的形成，鼓励高新技术向农产品加工企业渗透，促进农产品加工企业的技术改造，提高加工产品的科技含量。

（4）积极支持农业科技创新，促进农业科研机构、高等院校积极参与研究开发农业优良品种和农业生产技术，提升农业生产技术水平。建立一批适应国内外市场需求的无公害农产品、绿色食品、有机食品生产基地，形成结构合理化、技术和产品标准化、生产环境生态化、资源利用高效化的生态高效农业体系。

（5）发展壮大县域经济。广西经济发展的城乡差距较大，各县区经济发展差异也较为明显，区域发展不平衡的问题较为突出。要提升广西县域经济整体水平，就必须统筹城乡发展，结合各县的资源禀赋、产业基础和区位布局，发展各具特色的县域产业，打造具有县域特点的产业集群，推动县域与城市的互动发展。

4. 大力发展服务业，以现代服务业促进产业优化

积极鼓励第三产业加快发展，改造提升交通运输、餐饮、零售贸易等

传统服务业。优先发展生产性服务业，充分发挥生产性服务业对先进制造业、现代农业的支撑服务功能，促进服务业与工业、农业互融互动发展，细化和延伸产业链分工，形成高效配套的现代服务产业体系，实现三次产业融合、联动发展，重点发展现代物流、金融服务、会展服务、信息服务和工程设计等生产性服务业。建设面向东盟的区域性国际金融中心，加强与东盟国家城市在金融业务、跨境结算、金融监督预警等方面的开展相互合作，吸引东盟国家相关金融机构在广西创设办事机构。积极发展消费性服务业，适应居民消费扩大和结构升级的需要，加快发展商贸流通、家政、养老、社区服务等消费潜力大的生活性服务业，丰富金融、保险、消费服务产品类型；积极培育教育、文化、体育等需求潜力大的服务业。大力发展旅游、信息等辐射力强的服务业，培育旅游经济新的增长点。坚持市场化、产业化和社会化方向，深化改革、扩大开放、拓宽领域、优化结构、规范市场，提高服务业现代化水平。

5. 加快推进城镇化，增强调整产业结构的内生动力

城镇化是调整产业结构的重要推动力量，加快城镇化建设步伐，有助于推动产业结构优化升级。

（1）提高城镇化水平，在城镇化进程中必须继续加大项目建设，大力发展各类产业，以产业承载就业，以产业总量支撑更大的就业总量。以人的城镇化为核心，加快农业转移人口市民化，不断提高非农产业就业比重。

（2）以城镇化发展规划为引导，加快构建大中小城市和小城镇合理分工、功能互补、协同发展的城镇体系，推动大中小企业协作配套。

（3）实施北部湾经济区和西江经济带“双核驱动”战略，形成经济发展的“双引擎”“双龙头”。继续强化大通道建设、提升港口能力、搭建经贸合作平台等工作，选择一批建设规模大、投资强度高、产业带动强、经济效益好的项目统筹加快推进，发挥重大项目的龙头带动作用，不断优化投资项目结构，引导产业优化升级，加快北部湾城市群和西江干流城镇带发展，优化区域产业布局，强化北部湾经济区和西江经济带的产业联动。

（4）以提高发展质量为中心，加快推进产城融合、产城互动、产城共建，提升城市产业层次和产业集聚程度。

（5）实施工业化、城镇化“双轮驱动”战略。以工业化推动城镇化，以城镇化促进工业化，实现良性互动协调发展。工业布局要与城镇布局大体一致，使工业靠近城镇、依托城镇发展。同时，城镇要为工业布局和发展提供依托，发挥快速集聚产业和人口的作用。

6. 深化改革破除调整产业结构的障碍

针对广西产业结构不合理、产能过剩、资源环境约束趋紧等深层次问题，需要推进改革攻坚，清除阻碍资源要素自由流动、产业优化布局、产业链构建的体制机制障碍。而针对广西产业结构调整中，政府职能越位、错位、不到位的现象较普遍，直接干预微观经济过多，生产要素市场化程度较低等体制机制问题，需要深化改革破除障碍，用改革的精神、思路、办法来推动产业结构调整。要抓好行政体制、财税体制、投融资体制、金融体制、国有企业、资源性产品价格等方面的改革，努力在重点领域和关键环节改革上取得新突破。把市场在资源配置中起决定性作用和更好发挥政府作用有机结合起来，一方面，简政放权，尊重企业自主选择，坚持通过市场竞争实现优胜劣汰；另一方面，转变职能，提高政府提供优质公共服务的能力，通过理顺政府与市场、政府与企业的关系实现产业转型升级。

7. 用好政策，营造调整产业结构的优良环境

政策是推动产业结构调整的一个重要因素。产业结构涉及面广，政策性强，任务艰巨又复杂，这就需要统筹兼顾，正确处理好局部利益与整体利益、当前利益与长远利益、经济发展与社会稳定的关系。调整产业结构需要遵循产业发展规律，发挥市场的决定性作用，但政府在战略、规划、政策、标准和体制创新等方面必须履行好职责。

（1）用好国家产业政策，对符合国家产业结构调整要求的行业、企业应加大投资上项目，以超常速度加快发展；对传统产业和资源型优势产业应在国家产业政策的合理引导下，着力推进创新驱动、转型发展。

（2）制定配套政策，以国家产业政策为依据，全面梳理广西的现行政策，废止那些不利于调整产业结构的过时政策，制定落实国家政策的配套政策和实施细则，尤其是财税、信贷、土地、科技等配套政策应积极跟进，为产业结构调整营造良好的政策环境。

第四章　粤桂滇黔经济增长质量的比较

有关经济增长质量相关理论是根据经济增长理论衍生出来的。在经济增长理论发展的200多年历史里，世界各国的经济增长实践所带来环境污染、资源枯竭等问题引起了学者们的警觉。自20世纪70年代以来，人们越来越认识到过分强调速度的增长是不可取的，前苏联学者卡马耶夫（1983）认为，只从增加经济增长数量来分析经济增长问题是不够的，同时还应当看到我们是以什么样的代价来取得这一增长的，要在经济增长的速度与质量的互相联系中考察经济增长问题。国内外许多研究成果进一步论证了经济增长既包括数量的扩张，还包括质量的提高这一观点。我国一直以来都重视经济数量增长中的增长质量问题，目前我国正处于经济增长由速度型转向质量型的转型时期，粤桂滇黔四省区应与全国一道进入以提高经济增长质量和效益为中心的轨道，因此，进行粤桂滇黔四省区经济增长质量比较研究很有必要。本章运用全要素增长率理论和方法，以及建立综合评估指标体系测算广西经济增长质量，并比较分析粤桂滇黔四省区经济增长质量，以及它们在全国的地位。最后形成结论性意见，以广西现有问题为导向，提出提高广西经济增长质量的对策建议。

第一节　广西经济增长质量评估

科学发展观指导下的经济社会发展在注重数量增长的同时，还应注重增长质量的提高，综合关注资源的有效利用和合理分配，关注经济社会的发展稳定性，关注经济增长背后的技术和效率的提升等一系列问题。改革开放以来，特别是自20世纪90年代以来，广西经济增长速度快，经济增长质量不断提高，朝着跨越发展、科学发展、可持续发展迈出坚定步伐。本章将从全要素生产率变化及经济增长综合质量状况两个角度，来分析和评估广西的整体发展质量状况。

一、基于全要素生产率的广西经济增长质量测算

经济增长质量从狭义上来说，就是资源要素的分配比例及经济增长的效率等（惠康和钞小静，2010），因而衡量无形资源在生产过程中分配效率及一时期内技术发展状况的指标全要素生产率，也成为了学者们普遍用于衡量经济增长质量的指标。

测算全要素生产率的常用方法主要有传统的索洛余值法、潜在变量法以及基于数据包络分析（DEA）的 Malmquist 生产指数法等。其中，Malmquist 生产指数法参考了 DEA 测算多种投入和多种产出情形下生产是否有效的思想，可以分解为全要素中技术效率和技术进步等不同因素，考察它们对全要素的影响作用。以下将运用该方法测算广西的全要素生产率，从要素配置来考察广西一段时期内的经济增长质量。

（一）数据选取与指标计算

参照严鹏飞和王兵（2004）研究成果，基于 DEA 的 Malmquist 生产指数法，测算广西的全要素生产率变动指数，具体的计算方法和原理不再赘述。

数据方面，选取广西壮族自治区1990—2014年的统计数据，数据来源于中国统计局网站和历年的《广西统计年鉴》。其中，产出变量选择各年度广西的地区生产总值（GDP），并按照 GDP 平减指数调整为基准年份（1990年）的不变价 GDP；投入指标选取全社会就业人员数（劳动投入）和全社会固定资本存量（资本投入）指标。固定资本存量指标通过永续盘存法，对各年度的固定资本投入数值计算得出。

根据所获取的数据，借助 Malmquist 生产指数法的思想及 Matlab 上编写的相关程序，测算得到1991—2014年广西全要素生产率列于表4.1。

表 4.1　广西 1991—2014 年全要素生产率指数

时期	全要素生产率	技术效率	技术进步率
“八五”期间	0.967	1.000	0.967
“九五”期间	0.948	1.000	0.948
“十五”期间	0.955	1.000	0.955
“十一五”期间	0.928	0.957	0.970
2011—2014 年	1.010	1.022	0.988

数据来源：中国统计局分省年度数据库及各年度广西统计年鉴。

（二）广西全要素生产率增长分析

表 4.1 展示的是“八五”期间到“十二五”时期广西全要素生产率指数的变动状况，由该表可以看出，自 1991 年以来广西全要素生产率稳中有升。“八五”期间到“十一五”期间，各时期全要素生产率增长率依次为 -2.05%、0.80% 和 -2.86%；到“十二五”时期的 2011—2014 年，广西全要素生产率情况略有好转，平均水平相比上一时期增长了 8.82%。表明广西生产活动在 1990—2014 年期间的效率水平总体而言有所提升，“十一五”时期全要素生产率出现了明显下降，相比上一时期的平均水平下降了约 2.73 个百分点。从 Malmquist 指数中分解出的技术效率因素和技术进步因素上看，广西技术效率在“八五”和“十五”期间并未出现明显变化，但在“十一五”期间出现了明显下滑，下降约 4.33 个百分点，2011 年后有所提升，增长了 6.57 个百分点；技术进步方面也呈现相似趋势，2011—2014 年，相比上一时期增长了 1.78 个百分点。测算结果显示，技术效率和技术进步对于广西经济增长的作用不够明显。

“九五”时期以来，广西经济形势越来越好，在保持了“八五”时期高速增长（年均 14.23%）的基础上，“九五”时期年均增长速度达到 8.44%，“十五”时期、“十一五”时期经济增速连创新高，年均增长分别为 10.81% 和 13.90%；“十二五”时期，随着全国性的经济调整，广西 GDP 的年均增长率出现回落，年均增速降至 10.07%，但仍保持着两位数增长的迅猛势头。在这段时间，广西经济处于高位增长速度水平，显示生产率与资本、劳动等要素投入对经济增长的贡献变化。1990—2014年，广西GDP的年均增长率为11.60%，其经济来源的重要变化，一是劳动力投入增长率较低，1990年以来广西劳动力投入增长基本为1%左右，2012年还有所下滑，表明广西经济高增长的同时，经济对就业的吸纳能力在下降；二是固定资产投入高增长率，全社会固定资本投资增长率从"八五"期间的43.92%降至"九五"期间的9.29%，跃升到"十一五"期间的34.75%，"十二五"期间的2011—2014年，降至15.20%。2010—2014年期间，广西固定资产投资与GDP之比居高不下，由82.12%上升至88.33%，但效果系数由1.34下滑至1.12，表明资本投入在广西经济发展中占最主要地位，但对实体经济的推动效用却出现下降趋势。

分析广西"十二五"时期的经济状况，2011—2014年，广西地区生产总值年均增速虽下滑至10.07%，但总体依旧能保持年均10%以上的增长，同期固定资产投资增长率高达15.20%，投资增长率高于经济增长率5.13个百分点，这样一种明显的过热投资现象，不仅不能产生良好的投资效应，而且还大幅度降低了固定资产投资效果系数（减少约16.42%）。但从全要素生产率的情况来看，"十二五"时期相对上一时期有所增长，技术效率和技术进步指标均有相应提升，全要素生产率也达到了1.010，比上一时期增长了8.82%。说明相比"十一五"期间，广西经济"十二五"期间在"低质量、低效率和高增长、高投资"等情况上有所改善。

总之，广西经济增长为投资拉动型，这一特点在"十一五"时期表现最为明显。在较长时期里，广西经济增长主要依靠资本投入，较少依靠技术等无形要素分配效率和科技含量的提高，由此带来的高增长是不可持续的低质量增长。因此，广西需要在要素的使用和分配上做功夫，加快转变经济增长的方式，经济增长要以提高经济增长的效率和质量为重心。

二、运用综合评价方法评价广西经济增长质量

经济增长质量的含义可扩展到更多方面，仅从要素利用的角度，测算全要素生产率，并不足以评价广西整体经济增长质量状况。从学术上说，

界定广义经济增长质量的定义还没有统一的观点，比较倾向性的观点认为，具有高质量的经济增长，是经济增长过程中国民经济在有效性、协调性、创新性、持续性、分享性和稳定性等方面的优劣程度。① 因而，作为全要素生产率评价方法的补充，以下考虑引入综合评价的思想，以更为全面深入地探讨广西近年来经济增长的质量问题。

(一) 构建评价指标体系

依据广义经济增长质量的界定，参考前人已有成果，合理确定评价经济增长的多个维度。接着，遵循功能性、可获取性、完备性、可比性、代表性原则，选择经济增长质量评价指标，从经济增长的有效性、经济增长的协调性、经济增长的稳定性、经济增长的创新性、经济增长的共享性、经济增长持续性环境消耗 6 个方面，18 个基础指标来构建综合评价体系，全面测度包括广西在内的全国 31 个省市自治区的经济增长质量。

1. 经济增长有效性

经济增长的有效性指综合运用各种经济资源，获得经济增长结果，即经济增长的效率。有效性是经济学中作为衡量经济增长质量的具体体现。这里，选取人均 GDP、全社会劳动生产率、投资效果系数来综合反映经济增长的有效性。其中，人均 GDP 是一个国家或地区经济贡献的重要组成部分；全社会劳动生产率是全社会的平均劳动效率；投资效果系数反映投资的经济效益，即是从经济产出、劳动产出、投资产出三个方面反映经济增长的有效程度。

2. 经济增长的协调性

协调性指经济结构的协调程度，从经济增长结构变化来反映增长质量，协调的增长结构和模式将有利于要素之间发展的相互协调，促进地区经济的高效及可持续的增长。这里选取工业化率反映一个地方工业化发展水平；选取二元对比系数反映经济的二元性；选取进出口总额/GDP 反映 GDP 对进出口的依赖程度，即是从产业结构、经济结构、贸易结构反映经

① 何伟．中国区域经济发展质量综合评价［N］．中南财经政法大学学报，2013（4）：49.

济增长的协调性。

3. 经济增长的稳定性

稳定性指经济增长的增幅、波动程度以及对潜在产出的偏离幅度等。稳定性是经济增长质量的重要指标之一。这里用经济波动系数来反映一个地区的经济增长质量是具备一定科学依据的。选取通货膨胀率和失业率指标，用以反映地区在经济增长过程中与民生问题密切相关的社会稳定情况。即是从经济增长波动、对潜在产出的偏离程度、社会就业方面反映经济增长的稳定性。

4. 经济增长的创新性

科学技术是第一生产力，是先进生产力的集中体现和主要标志。科技创新真正是经济社会维持健康快速可持续发展的重要保障和动力源泉。这里选取技术进步率指标（规模以上工业企业的 R&D 经费占 GDP 比重），反映地区科学技术发展的宏观环境；采用万人三种专利申请数量来体现出地区科技创新的整体活跃程度；使用人均邮电业务量指标来衡量地方通讯等科技设施的便利程度。

5. 经济增长的共享性

共享性指经济发展的成果惠及人民，反映人们生活质量的提高，衣食住行、教育和健康等群众关心的领域改善，福利在居民中的分配能够更加公平，它是衡量经济增长质量的重要标准。这里主要选取了人均公共财政教育支出、农村人均住房面积、城乡收入比来体现经济增长的共享性。

6. 经济增长的持续性

持续性指经济增长过程中对资源和环境的消耗。单位 GDP 能耗反映了地方经济发展过程中对能源等资源利用的效率，万元 GDP 工业废水排放量和万元 GDP 工业二氧化硫排放量则揭示了发展中的生态环境成本。转变经济增长方式要求通过技术创新和进步手段，以达到提高资源利用效率、减少对生态环境破坏的目的，节约资源、降低投入、减少排放，发展环境友好型的低碳经济，提高整体经济增长效率和质量。

（二）建立分析框架

结合上述指标体系建立方案和基础指标的选取思路，运用层次分析法，构造评价指标的判断矩阵，并检验判断矩阵是否具有满意的一致性，通过定性指标模糊量化方法计算出权数和总排序，对研究对象作比较判断。以下将包含6个维度，共计18个基础指标的经济增长质量综合评价体系列于表4.2，表中还包含了指标的属性，以及各分项指标和指标的权重。

表4.2　经济增长质量评价指标体系

分项指标	分项指标权重	基础指标	指标属性	指标权重
有效性	0.152	人均GDP	正	0.333
		全社会劳动生产率	正	0.333
		投资效果系数	正	0.333
协调性	0.215	工业化率	正	0.319
		二元对比系数	正	0.451
		进出口总额/GDP	正	0.229
稳定性	0.158	经济波动系数	逆	0.333
		通货膨胀率	逆	0.333
		失业率	逆	0.333
创新性	0.270	技术进步率	正	0.463
		万人三种专利申请数量	正	0.318
		人均邮电业务量	正	0.218
共享性	0.102	人均公共财政教育支出	正	0.383
		农村人均住房面积	正	0.234
		城乡收入比	逆	0.383
持续性	0.102	单位GDP能耗	逆	0.429
		万元GDP工业废水排放量	逆	0.286
		万元GDP工业二氧化硫排放量	逆	0.286

用于计算各年份评价基础指标的地区生产总值、工业增加值等统计数据均来源于国家统计局网站和各省市的年度统计年鉴。由于评价数据选取的局限，这里选取我国31个省市自治区2010—2014年的宏观经济数据，

建立起科学合理的评价和参考体系，经过排序比较，从中发现这段时期广西经济增长质量上所存在的问题。对于部分年份和地区的缺失数据，根据已有数据的增长情况估计缺失年份的变化率，再根据这一数值对缺失部分进行插补。为了统一统计口径，本节所选取的统计数据均尽量来源于最新的统计年鉴，即采用国家统计局网站上的年度地区数据。

由于指标在属性、量纲和数量级上仍存在一定区别，无法直接进行指标合成，因而在进行指标汇总前，需要对计算出的指标进行标准化处理。主流的标准化方法也有很多，考虑到运用上指标的样本信息，及经济数据分布的厚尾性质，拟采用 t 分布截尾概率的方式对指标进行无量纲化处理；即先计算中心标准化后的指标值 z，将 z 对应的自由度为 30 的 t 分布截尾概率乘以 100 作为该指标的标准化得分。由此，便可以通过 0 ~ 100 之间的数值来判定各地区的评分。

确定指标权重主流的方法有主成分法、信息熵赋权法和层次分析法等。其中，层次分析法在结合有关专家观点的同时，还能借助数学处理方法，一定程度上淡化主观看法在赋权过程中的影响；而且，该方法并不会受到数据中异常信息的干预。因此，考虑使用参考专家打分的层次分析法，来对综合评价体系中的各项指标进行权重计算，最终各基础指标和分项指标的赋权结果如表 4. 2 中所示。

（三）广西经济增长质量综合评价

根据从统计部门获取的基础数据计算出原始指标，运用 t 分布截尾概率的方式进行标准化后，通过层次分析法对标准化指标进行赋权加总，可得到表 4. 3 的广西 2010—2015 年经济增长质量综合评价结果，以及在全国的排名。

表 4. 3　2010—2014 年广西经济增长质量综合评价得分及在全国的排名

年份	项目	有效性	协调性	稳定性	创新性	共享性	持续性	总分
2010	标准分	26. 47	42. 02	43. 93	23. 97	26. 59	37. 57	33. 05
	排名	25	20	20	27	28	25	27

续表

年份	项目	有效性	协调性	稳定性	创新性	共享性	持续性	总分
2011	标准分	26.98	44.84	27.32	24.73	24.29	48.37	32.18
	排名	25	20	30	27	28	22	27
2012	标准分	26.74	42.19	54.43	24.92	23.76	48.47	35.87
	排名	25	21	15	26	28	22	25
2013	标准分	26.84	40.21	67.60	25.47	32.11	50.65	38.77
	排名	25	23	7	26	28	19	22
2014	标准分	26.84	42.23	34.99	25.26	32.93	51.17	34.12
	排名	25	22	26	25	28	19	27

数据来源：中国统计局分省年度数据库及各年度广西统计年鉴。

1. 综合评价结果分析

广西经济增长质量在2010—2014年期间总体上既有波动也有平稳，2013年，经济增长质量改善明显，排全国第22位；2010年、2011年，质量相对较差，排在全国第27位；2012年比上年回升，呈现经济增长质量逐步改善状态，排在全国第22位，但到2014年又回到了第27位。2014年与2010年相比，虽然广西经济增长的有效性都排在全国第25位，共享性也稳定的维持在第28位，创新性和代偿性排位有所上升，但经济增长的协调性和稳定性在波动中出现下滑。其中，经济稳定性的排名表现为大起大落，2010年，全国排名第20位；2011年，排名第30位；2013年，情况较好，排在第7位；2014年，又下滑至第26位。说明广西经济波动较大，这是广西较长时期以来回避不了的现象。由于经济相对上年出现不稳定因素，导致2014年时广西经济增长质量综合得分在全国排名第27位，相较上年下滑了5名，在全国31个省市自治区中处在中下水平。

2. 分项评价结果分析

（1）分析经济增长有效性。2010—2014年，广西经济增长有效性在全国的排位一直维持在第25位。从各项指标看来，尽管广西人均GDP和全社会劳动生产率持续上升，但投资效果系数有所下降。虽然近几年广西的高速增长主要依赖于固定资本大规模投入，固定资本投资占GDP的比重由

2010 年的 82.12% 上升到了 2014 年的 88.33%，年均增加 1.55 个百分点。但是，投资效果系数却从 2010 年的 1.344 下降到 2014 年的 1.122，下降了 0.222 个百分点，投资效果下滑，直接导致了广西经济增长有效性水平的提升。这也与前面对全要素生产率分析结果一致。

（2）分析经济增长的协调性。广西的经济增长结构从 2010 年的 20 位逐步滑落到 2014 年的 22 位。主要原因是广西的二元对比系数也出现了逐年下降的趋势，从 2010 年的 0.186 下降至 2014 年的 0.169。数据上表明，尽管非农产业的比较劳动生产率已经进入了下降通道，但广西的第一产业比较劳动生产率仍在逐年下滑，并没有显现出提升迹象。

（3）分析经济增长的稳定性。在 2010—2014 年期间，广西经济增长出现了大幅波动：由于 2010 年的物价大幅上升（当年广西的通货膨胀率约为 5.21%），及 2011 年的 GDP 指数回落（下降了约 1.66%），这两年的经济社会稳定评分都出现了一定程度的恶化。这些情况在 2013 年都出现了好转，当年广西经济社会稳定性的排名上升到第 7 位，但由于经济增速出现较明显下滑，2014 年又落至 26 名。这段时期内的城镇登记失业率也以每年约 0.13 个百分点的速度下降，到 2014 年时为 3.2%，低于当年全国平均水平。

（4）分析经济增长的创新性。广西在经济增长科技动力方面的情况也并不乐观，无论是规模以上工业企业的 R&D 经费占 GDP 比重还是万人三种专利申请数量指标上都低于全国的平均水平。但可以看出，广西逐步加大科学技术方面的投入，2010 年以来，技术进步率年均增长约 3.06%，而万人三种专利申请数量也从 2010 年的 1.11 项增加到了 6.79 项，年均增长 57.29%。

（5）分析经济增长的共享性。广西在加大科学研发投入的同时也加大了教育投资的力度，人均公共财政教育支出相对于 2010 年增长了约 74.61%，年均增长 14.95%。农村居民居住条件和城乡收入差距均得到了一定程度的改善，但总体而言，距离全国平均水平仍存在着比较大的差距，从而使得广西的评分值在全国的排位较为靠后。

（6）分析经济增长的持续性。由于经济增长方式粗放，广西在资源消耗和环境保护方面的评价分值也处在全国第19位之后。尽管如此，广西在这方面做出的努力还是有显著成效的：单位GDP能耗年均下降了13.62%，万元GDP工业废水排放量和万元GDP工业二氧化硫排放量年均减少比例分别在19.10%和25.07%。这项指标在全国的综合排位也由2010年的第25位，逐步上升到了2014年的第19位。

与测度全要素生产率的分析结果相对应，广西仍存在依靠投资拉动为主的经济增长模式，但在近些年，转变经济发展方式取得了成效，科技和教育方面的投入持续加强，节能减排不断获得了进展，使得广西总体的经济增长质量水平基本平稳，但整体仍相对落后。

第二节　粤桂滇黔经济增长质量的比较

理论上经济增长质量理解为投入要素的生产率，借用上述研究方法和模型，首先测算粤桂滇黔四省区全要素生产率并进行比较，其次，设置综合评价指标体系，比较分析粤桂滇黔四省区经济增长质量，分析测算、比较结果。

一、粤桂滇黔省际全要素生产率的比较

对粤桂滇黔四省区分别使用Malmquist生产指数法，计算出1991—2014年的各年度全要素生产率增长率，结果如表4.4所示。

表4.4　1991—2014年粤桂滇黔四省区全要素生产率变动比较

地区	时期	全要素生产率	技术效率	技术进步率
广东	“八五”期间	1.180	1.000	1.180
	“九五”期间	1.108	1.000	1.108
	“十五”期间	1.167	1.000	1.167
	“十一五”期间	1.110	1.000	1.110
	2011—2014年	1.060	1.000	1.060

续表

地区	时期	全要素生产率	技术效率	技术进步率
广西	“八五”期间	0.967	1.000	0.967
	“九五”期间	0.948	1.000	0.948
	“十五”期间	0.955	1.000	0.955
	“十一五”期间	0.928	0.957	0.970
	2011—2014年	1.010	1.022	0.988
贵州	“八五”期间	0.902	1.000	0.902
	“九五”期间	0.910	1.000	0.910
	“十五”期间	0.897	1.000	0.897
	“十一五”期间	0.934	1.000	0.934
	2011—2014年	0.886	1.000	0.886
云南	“八五”期间	0.996	0.992	1.004
	“九五”期间	0.975	0.986	0.989
	“十五”期间	0.999	1.015	0.985
	“十一五”期间	0.979	0.946	1.035
	2011—2014年	0.912	1.025	0.890

数据来源：中国统计局分省年度数据库及各年度统计年鉴。

由表4.4的全要素生产率计算结果可以看出，各段时期广东省的全要素生产率均保持在1以上，但在近段时期呈现出了一定下降趋势。广东全要素生产率在“十五”时期达到峰值1.167，此后到“十二五”的全要素生产率一直处在下降通道，两个时期分别下降了4.88%和4.50%，尽管技术效率没有显著提升，但这期间的技术水平却得到了提升。由表4.4的全要素生产率计算结果可以看出，各段时期广东省的全要素生产率均保持在1以上，但在近段时期呈现出了一定下降趋势。

同期，广西、云南、贵州的全要素生产率低于1，且有波动性，但广西全要素生产率在“十二五”期间达到了1以上的水平。广西、云南从高到低再回升，贵州从低逐步走高。三省区技术效率变动不大，广西技术进步水平在近几年内呈现出上升趋势，但贵州和云南的技术进步水平在“十二五”时期出现了下滑，说明广西全要素生产率与贵州、云南两省相比拥有相对优势。

广东省在“十二五”期间固定资产投资占比均低于40%，即使到2014年，也仅为38.25%；而广西、贵州和云南三省在近年内都达到80%以上，持续高于全国平均水平，说明西部三省区经济发展对资本投入存在大量需求和依赖。分析表明，广西、贵州和云南三省要向广东看齐，仍需积极提升资源配置效率和科学技术水平，转变依赖投资拉动为主的经济增长方式，这样才能实现经济增长质量和效益不断提高。

二、粤桂滇黔省际增长质量综合评价的比较

测算粤桂滇黔四省区全要素生产率，综合反映了科技进步对经济增长的作用。作为全要素生产率分析的补充，考虑现实数据局限，借用上节统计指标和综合评价体系，计算出的2010—2014年粤桂滇黔四省区的经济增长质量综合得分和在全国的排名，如表4.5所示；表4.6和表4.7分别展示各分项指标的得分和在全国的相应位次。

表4.5　2010—2014年粤桂滇黔四省区的经济增长质量综合状况及在全国的排名

地区	项目	2010年	2011年	2012年	2013年	2014年
广东	标准分	66.48	67.83	68.38	73.14	69.67
	排名	6	6	5	5	6
广西	标准分	33.05	32.18	35.87	38.77	34.12
	排名	27	27	25	22	27
贵州	标准分	26.73	20.82	22.44	26.58	24.25
	排名	31	31	31	28	30
云南	标准分	29.60	27.13	25.31	26.40	24.12
	排名	30	30	30	29	31

数据来源：中国统计局分省年度数据库及各年度统计年鉴。

表4.6　2010—2014年粤桂滇黔四省区的经济增长质量分项指标评分

地区	年份	有效性	协调性	稳定性	创新性	共享性	持续性
广东	2010	80.17	56.57	43.31	88.53	40.54	70.42
	2011	80.31	61.04	47.89	88.01	41.74	67.06

续表

地区	年份	有效性	协调性	稳定性	创新性	共享性	持续性
广东	2012	79.42	64.06	52.15	87.88	38.84	64.08
	2013	78.32	61.13	84.91	87.86	44.59	62.04
	2014	78.68	62.47	60.91	89.01	42.52	60.94
广西	2010	26.47	42.02	43.93	23.97	26.59	37.57
	2011	26.98	44.84	27.32	24.73	24.29	48.37
	2012	26.74	42.19	54.43	24.92	23.76	48.47
	2013	26.84	40.21	67.60	25.47	32.11	50.65
	2014	26.84	42.23	34.99	25.26	32.93	51.17
贵州	2010	23.18	25.41	46.97	23.02	19.62	20.36
	2011	18.91	13.51	32.45	23.87	19.23	14.50
	2012	19.34	13.91	44.42	22.90	19.07	13.03
	2013	19.88	18.48	59.23	22.63	20.88	19.16
	2014	20.83	22.45	33.45	23.20	29.72	16.11
云南	2010	21.51	23.32	55.33	19.71	20.48	50.31
	2011	21.58	22.46	52.70	20.56	19.55	30.54
	2012	21.60	24.37	37.39	20.56	21.16	30.85
	2013	21.79	28.21	35.30	20.59	23.08	34.35
	2014	21.72	29.50	19.10	21.24	21.06	34.82

数据来源：中国统计局分省年度数据库及各年度统计年鉴。

表 4.7　2010—2014 年粤桂滇黔四省区的经济增长质量分项指标在全国的排名

地区	年份	有效性	协调性	稳定性	创新性	共享性	持续性
广东	2010	4	10	21	5	22	7
	2011	4	8	19	5	21	8
	2012	4	8	16	4	22	12
	2013	5	8	1	4	19	12
	2014	5	7	9	4	19	12
广西	2010	25	20	20	27	28	25
	2011	25	20	30	27	28	22
	2012	25	21	15	26	28	22
	2013	25	23	7	26	28	19
	2014	25	22	26	25	28	19

续表

地区	年份	有效性	协调性	稳定性	创新性	共享性	持续性
贵州	2010	27	29	18	29	30	29
	2011	30	31	28	29	30	30
	2012	29	31	21	29	30	30
	2013	29	31	12	29	30	29
	2014	29	29	27	27	29	28
云南	2010	29	30	10	30	29	21
	2011	28	29	14	30	29	25
	2012	28	27	23	30	29	25
	2013	28	27	23	30	29	25
	2014	28	27	31	30	30	25

数据来源：中国统计局分省年度数据库及各年度统计年鉴。

分析粤桂滇黔四省区经济增长的综合和分项的比较结果，我们发现：

1. 从综合得分和排位看，粤桂滇黔四省区经济增长质量的省际差距明显

2010—2014 年，粤桂滇黔四省区多项指标获得的标准分变动不太大，广西、贵州、云南与广东比较，经济增长质量的省际差异较大。广东经济增长质量水平的全国排名在第 5 名和第 6 名间浮动；广西在全国的排名在 2014 年时为第 27 名；云南和贵州居全国倒数。在“十二五”时期，广东经济增长质量水平表现平稳，在全国的相对位置由最初 2010 年的第 6 位上升到第 5 位，其后在 2014 年小幅回落至最初的第 6 名水平；广西的经济增长质量在全国排位先升后降在 2013 年时上升至第 22 位，随后的 2014 年又下滑到了第 27 位；而云南、贵州两省名次仍居全国之末，实现经济转型势在必行。

2. 从分项得分和排位看，粤桂滇黔四省区有差距，但个别领域差距逐步缩小

分项比较结果分析，粤桂滇黔四省区的基本情况是，存在地区差距，以广东情况最好，广西次之，云南、贵州仍然落后。

（1）经济增长有效性的比较。2014 年，广东经济增长的有效性在全国排第 5 名；云南、贵州两省分别排名第 28 名、第 29 名，广西第 25 名，有效性省际之间的差距很大。表明广东科技进步对于经济增长的贡献作用十分明显，经济增长步入了良性循环的轨道。

（2）经济增长协调性的比较。广东经济增长的协调性 2014 年在全国排名第 7 名；广西在全国排名第 22 名。广东得益于经济结构调整取得重要进展，协调性从 2010 年排名第 10 位上升到 2014 年的第 7 位，而广西则从 2010 年的第 20 位下降到 2014 年的第 22 位，说明广西需要下大力气抓好结构调整，促进产业升级。云南、贵州两省居全国之末。

（3）经济增长稳定性的比较。粤桂滇黔四省区经济增长的稳定性得分比较相同，2014 年粤桂滇黔在全国的排名分别为第 9 名、第 26 名、第 27 名、第 31 名，这是在全国宏观经济形势影响下的结果。广西稳定性由 2010 年的第 20 位滑落到 2011 年的第 30 位，其后于 2013 年上升至全国第 7 位，但由于经济增速调整，在 2014 年时再次大幅下降到了第 26 位，显示出广西经济增长波动大、稳定性差。

（4）经济增长创新性的比较。2014 年，广东经济增长的创新性在全国排名前 4；广西、贵州、云南基本相同，分列第 26 位、第 27 位和第 31 位，在全国排位靠后，西部省区在技术进步、科技创新技术以及高新产业发展方面与广东有明显差距。

（5）经济增长共享性的比较。2014 年广东经济增长的共享性在全国排名在第 19 位，广西得分和排名均好于云南、贵州，排名第 28 位，为中等偏下水平。缩小两广的差距，广西应该在减少城乡收入差距做足文章。

（6）经济增长持续性的比较。在经济增长中的资源环境消耗方面，2014 年，广东在全国排名第 12 位；西部三省中广西表现较好，排在第 19 位，而云南和贵州分别排在全国的第 25 位和第 28 位，其在能源消耗和环境保护方面面临巨大压力。

第三节　结论与建议

一、几点结论

首先，我们基于DEA的Malmquist生产指数法，测算广西的全要素生产率，并对粤桂滇黔四省区全要素生产率进行测算和比较分析；其次，设置综合评价指标体系，对广西经济增长质量进行评价，以及对粤桂滇黔四省区经济增长质量进行比较评价，根据全要素生产率测算和经济增长质量综合评价得出的结果，得出以下基本结论：

第一，目前广西经济增长质量有所好转。一直以来广西经济增长依靠投资拉动，科技进步的作用小，经济发展方式粗放，产业结构不合理。进入“十二五”时期，广西越来越强调经济增长的质量和效益，采取了加大调整产业结构，加大科技和教育投入，狠抓节能减排等措施，经济在转型中实现了加快发展，总体的经济增长质量逐步提高，这一点应给予肯定。2014年，广西经济增长质量总的评价分值排在全国第27名，低于其GDP的排名。因此，要高度重视提高经济增长质量的问题。

第二，全要素生产率省际之间存在差异。广东全要素增长率有所增长，技术进步比技术效度提升明显。广西和云南全要素生产率呈现出负增长，资源的配置和利用效率没有显著提升，生产过程中的科技进步还出现了一定程度的下滑，从而降低了发展效率，制约了整体的经济增长质量水平。这在综合评价中也得到了进一步的证实。贵州的情况没有那么突出，但也可看出，广西、云南、贵州的经济发展主要通过资本要素投入来提高技术效率，再进一步作用于全要素生产率的增长，而技术本身并没有因资本等因素的投入得到显著的提高，因而，广西、云南、贵州三个西部省区主要依赖固定资本投入来推动经济发展。

第三，经济增长质量的省际差距过大。广东为我国经济发展的排头兵，经济增长数量和质量方面，已经将广西、云南和贵州远远抛在后面。

综合评价结果表明，广东处于全国的第一方阵，广西处于中下水平，云南、贵州居于末位。分项评价结果表明，广东经济增长的有效性、创新性得分和排名远远高于广西、云南、贵州三个西部省区，说明了广东单位投入产出多，要素生产效率高，经济增长质量高；还说明了广东技术创新和制度创新在经济增长中发挥了突出作用。提高经济增长的质量和效益，增强经济增长的科技动力，也是目前广西最为欠缺的两大方面。

第四，宏观经济环境影响了地方经济增长的稳定性。受宏观经济形势影响，粤桂滇黔四省区经济增长的稳定性发生比较相向的变化，2013 年广东、广西稳定性排名全国第 1 位、第 7 位。但在 2014 年时受到宏观经济影响，各地经济均出现剧烈波动，广东较前年分别下滑了 8 位；广西下降较为明显，在全国的相对水平从第 7 位下降到了第 26 位；贵州和云南则分别下降了 15 位和 8 位。

二、问题与对策

（一）广西经济增长质量存在的主要问题

经过评价和比较分析，不难发现广西与自己比，处于一种经济高速度增长，经济增长质量和效益微升的状态。但是与广东和东部地区比较，则多个方面仍存在着问题。

1. 劳动生产率不高，人均产出较低

根据经济增长效率的评价结果，广西人均 GDP 和劳动生产率仍处在较为落后的水平，而且广西在投资效率和财政收入方面也没占有很大的优势。当经济增速提升乏力的时候，增加了提高经济增长质量的困难。

2. 经济结构仍以农业为主

在经济增长的结构方面，农业产生的增加值所占比例在全国仍处于领先地位，而工业、非农产业占 GDP 比重及第三产业的就业比重仍处于较为落后的地位，且仍旧呈现出落后的农业生产和现代非农业部门生产相分离的二元经济模式，城镇化也未能得到显著进展。

3. 技术投入水平有待提高

相对于2010年的水平，尽管广西规模以上工业企业R&D经费比例在“十二五”期间有所提升，但在全国的相对位置却呈现出下滑趋势，而且排位相对靠后。说明广西在技术上的投入虽有重视，但相比全国平均发展水平仍略显不足，有待提高。

4. 经济不稳定，波动性较大

GDP增长速度的趋缓，导致2014年广西经济在增长过程中出现了较大的波动；物价水平的大幅上扬也造成了经济波动的加剧。虽然如此，但广西的失业率变动不大。

5. 教育仍然落后，城乡收入差距仍在扩大

广西近几年的教育投入和每万人拥有的高校生人数已在逐年递增，但是相比大部分省市而言，仍较为落后。而且，虽然近三年城乡收入比的相对名次没有改变，但根据现有数据，城乡收入差距扩大的趋势并未有效扼止。

6. 经济增长的能耗已得到有效控制，环境保护方面仍有待加强

根据收集的数据，广西现阶段万元GDP所消耗的能源水平相对较低，而且还在逐年减少；然而，尽管广西已在努力控制废水、废气的排放和工业固体废弃物的产生，但万元GDP的相关排放量仍高于全国的平均水平。

（二）提高广西经济增长质量的对策建议

广西处于经济社会转型升级的阶段，其中向以提高经济增长质量和效益为中心转变是重要且艰巨的任务。后发展欠发达是广西的基本区情，发展是解决当前广西经济社会问题的关键，为此，要在经济增长速度保持高于全国平均水平的前提下，大力提升经济增长的质量和效益，只有保持一个高于全国平均水平的“广西速度”，才能实现经济增长质量和效益不断提高，推动经济持续健康发展。目前，广西的经济增长还不是高质量的增长，经济增长的稳定性、持续性、有效性、协调性、创新性和共享性都亟待提高，需要结合广西自身情况采取强有力的对策措施，推动经济增长转

入以提高质量和效益为中心的新轨道，增强经济发展的内生动力和活力。

1. 经济增长的稳定性方面：重点是优化发展环境，发挥政府的宏观调控作用，增加就业

（1）深化经济体制和社会治理体制的改革，体制的健全能够有效促进一个地区的经济快速增长，同时，保证经济增长的稳定性，降低或减小经济增长的过度波动，增加经济增长的长期绩效，良好的经济增长环境将促使经济增长处于稳定、良性循环状态。当前广西经济增长质量存在的问题，既与广西发展水平较低有关，更与我们自身各项改革相对滞后有关。需要进一步解放思想，破除体制机制障碍，深化体制改革释放制度红利，为稳增长和调结构注入强大动力。

（2）发挥政府的宏观调控作用，发挥财税政策的稳定器功能，运用财税政策推动产业结构优化调整和技术创新，稳定价格水平，避免经济增长大幅波动，保证 GDP 增长率的稳定提高。

（3）努力增加就业，降低失业率。经济的高速增长并不必然带来就业增长。要解决目前广西经济快速增长而就业却低增长的矛盾，要求我们尽快制定完善就业导向的宏观经济政策。要制定和实行鼓励扩大就业容量、创造就业岗位的财税金融政策；产业结构调整、企业类型扶持、就业方式拓展等均要以有利于增加就业为原则进行决策；要加强公共就业服务；建立健全就业信息监测制度；加强劳动保障监察执法工作，切实维护劳动者合法权益；各级政府的政绩考核要将就业增长列为重要指标，从执政机制上促进就业与经济增长同步。

2. 经济增长的有效性方面：重点是进一步提高资源的利用效率和单位能耗产出率，增强经济增长的内生动力和活力

近年来，随着广西经济建设的发展尤其是工业规模的不断扩大，资源及能源消费的总量急剧增长，虽然大多数行业的生产效率在逐渐提高，但资源及能源的利用效率总体仍然处于较低的水平，同时，粗放型、高耗低产的生产模式使得 1996—2012 年期间的广西生态环境压力总体呈上升趋势，广西北部湾经济区的单位 GDP 能耗和单位 GDP 污染物产出量远高于

发达地区的水平，甚至高于全国的平均水平。提高资源及能源的利用效率，降低单位产值（GDP）能耗，可以为增强广西经济社会发展的有效性提供稳固的保障。应加快转变经济增长方式，加紧制定符合广西实际的节能减排政策，推广资源节约型的生产方式，大力发展循环经济，加强节能工作的激励和监管，实现经济有效持续健康发展。

3. 经济增长的协调性方面：重点是优化生产力布局，促进产业结构优化升级

（1）大力调整产业结构。优先发展工业，稳步发展现代农业，大力发展现代物流、金融、会展、商务、信息等现代服务业，加快构建以高新技术产业、基础产业和制造业为主导，现代服务业全面发展的产业结构新格局，实现第一二三次产业健康协调发展。

（2）大力调整工业结构。以促进资源型产业转型升级为重点，一是加快发展高新技术产业，着力发展战略性新兴产业，政策支持发展节能环保产业，以增量调整带动存量调整。二是推动企业技术改造，在做好精深加工、延长产业链上下功夫，实现传统产业改造提升。三是抓住关键部件、关键产品和关键环节实施技术创新，进一步增强市场竞争能力，借助技术创新推动产品升级换代。对于过剩的产能，加强政策引导，鼓励企业跨行业、跨区域、跨所有制兼并重组，促进产业集聚发展、专业化发展，寻找多路径推动工业结构优化升级。重点推进重大工业建设项目竣工投产，重点实施自治区技术创新、创新能力建设和新产品新技术产业化项目。加快优化资源型产业，淘汰落后产能，延伸产业链。推进工业园区发展，完善现代工业布局，坚持市场化、产业化、社会化方向，推动工业发展提速、比重提高、水平提升。推进产城融合，加强工业园区规划建设与城镇建设的衔接，推进新型工业化和新型城镇化的互动发展。

（3）大力调整企业结构。以发展加快民营经济和中小企业为重点，一是加强财税政策支持，落实支持民营企业及小型微型企业发展的财政支持、税收优惠、加速折旧等扶持政策。扩大营改增试点，解决服务业营业税重复征税问题，降低企业生产经营成本。二是加强企业融资支持，落实

支持小微企业发展的各项金融政策，推进中小企业信用担保体系建设，规范企业融资服务，切实缓解企业融资难问题。三是建立和完善为小微企业服务的公共服务平台，提升大中小企业专业化协作水平。

（4）大力调整区域结构。以缩小区域发展差距和统筹布局为重点，深入实施“双核”驱动战略，着力打造西南、中南开放发展新的战略支点。坚持北部湾经济区率先发展，完善“两区一带”区域协调发展格局。充分发挥北部湾经济区的龙头作用，完善与西江经济带和桂西资源富集区共同发展格局。制定促进区域一体化发展政策措施，以南北钦防同城化为契机，带动全区的融合发展、协调发展。

4. 经济增长的持续性方面：重点是大力发展生态经济，改善生态环境

按照“减量化、再使用、可循环”的原则，大力发展循环经济和绿色经济。在各行各业积极开展节材、节能、节水、节地等活动，在生产、建设、流通、消费各个环节减少资源消耗，加大土地资源整理和复垦力度，合理开发利用土地，全面推行节约和集约用地，实现土地集约高效利用；全面推行清洁生产，加强资源综合开发利用，加强矿产资源保护、合理开发和综合利用，提高矿产资源开发利用和保护水平；对高能耗、高污染产业和企业进行严格监管，加强生态工业园区建设，企业实施清洁生产，提高资源循环利用率，各产业严格按照环境政策、法律、法规安全生产，并且提高产业入园标准，引导和鼓励工业企业采用先进的生产工艺、技术及设备，从源头降低废弃物的排放；加大节能减排科研投入、引进先进设备，要进一步推广生态农业；加快发展环保产业，优先安排环保产业项目，鼓励支持新能源研发、生产，鼓励节能减排的创新技术项目；以生态先行理念打造循环型服务产业，把生态保护、生态文化等融入旅游业的各个环节，根据旅游区的生态环境容量，合理开发和利用旅游资源，坚持旅游开发、生态保护和建设同步规划、同步实施，着力建设和提升旅游区和景点的生态品位，降低对生态环境的污染；明确主体功能区划，完善空间区域布局，结合广西区域内部经济基础与区域间的资源环境特点将国土服务功能划分为自然保护区、生态修复区、宜耕农业区、经济产业园区和城

乡居民生活区五类，进行合理的空间资源配置与经济产业布局；大力开展环境保护教育，倡导居民绿色消费与环保理念。

5. 经济增长的创新性方面：重点是牢牢把握创新驱动这一提高经济增长质量和效益的中心环节，加快推进科技与经济的融合，促进市场导向的科技创新，增强科技对提高经济增长质量和效益的支撑能力

多方面增加科技经费投入，多角度构建科技资金投入体系，充分发挥政府、企业、银行等方面的作用，重点抓好对经济增长质量有直接影响的科技创新投入。加强技术引进、消化吸收和创新集成，保持高强度的技术改造和技术创新投入。深入实施重大科技攻关工程、重大科技专项和千亿元产业研发，提升国家及自治区级重点实验室和工程实验室、工程技术中心、企业技术中心等创新平台的能力。重点支持企业加强研发平台建设，加大对中小企业、微型企业技术创新的扶持力度，通过打造广西糖业、汽车、柴油机等一批自治区级工程院和研发中心，建设一批产学研一体化企业和创新企业，完善桂林、柳州、南宁国家级高新区，引导资金、人才、技术等创新资源向企业、园区集聚。加强知识产权保护力度，积极探索创新人才的培养和激励机制，强化创新驱动的教育和人才基础。下决心加大科技和人力资本投入，发挥科技进步对提升生产效率的关键作用，使经济发展更多依靠科技进步、劳动者素质提高、管理创新驱动。加大科技教育的财政投入，建立起高校、科研机构和企业间的沟通合作机制，将科研成果有效地转化为生产力。加大知识产权保护力度从而鼓励创新。完善科技奖励制度，完善人才激励机制，提高科技人员的待遇，留住和吸引科技人才。

6. 经济增长的共享性方面：重点是“两个坚持”，即坚持社会公平正义，促进人人平等获得发展机会；坚持以人为本，着力保障和改善民生

将经济增长、人的发展和机会公平三者有机协同，努力让经济发展成果惠及所有人群，在可持续发展中实现经济社会协调发展。以保障和改善民生为先，推进保障性住房建设工程、劳动就业和社会保障公共服务设施建设工程，社会养老服务体系建设工程、全民创业工程、扶贫攻坚工程

等，让人民群众得到更多实惠；要切实保障低收入群体的基本生活，增加低收入人群的收入；消除户籍歧视，提供平等的就业机会和工作条件；要加大经济落后地区、资源短缺地区的社会福利投入，保障福利分配的公平性，包括医疗卫生设施、基础教育设施等，真正提高人民的生活水平。

第二篇

珠江—西江经济带省际社会发展水平比较

改革开放以来，粤桂滇黔四省区发展迅速，特别是近十几年，各地国民经济增长势头强劲，地处西部地区的广西、云南、贵州经济保持着两位数的高速增长。发展进程中，各地单一谋求经济增长的理念也在逐步地向谋求整体经济社会协调发展转变。各地实现了经济和社会长足发展，经济综合实力显著增强，各项社会事业全面发展，经济社会发展能力和水平不断提高，呈现出良性发展的态势。经济社会整体实力增加所带来的发展成果，充分体现在各地民生建设和发展上。广东城乡居民收入水平居排地北京、上海之后，居于第二层次的较高地区水平，城乡居民收入的增长速度超越全国平均水平。桂滇黔虽为西部省区，也基本上实现了经济和社会持续较快发展，城乡居民收入水平与东部地区的差距在缩小。在经济社会快速发展的大环境下，各地教育发展和人力资源开发不断取得新进展，教育事业实现跨越式发展，人力资源开发水平不断提高。但是，珠江—西江经济带横跨我国东西部若干省份，区域经济社会发展不平衡，人口发展、生活水平、公共服务、社会和谐等社会事业发展方面差距大、不均衡的问题较为突出。从本书的整体构思出发，本篇将在框定的社会发展概念范围内开展研究。试图从动态与静态、纵向与横向的维度考察粤桂滇黔四省区的社会发展水平、城乡居民收入、教育发展的情况和趋势，为广西加快社会事业发展提供定量分析依据和决策参考。

第五章　粤桂滇黔社会发展水平的比较

社会发展是指构成社会的各种要素前进的、上升的变迁过程。社会发展理论系统研究了社会发展的深刻内涵，它不但包括经济发展，还包括了政治、社会、文化与自然的综合协调发展。关于社会发展领域涉及社会结构的变化、人均实际福利增长等质的飞跃，内容涵盖了除经济以外的其他诸如人口发展、生活水平、公共服务和社会和谐等。我国确定社会发展的标志为，与全面建设小康社会相适应的和谐发展，是物质文明、政治文明和精神文明的发展，是经济更加发展、民主更加健全、科教更加进步、文化更加繁荣、社会更加和谐、人民生活更加殷实六大任务的协调发展。改革开放以来，粤桂滇黔四省区社会发展步入了快车道，教育、医疗、就业、社保等各项社会事业不断取得新发展。教育发展体现在学前教育毛入学率、九年义务教育巩固率、高中阶段和高等教育毛入学率不断刷新，财政性教育经费支出占国内生产总值比例超过4%；社保体系完善体现在建立统一城乡居民基本养老保险制度，全面建立临时救助制度，持续提高城乡低保标准和企业退休人员基本养老金水平；就业方面体现在推出创业引领计划，高校毕业生就业稳中有升；坚持以人为本，持续增加民生投入，财政用于民生的比例达到70%以上，等等。由于粤桂滇黔四省区经济发展存在差距，导致了省际社会发展差距的客观存在。因此，本章从把握经济社会发展的基本内涵入手，运用层次分析方法，建立社会发展综合评价指标体系，对粤桂滇黔四省区社会发展水平进行评价和比较分析。最后形成结论性意见。以广西现有问题为导向，提出加快广西社会发展的对策建议。

第一节　广西社会发展水平评估

近年来，西部大开发战略深入实施，建立中国—东盟自由贸易区，泛珠三角经济区区域合作和北部湾经济区开放开发，使得广西迎来了多重叠加的历史机遇，国民经济持续较快发展，各项社会事业全面发展，经济社会发展水平不断提高。开展广西社会发展水平评估，有助于掌握发展中的真实情况和存在问题。

一、建立社会发展评价指标体系

有关对一国或地区社会发展水平的评估研究，从20世纪80年代以来一直成为学术热点，研究理论主要依赖于经济学和社会学理论，研究重点主要围绕评价指标体系设置、分析框架和方法选择，研究的目标在于全面、准确、及时地掌握社会发展相关领域的实际情况。理论研究支持了实践探索，2002年，国家计委、国家统计局发布《社会发展水平综合评价方案》，指导各省市自治区制定符合本地区实际的社会发展综合评价方案，每年或每两年完成一份综合性或专题性的工作报告。如期开展这项工作，推动了相关理论研究进一步深化。最值得探讨的问题是，珠江—西江经带作为特殊的经济区域，需要从全流域的视角，结合粤桂滇黔四省区的实际情况，制定一个合理的社会发展水平评价体系。本节依据系统性、科学性、可行性等原则，参考国家有关部门和北京市等省市的设置评价社会发展水平指标体系的思路，建立广西社会发展评价指标体系，同样也支持下一节的省际之间比较研究。

一个地区社会发展以经济发展为基础，以工业化为动力，以人的全面发展为主体，涉及社会结构、人口发展、经济效益、生活水平、公共服务、社会和谐等多个领域的发展过程。设置广西社会发展水平评价指标体系，重点评价社会体系的发展和变化，以维护社会良好运行和协调发展。反映区域社会发展水平的因素主要体现在社会结构、人口发展、经济效益、生活水平、公共服务、社会和谐六个领域，它们为相互制约和相互促进的子系统，并且由26个指标组成。

1. 社会结构

广义社会结构概括整个社会体系基本特征和基本属性，社会结构的优化对社会经济协调发展具有决定性的影响和制约作用。社会结构可分为人口结构、家庭结构、产业结构、就业结构、城乡结构、区域结构、收入分配结构等。考虑到珠江—西江经济带各省区经济发展态势多种因素，综合社会结构的重要指标，选取非农产业占GDP比重、第三产业从业人员的比重、城镇人口占总人口比重、男女性别比四个具体指标。

2. 人口发展

人口问题的本质是发展问题，促进人的全面发展是社会发展的核心和最终目的。人口发展涉及人口规模和发展速度、人口质量和人口构成多个方面，选取人口自然增长率、平均预期寿命、老年抚养比、平均受教育年限、每十万人拥有在校大学生数五个指标。

3. 经济效益

经济效益是衡量一切经济活动的最终的综合指标。经济效益反映经济增长的内涵和质量，涉及结构演变、人的发展、收入分配、社会环境等社会各个方面，因此，经济效益还是反映社会发展状况不可或缺的指标。本次研究通过经济指标反映社会发展的条件和表现，选取概括性的人均GDP、人均财政收入、人均社会消费品零售额、全社会劳动生产率四个指标。

4. 生活水平

生活水平反映居民物质生活需要和精神生活需要的满足程度。一般从收入水平、消费水平、居住水平、信息化水平、文化娱乐水平等方面建立指标体系来测定。这里选取恩格尔系数、城镇居民家庭人均可支配收入、农村居民家庭人均纯收入、农村人均住房面积、每百户居民家庭拥有的电脑数五个指标。

5. 公共服务

基本公共服务是人的全面发展的重要条件，也是人的发展的重要内容。公共服务涉及城乡公共设施建设，科教文卫体育等公共事业等各项社会事业发展，选取新农合受益频率、每百万人口拥有公共文化设施数、教育卫生文化支出占财政支出的比重、万人社会服务机构数四个指标。

6. 社会和谐

和谐社会是民主法治、公平正义、诚信友爱、充满活力、安定有序、人与自然和谐相处的社会，构建社会主义和谐社会，是符合人类历史发展规律的要求。选取城镇登记失业率、基本社会保险覆盖率、城乡人均收入之比、交通和火灾事故死亡率四个指标。

二、选择指标、数据和权重

社会发展指标体系反映社会发展的现实程度。结合现实统计数据的可获取性及统计指标的可比性，构成了如表5.1所示的6个领域共26项指标组成的区域社会发展综合评价指标体系，在各领域内采用因子分析法评分，再以模糊评价法确定各层面的权重。

表5.1　广西社会发展指标体系的构成和权重

一级指标	一级指标权重	分项指标	分项指标权重
社会结构	0.228	非农产业占GDP比重	0.291
		第三产业从业人员的比重	0.270
		城镇人口占总人口比重	0.270
		男女性别比	0.169
人口发展	0.208	人口自然增长率	0.225
		平均预期寿命	0.212
		老年抚养比	0.212
		平均受教育年限	0.225
		每十万人拥有在校大学生数	0.127
经济效益	0.116	人均GDP	0.314
		人均财政收入	0.245
		人均社会消费品零售额	0.144
		全社会劳动生产率	0.297

续表

一级指标	一级指标权重	分项指标	分项指标权重
生活水平	0.150	恩格尔系数	0.303
		城镇居民家庭人均可支配收入	0.214
		农村居民家庭人均纯收入	0.214
		农村人均住房面积	0.150
		每百户居民家庭拥有的电脑数	0.119
公共服务	0.150	新农合受益频率	0.262
		每百万人口拥有公共文化设施数	0.235
		教育卫生文化支出占财政支出的比重	0.342
		万人社会服务机构数	0.161
社会和谐	0.146	城镇登记失业率	0.261
		基本社会保险覆盖率	0.285
		城乡人均收入之比	0.261
		交通和火灾事故死亡率	0.193

表5.1中的原始数据主要来源于国家统计局网站中的各省年度数据库。单位GDP能耗、老年抚养比和每千人口卫生技术人员等指标由于在数据库中存在缺失，因而，分别通过查询各年度的《中国能源统计年鉴》《中国人口和就业统计年鉴》和《中国社会统计年鉴》中的数据进行补充。部分仍存在缺失的数据则根据已有数据的增长情况，动态估计缺失年份的变化率，再根据这一变化对缺失部分进行插补。为了统一统计口径，本节所选取的统计数据均尽量用最新的统计年鉴，以国家统计局网站上的年度地区数据为主。

上述指标部分为统计年鉴中的现成数据，其他指标的计算则严格依照有关经济学定义进行。例如，恩格尔系数是城乡总体食品消费与城乡居民全部消费的比值；城乡收入差距是城镇居民可支配收入与农村居民纯收入的比值；城镇养老保险覆盖率为在职参保人数除以所有行业的在职就业人员。此外，由于预期寿命仅在普查年份有相关统计数据，故对于评价年份中均选用最近的普查年份数据作为指标值。

关于指标进行标准化消除量纲和数量级差距的问题，考虑运用样本指标的离散程度信息，及经济数据分布所普遍具备的厚尾特性，运用 t 分布截尾概率的方式对指标进行无量纲化处理：即先计算中心标准化后的指标值 z，将 z 对应的自由度为 30 的 t 分布截尾概率乘以 100 作为该指标的标准化得分。由此，通过 0 ~ 100 之间的数值来判定各地区的评分。由于 t 分布为对称分布，对于逆指标只需用 100 减去相应的得分值即可。

在指标赋权问题上，本节为了减少数据异常对各指标权重带来的影响，选择参考专家对这一问题的相关意见，用层次分析法对相关指标进行权重计算，得到的各项指标结果也已列于表 5. 1 中。

三、广西社会发展水平综合评价实证

应用上述模型对广西社会发展水平进行综合评价。以全国 31 个省市自治区作为样本单位，按评价指标体系要求，从全国各省的统计年鉴中选取 2010—2014 年的相关指标数据，计算得出广西与各地横向比较后的经济社会发展综合得分和相对名次，如表 5. 2 所示。

表 5. 2　2010—2014 年广西社会发展综合评价结果及在全国的排名

年份	项目	社会结构	人口发展	经济效益	生活水平	公共服务	社会和谐	综合
2010	指数	19. 29	30. 48	23. 94	31. 35	47. 61	27. 87	29. 49
	排名	31	28	27	24	17	27	29
2011	指数	19. 64	35. 91	22. 80	32. 74	46. 96	28. 71	30. 80
	排名	30	26	27	24	27	27	28
2012	指数	23. 97	35. 48	22. 60	34. 44	45. 96	29. 18	31. 86
	排名	31	27	27	23	19	28	28
2013	指数	17. 71	37. 71	22. 16	37. 05	53. 82	35. 11	33. 28
	排名	31	27	27	22	11	26	28
2014	指数	22. 76	41. 00	22. 03	39. 97	51. 12	36. 37	35. 32
	排名	31	25	27	20	12	24	27

总体而言，广西社会发展水平在全国的排名靠后，且近几年变化不

大，2010 年为第 29 位，2014 年第 27 位。社会发展系统包括的 6 个领域情况不佳，2014 年，社会结构排在第 31 位，为全国倒数第一；人口发展排名第 25 位，经济效益排名第 27 位；生活水平在近几年内持续改善，2010 年时在全国相对排位为第 24 名，到 2014 年时上升至第 20 位；公共服务排名也有所提升，从 2010 年的第 17 位上升至 2014 年的第 12 位；社会和谐排名从 2010 年的第 27 位到 2014 年的第 24 位，除公共服务排名进入了前 15 名，其他五个领域都居中下或末位水平。

表 5.3 是对社会发展领域分项指标的评分和排名，具体分析如下：

从社会结构来看，2014 年，非农产业占 GDP 比重、第三产业从业人员的比重、城镇人口占总人口比重、男女性别比四项指标在全国排名分别为第 27 位、第 28 位、第 26 位、第 20 位。其中，非农产业占 GDP 比重从 2010 年的 82.50% 上升到 2014 年的 84.60%，在全国排名从第 29 位上升到第 27 位；城镇人口比重从 2010 年的 40.00% 增加至到 2014 年的 46.00%，虽然城镇化进程在加快，但城镇人口比重指标在全国的排位则依然维持在第 26 位，说明在现代化进程中，广西相对于全国平均水平而言，社会结构优化进程较为缓慢。

从人口发展看，2014 年，人口自然增长率、平均预期寿命、老年抚养比、平均受教育年限、每十万人拥有在校大学生数五项指标在全国排名分别为第 20 位、第 14 位、第 22 位、第 24 位、第 26 位。其中，老年抚养比从 2010 年的 13.38% 上升到 2014 年的 13.91%，在全国的排名从第 26 位上升至第 22 位；平均受教育年限从 2010 年的 7.79 年上升到 2014 年的 8.79 年，在全国的排名在第 24 名，说明广西人口发展方面较为落后。

从经济效益看，2014 年，人均 GDP、人均财政收入、人均社会消费品零售额、全社会劳动生产率四项指标在全国排名分别为第 27 位、第 29 位、第 23 位、第 25 位。与 2010 年相比，2014 年人均财政收入增长了 78.66%，年均增长 15.61%，但在全国的排名却从第 26 位下滑到第 29 位，低于经济效益综合指标的排名。

表 5.3　2010—2014 年广西社会发展分项评价结果

指标	标准分					排名				
	2010 年	2011 年	2012 年	2013 年	2014 年	2010 年	2011 年	2012 年	2013 年	2014 年
非农产业占 GDP 比重	12. 13	10. 25	12. 27	12. 89	14. 07	29	30	29	28	27
第三产业从业人员的比重	12. 23	18. 71	23. 29	16. 03	17. 00	31	27	26	29	28
城镇人口占总人口比重	23. 13	23. 95	24. 57	24. 75	24. 20	26	26	26	25	26
男女性别比	36. 80	30. 41	44. 31	17. 44	44. 66	21	22	19	26	20
人口自然增长率	24. 48	37. 70	37. 08	33. 14	40. 40	24	20	20	21	20
平均预期寿命	52. 93	52. 93	52. 93	52. 93	52. 93	14	14	14	14	14
老年抚养比	18. 14	18. 64	25. 37	35. 90	36. 86	26	25	24	23	22
平均受教育年限	31. 40	41. 03	32. 57	36. 16	41. 93	24	23	25	24	24
每十万人拥有在校大学生数	22. 56	24. 11	25. 56	26. 14	27. 37	26	26	26	26	26
人均 GDP	22. 47	22. 93	22. 02	21. 67	21. 52	27	27	27	27	27
人均财政收入	27. 40	24. 69	24. 03	23. 26	22. 79	26	28	29	29	29
人均社会消费品零售额	25. 08	24. 35	23. 88	22. 10	21. 68	22	22	22	23	23
全社会劳动生产率	22. 07	20. 36	21. 41	21. 81	22. 12	26	26	26	25	25
恩格尔系数	13. 72	24. 95	29. 99	33. 80	45. 32	27	23	22	21	20
城镇居民家庭人均可支配收入	41. 75	37. 30	36. 88	34. 54	34. 24	12	12	13	14	15
农村居民家庭人均纯收入	25. 48	23. 23	23. 11	27. 87	27. 79	25	25	25	24	24
农村人均住房面积	53. 02	48. 88	49. 79	55. 63	52. 02	13	14	14	14	13

续表

指标	标准分					排名				
	2010 年	2011 年	2012 年	2013 年	2014 年	2010 年	2011 年	2012 年	2013 年	2014 年
每百户居民家庭拥有的电脑数	40.69	41.16	42.48	42.96	43.45	12	15	16	16	15
新农合受益频率	36.48	35.48	35.77	34.26	35.45	28	26	22	23	23
每百万人口拥有公共文化设施数	17.45	20.11	26.86	32.80	31.97	28	27	28	25	26
教育卫生文化支出占财政支出的比重	90.83	86.57	79.13	85.21	92.18	2	4	7	4	2
万人社会服务机构数	17.83	20.64	19.95	49.58	17.29	27	26	28	11	30
城镇登记失业率	45.16	47.23	45.18	50.57	54.67	16	14	16	12	11
基本社会保险覆盖率	7.93	10.31	12.89	14.20	15.39	28	29	28	25	25
城乡人均收入之比	9.20	9.73	10.36	27.04	27.28	27	27	27	25	24
交通和火灾事故死亡率	59.05	56.42	56.98	55.88	54.79	16	16	16	16	16

从生活水平看，2014 年，恩格尔系数、城镇居民家庭人均可支配收入、农村居民家庭人均纯收入、农村人均住房面积、每百户居民家庭拥有的电脑数等 5 项指标在全国排名分别为第 20 位、第 15 位、第 24 位、第 13 位、第 15 位。其中，城镇居民家庭人均可支配收入提高了 44.57%，农村人均住房面积提高了 13.04%，这两个指标在全国的排名情况居中上水平。农村居民家庭人均纯收入年均增长约 17.58%，但是相对于全国平均水平来说，仅排名第 24 位，处于落后水平。

从公共服务看，2014 年，新农合受益频率、每百万人口拥有公共文化设施数、教育卫生文化支出占财政支出的比重、万人社会服务机构数四项指标在全国排名分别为第 23 位、第 26 位、第 2 位、第 30 位。其中，每百万人口拥有公共文化设施数、万人社会服务机构数在全国的排名靠后，但是近年来，广西大力发展教育卫生文化，特别是建设文化广西，进行了大规模的文化设施投资，使得教育卫生文化支出占财政支出的比重指标有较好表现，而使得公共服务领域的发展较快。

从社会和谐看，2014 年，城镇登记失业率、基本社会保险覆盖率、城乡人均收入之比、交通和火灾事故死亡率四项指标在全国排名分别为第 11 位、第 25 位、第 24 位、第 16 位。其中城镇登记失业率、基本社会保险覆盖率、城乡人均收入之比等指标在全国的相对位置有所提高，在 2010—2014 年间分别上升了 5 名、3 名和 3 名。但基本社会保险覆盖率、城乡人均收入之比两项指标排名相对靠后，而且交通和火灾事故死亡率在此期间没有得到明显改善，致使广西社会和谐领域的发展水平与全国相比也是落后的。

第二节 粤桂滇黔社会发展水平的比较

为了科学反映粤桂滇黔四省区社会发展水平，并且进行比较分析，基于前文的综合评价指标体系，采用数理模型方法进行量化分析。以下为广西与粤滇黔社会发展水平的比较结果及分析判断。

一、粤桂滇黔省际社会发展总体水平的比较

考虑到2015年全国和各地统计数据还未出来，最新数据无法及时获取，而有些指标粤桂滇黔四省区的统计上存在一定差异，无法进行数据比较等原因，我们主要选取历年中国统计年鉴中2010—2014年的相关数据，运用社会发展综合评价体系进行省际对比分析。粤桂滇黔四省区社会发展的总指数、位次情况如表5.4中所示。

表5.4 2010—2014年粤桂滇黔四省区社会发展总指数及在全国的排名

年份	项目	广东	广西	贵州	云南
2010	指数	65.20	29.49	31.74	29.21
	排名	5	29	27	30
2011	指数	63.67	30.80	26.23	29.23
	排名	6	28	31	29
2012	指数	62.54	31.86	30.11	30.39
	排名	6	28	30	29
2013	指数	63.05	33.28	31.36	28.54
	排名	6	28	29	31
2014	指数	62.49	35.32	34.04	29.45
	排名	6	27	28	31

从5.4表看出，粤桂滇黔四省区社会发展总体水平差异相当大，广东为我国继北京、上海之后的第二层次社会发展较高水平的省份，在全国排名稳居前6；广西、云南和贵州三省区基本上处于同一层次，2014年分别排名第27位、第28位、第31位，为我国社会发展水平低的省区。将2010—2014年的排名进行比较，广东从排名第5位下降到第6位，贵州从排名第27位下降到第28位，云南从第30位下降至第31位，而广西社会发展综合水平排名在此期间出现了小幅提升，从第29位上升到第27位。在西部三个省份中，广西社会发展总体水平排名列于云南、贵州之前。

二、粤桂滇黔省际社会发展具体领域比较

进一步考察社会结构、人口发展、经济效益、生活水平、公共服务、社会和谐6个领域，可以发现，每个领域中某一指标的变动，都会形成对社会发展总体水平的影响，具体表现如下：

（一）粤桂滇黔省际社会结构领域的比较

表5.5为2010—2014年粤桂滇黔社会结构领域的指数以及在全国的排名。可以看出，粤桂滇黔四省区之间的差距很大。广东社会结构为全国较好水平，广西为全国倒数第一，且社会结构比较固化。广东、云南、贵州的社会结构在这几年都发生了不同程度变化，广东由2010年的排名第5位回落到2014年的第10位；云南和贵州分别出现了小幅的回落或上升。广东社会结构变化的原因是由于第三产业从业人员比重下降较快所导致。广西社会结构变化不大的原因，则是因为非农产业占GDP比重、第三产业从业人员的比重、城镇人口占总人口比重指标的相对水平均未发生明显变化。

表5.5 2010年—2014年粤桂滇黔四省区社会结构领域指数及在全国的排名

年份	项目	广东	广西	贵州	云南
2010	指数	68.70	19.29	39.63	21.79
	排名	5	31	20	29
2011	指数	58.61	19.64	17.63	27.86
	排名	8	30	31	28
2012	指数	56.48	23.97	27.45	28.02
	排名	11	31	28	27
2013	指数	58.91	17.71	24.25	23.00
	排名	8	31	28	29
2014	指数	56.57	22.76	26.98	31.47
	排名	10	31	28	26

（二）粤桂滇黔省际人口发展领域的比较

表5.6为粤桂滇黔人口发展领域的指数以及在全国的排名。可以看出，在人口发展领域，2014年，广东在全国的排名第3位，广西、贵州和云南的排名相当靠后，分列第25位、第26位和第28位，说明广西、贵州和云南三省区人口发展水平落后。广西平均预期寿命、老年抚养比指标弱于广东，2014年，广东平均预期寿命76.49岁，广西为75.11岁；老年抚养比广东为9.11，而广西为13.7，高于广东、云南、贵州，可以看出，广西的老年社会特征明显。广西、贵州和云南三省区平均受教育年限，每十万人拥有在校大学生数指标均落后于广东，且在全国排名第25位以后。

表5.6　2010—2014年粤桂滇黔四省区人口发展领域指数及在全国的排名

年份	项目	广东	广西	贵州	云南
2010	指数	66.47	30.48	20.70	35.41
	排名	4	28	31	26
2011	指数	70.24	35.91	25.79	34.90
	排名	3	26	30	27
2012	指数	66.05	35.48	29.30	39.21
	排名	4	27	30	25
2013	指数	68.89	37.71	34.16	38.08
	排名	3	27	28	25
2014	指数	68.63	41.00	38.93	37.59
	排名	3	25	26	28

（三）粤桂滇黔省际经济效益领域的比较

表5.7为粤桂滇黔经济效益领域的指数以及在全国的排名。可以看出，省际之间的差距要小于人口发展领域。广东经济效益继续排名于全国前列，广西排名中等偏下，云南、贵州包尾。2014年，广西的人均GDP、人均财政收入、人均社会消费品零售额、全社会劳动生产率指标均大大低于广东，其中，人均财政收入指标排名第29位，拉低了广西经济效益水平。

表 5.7　2010—2014 年粤桂滇黔经济效益领域指数及在全国的排名

年份	项目	广东	广西	贵州	云南
2010	指数	70.07	23.94	16.11	19.97
	排名	7	27	31	28
2011	指数	69.73	22.80	16.27	18.20
	排名	8	27	31	28
2012	指数	69.67	22.60	17.75	17.29
	排名	8	27	29	30
2013	指数	68.29	22.16	17.62	18.31
	排名	8	27	30	29
2014	指数	70.28	22.03	18.89	17.75
	排名	8	27	29	30

（四）粤桂滇黔省际生活水平领域的比较

表5.8为粤桂滇黔生活水平领域的指数以及在全国的排名。可以看出，粤桂滇黔四省区之间的差距明显。2014年，广东在全国排名第14位，为生活水平较高省份，广西排名第20位，云南、贵州排名靠后。可以说，生活水平是两广差距较小的领域。影响省际差距的是广西农村居民家庭人均纯收入、每百户居民家庭拥有的电脑数指标落后，广东农村居民家庭人均纯收入在全国排名第7位，广西排名第24位；广东每百户居民家庭拥有的电脑数在全国排名第4位，广西排名第15位。广西农村人均住房面积在全国排名第13位，广东排名18位，这是广西比广东好的一个指标，说明广西农民住房条件较好。

表 5.8　2010—2014 年粤桂滇黔生活水平领域指数及在全国的排名

年份	项目	广东	广西	贵州	云南
2010	指数	62.26	31.35	18.76	22.12
	排名	7	24	29	27
2011	指数	59.61	32.74	16.94	22.60
	排名	8	24	30	27

续表

年份	项目	广东	广西	贵州	云南
2012	指数	59.20	34.44	19.05	23.71
	排名	8	23	30	28
2013	指数	53.25	37.05	20.28	24.35
	排名	10	22	30	28
2014	指数	51.03	39.97	24.47	23.96
	排名	14	20	27	28

（五）粤桂滇黔省际公共服务领域的比较

表5.9为粤桂滇黔公共服务领域的指数以及在全国的排名。可以看出，粤桂滇黔四省区之间的差距较小，广东公共服务水平从2010年的排名全国第14位，上升到2014年的第4位；贵州和广西的公共服务水平指数具有优势，分列第7名和第12名，高于全国平均水平；云南为四省区之后，2014年排名第24位。广西新农合受益频率、每百万人口拥有公共文化设施数、万人社会服务机构数指标均差于其他省份，其中，新农合受益频率为四省区中最差，排名第23位。但是，广西教育卫生文化支出占财政支出的比重指标优于其他省份，2014年，广西在全国排名第2位，广东排名第5位，广西教育卫生文化支出占财政支出的比重优于广东，足以看出广西地方政府重视对科教文卫事业的发展。

表5.9　2010—2014年粤桂滇黔公共服务领域指数及在全国的排名

年份	项目	广东	广西	贵州	云南
2010	指数	49.47	47.61	58.87	55.01
	排名	14	17	7	10
2011	指数	52.44	46.96	50.77	47.48
	排名	4	27	24	30
2012	指数	55.87	45.96	51.74	49.17
	排名	9	19	13	15
2013	指数	58.71	53.82	56.99	43.74
	排名	7	11	9	21

续表

年份	项目	广东	广西	贵州	云南
2014	指数	60.29	51.12	59.03	38.54
	排名	4	12	7	24

（六）粤桂滇黔省际社会和谐领域的比较

表5.10为粤桂滇黔社会和谐领域的指数以及在全国的排名。可以看出，省际之间的差距太过明显，广东大幅度优于广西、云南、贵州三省区。2014年，广东城镇登记失业率、基本社会保险覆盖率分别排名全国第4位、第5位，说明广东经济发达，社会就业面宽，社会保障达到很高的水平。但城乡人均收入之比、交通和火灾事故死亡率指标不乐观，在全国分别排名第18位、第20位，说明广东自身的城乡差异问题严重。广西各项指标基本好于云南、贵州两省，但与广东有较大差距，其中，城乡人均收入之比指标，与广东的实际差距逐步拉大。

表5.10　2010—2014年粤桂滇黔四省区社会和谐领域指数及在全国的排名

年份	项目	广东	广西	贵州	云南
2010	指数	73.30	27.87	33.00	20.08
	排名	3	27	25	29
2011	指数	73.12	28.71	32.56	20.13
	排名	4	27	24	30
2012	指数	71.66	29.18	34.42	19.47
	排名	4	28	24	31
2013	指数	71.57	35.11	34.46	20.41
	排名	3	26	27	31
2014	指数	70.88	36.37	34.29	20.25
	排名	3	24	27	31

第三节　结论与建议

一、几点结论

参考国家发改委、国家统计局和北京市等省市的设置评价社会发展水平指标体系的思路，运用层次分析方法，建立层次结构模型，对广西社会发展进行评价，以及对粤桂滇黔四省区社会发展水平进行比较分析之后，得出以下几点结论：

第一，广西社会发展取得进展，但社会发展水平低。改革开放以来，广西社会发展较快，但与全国相比，社会发展整体水平低。2010—2014年，广西社会发展综合指数和排名均不理想，相对全国各省市自治区水平的排名在第28名前后浮动。各个具体社会发展领域进展不理想，大部分社会发展指标排名落后，其中，社会结构指标排名末位，拉低了广西社会发展总体水平在全国的排位。

第二，粤桂滇黔四省区社会发展水平差异相当大。2014年，广东社会发展总体水平排名全国第6位，为我国较高水平省份，桂滇黔三省区包揽全国倒数位次（除西藏外），为我国社会发展低水平省区。广东大幅度领先于全国社会发展的平均水平，也将桂滇黔三省区远远甩在后面。显然，桂滇黔三省区目前要把追赶上全国社会发展平均水平作为重要的发展任务。

第三，社会发展的六大领域也有很大差距。省际之间排名差距最大的为人口发展领域，其中，弱于广东的指标主要是平均预期寿命和老年抚养比，说明桂滇黔三省区未富先老，进入了社会矛盾复杂多变的老龄社会。

第四，西部省区的公共服务领域有一定优势。广东公共服务领域进展不明显，云南和贵州的各项指标基本上优于广东，广西教育卫生文化支出占财政支出的比重指标具有优势，说明广西加大对教育卫生文化领域的投入，支持各项社会事业发展。

二、问题与对策

（一）广西社会发展存在的主要问题

从上述比较分析结果来看，广西社会发展总体情况是好的，但是，在全国社会发展快，社会发展水平不断提高的大背景下，广西社会发展水平进展却滞后，排位靠后。广西是社会发展水平较低的省份之一，面临的问题主要是：

1. 社会发展整体水平低，当务之急要大力推动社会发展

比较分析结果显示，广西社会发展整体水平在全国的排位靠后，远未达到全国平均水平，与广东相比差距更大。在上述构建的评价指标体系中，2014 年，广西在全国排名第 27 位以后的指标，有非农产业占 GDP 比重、第三产业从业人员的比重、人均 GDP、人均财政收入和万人社会服务机构数五项指标；从分项指标上看，广西的社会结构、人口发展、经济效益和社会和谐等领域也处于相对落后水平。因此，广西需要在社会发展领域加大投入，促进各项社会事业加快发展。

2. 城乡发展不平衡和区域发展不平衡

2014 年，广西城乡收入比指标在全国排名第 24 位，略优于云南（第 29 位）和贵州（第 30 位），但明显低于全国平均水平。每百万人口拥有公共文化设施在全国排名第 26 位，在发展水平落后的情况下，大多数社会事业公共资源仍主要集中于广西西江段的重要节点城市，如南宁、柳州、梧州等，而百色、来宾、崇左等地的社会事业相对薄弱，城乡差距大，区域之间发展不平衡。

3. 处于工业化中期阶段，但是社会结构转型滞后

广西目前处于工业化中期阶段，经济结构转型升级取得明显进展，但是社会结构转型进程缓慢，社会结构整体水平滞后于经济结构，并且社会结构内部各类子结构之间也存在偏差和不协调，社会结构包括的重要指标，如非农产业比重、城镇人口比重指标等落后。2014 年，广西城镇人口

比重指标在全国排名第26位，非农产业比重指标在全国排名第27位，反映出这两项指标拖累了社会结构的转型，而且这两项指标仍滞留在工业化初期阶段，这是对广西经济社会发展很不利的现象。

4. 社会发展总体水平远不如GDP在全国的地位

2011年，广西进入了GDP万亿元俱乐部，经济总量排名全国第18位，而社会发展总体水平则排名第28位。很显然，近年来广西社会事业发展总体滞后于经济增长速度。社会事业发展缓慢，发展水平低，与经济增长速度快，经济总量扩张快的形势极不相符，经济高速增长所带来的成果并未反映到社会发展领域中来。

（二）加快广西社会发展的对策建议

1. 落实科学发展观，切实做到“以人为本、科学发展”。

经济建设和社会建设的落脚点都是人的全面发展。经济增长并不一定能自动推进社会全面发展并缓解社会矛盾。长期以来，广西社会事业的发展速度明显滞后于经济发展，基本公共服务在城乡、区域之间的非均等化较为明显，社会事业基础较为薄弱，资源配置不尽合理，基本公共服务保障水平仍然较低，多层次、多样化的公共服务需求还得不到充分满足。在新的发展阶段，面对复杂严峻的经济社会形势和改革发展稳定的繁重任务，我们需要更加重视社会发展，主动推动社会发展方式转型，切实做到“以人为本、科学发展”，应将加强社会建设、推动社会转型发展提到与经济发展的同等重要的战略地位，改善广西社会事业发展滞后的局面，推动持续性的社会发展，提升社会发展品质，不断增强人民群众对社会发展的满意度。

2. 创新社会管理，促进社会结构转型

改革开放以来，广西经济社会发展取得了很大成就，但仍面临不少困难和问题。突出的表现在居民收入水平偏低、物价高、居民购买力低、收入分配不尽合理、就业形势严峻、基本公共服务保障能力不足，等等，社会发展的不稳定因素仍大量存在，稳增长、促转型、扩内需、惠民生、保稳定的任务十分艰巨。广西要以加快社会结构转型为着力点，要重点推进收入结构、城乡结构、就业结构等社会结构的科学调整，提高社会发展的质量和效益，实现经济结构转型的同时合理调整社会结构。为此，首先要搞好收入分配制度改革。应进一步健全资本、技术、管理等要素参与分配的制度，利用财政、税收、福利等杠杆对收入再分配进行调控，加大对高收入者的税收调节力度，不断扩大中等收入阶层比重，进一步提高低收入群体收入水平。其次，要统筹城乡和谐发展，提高城镇化水平和质量。围绕新型城镇化建设，继续实施中心城市带动战略，进一步增强南宁、柳州、桂林等大城市的辐射带动作用，促进城乡一体化发展。增强大中小城市和小城镇的集聚能力和承载能力，促进工业化和城镇化的良性互动。加快发展县城和中心城镇，促进城乡三次产业融合，推动城镇群和城镇带发展，加强城镇基础设施建设。进一步推进户籍制度改革，推进农业转移人口市民化。最后，实施积极的就业政策，促进充分就业。要加强公共就业服务体系建设，在千方百计扩大就业总规模的同时，着力解决就业中结构性矛盾突出的问题。建立完善面向城乡劳动者的就业服务体系、就业组织体系、职业培训体系、用工管理制度及社会保障制度，促进城乡劳动者实现平等、稳定就业。统筹做好各类群体就业工作，突出抓好高校毕业生就业工作，对关停并转产业转型升级带来的失业人员要推进政策落实，引导和帮助农民工有序流动和返乡创业，帮助农村富余劳动力就近就地就业。进一步完善对困难群体的就业援助制度和工作保障机制，实施失业动态监测，健全失业预警制度，推进完善失业保险制度。

3. 大力发展社会事业和民生事业

新时期，在经济发展的同时，要及时将改革发展成果更多更好地惠及全民，加快建设完善的社会保障制度和基本公共服务制度，促进经济社会可持续发展。重点要搞好义务教育均衡发展、加强公共卫生服务、加强公益性公共文化和公共体育服务、加强就业再就业、基本公共福利和社会救助服务、加强公共安全服务、加强公益性公共信息服务、加强生态环境治理等方面的工作，调整优化财政支出结构，实现公共服务财政支出向基本公共服务倾斜、向农村地区倾斜、向社区层面倾斜、向困难群体倾斜，建立惠及全民的基本公共服务体系，努力维持人民群众生活水平的持续提高，切实满足人民群众日益增长的发展需求。

4. 积极推动社会领域体制改革

积极推动社会领域体制改革，积极发展社会服务产业，加快教育、文化、体育、医疗卫生等社会事业发展。要进一步拓展以公共财政为核心的稳定的资金来源，建立财政投入稳步增长机制，加大财政投入增长力度，优化社会民生事业的支出结构。要尽快改革现有财政转移支付制度，加大对社会弱势群体和贫困地区社会事业发展的支持，逐步取消各种不规范的补助和税收返还，建立起科学规范的政府间财政转移支付制度，通过科学而公正的转移支付体系，使财政转移支付体系真正发挥有效调节地区间财力失衡、缩小社会公益服务事业水平差距、促进社会公平的功能。充分利用市场机制推进社会事业投融资体制改革，鼓励社会资本投资科技、文化、体育、医疗等领域的社会事业，建立多元投入、全民参与的社会建设体制，鼓励私人组织和非政府组织积极参与社会事业投资。

5. 高度重视发展转型时期的社会风险问题

在经济发展方式转型过程中，不可避免会出现经济与社会风险，任何一次经济转型与社会转型都可能会有一批人受到不同程度地影响，经济发展方式转型也可能会出现各式各样的问题。这就要求要高度重视社会和谐领域的问题，把握社会政策的重点，发挥社会政策的利益平衡作用，积极化解社会风险，并通过不断调整完善社会政策应对新的社会风险。当前，要不断推进社会管理创新，提升社会管理水平，依法依规正确处理劳资纠纷、土地纠纷、山林纠纷、征地拆迁、环境污染等不稳定因素，积极化解社会矛盾、应对社会风险、营造公平公正的社会环境、逐步增进社会和谐。

第六章　粤桂滇黔城乡居民收入差距的比较

发展经济学研究了经济发展中的二元结构问题。刘易斯和西蒙·库兹涅茨等经济学家推导“倒U假说”，提出二元经济结构问题主要表现为收入差距问题，在一国（或地区）经济高速增长的起飞时期，区域内部和区域之间城乡收入差距现象自然存在于经济发展的过程中。根据二元结构理论，城乡收入差距不断扩大会导致诸多社会问题，进而阻碍珠江—西江经济带持续较快健康发展。广西是经济欠发达地区，城乡收入差距问题是较严重的社会经济问题，而且，直到目前，城乡收入差距不断扩大的态势仍然没有明显改变。广西与云南和贵州同属西部地区，城乡收入差距的趋势不断拉大是三个省区共同面临的难题。广东城乡收入差距较小，远低于全国平均水平。总体看来，粤桂滇黔四省区都面对着内部的不一致性和省区间的不平衡性。本章采用定量分析方法，对粤桂滇黔四省区城乡收入的绝对和相对差距、泰尔指数等进行比较分析，利用模型对比分析了粤桂滇黔四省区城乡收入差距对经济增长的影响，最后得出研究结论。以广西现有问题为导向，提出缩小城乡收入差距的对策建议。

第一节　广西城乡居民收入差距分析

广西城乡收入差距早已存在，严峻的是，直到目前城乡收入差距扩大的趋势仍然无法扭转。按照“十二五”规划设定目标，广西到2015年城乡居民收入差距还是高于全国平均水平。对广西城乡居民收入差距进行实证分析，应从绝对差距、相对差距、储蓄等几方面着手。

一、广西城乡收入的绝对差距

自20世纪90年代以来，广西城镇居民人均可支配收入和农村居民人均纯收入稳步提高，但是，由于城镇居民人均可支配收入的增长速度与农村居民人均纯收入的增长速度存在着差异，因此，城乡居民收入差距表现明显，即在经济繁荣的同时，收入分配的不平等也在迅速扩大。表6.1给出了自1990年以来广西城乡居民收入绝对差距的数据。

表6.1 1990—2014年广西城乡居民收入情况比较

年份	城镇居民		农村居民		城乡绝对差距（元）
	人均可支配收入（元）	实际增长率（%）	人均纯收入（元）	实际增长率（%）	
1990	1448	12.96	639	26.80	809
1991	1614	8.53	658	-0.10	956
1992	2104	21.83	732	5.55	1372
1993	2895	11.61	892	2.32	2003
1994	3981	9.65	1107	-1.90	2874
1995	4792	2.01	1446	10.15	3346
1996	5033	-0.44	1703	9.66	3330
1997	5110	0.82	1875	9.24	3235
1998	5412	9.07	1972	8.63	3440
1999	5620	6.83	2048	5.77	3572
2000	5834	3.82	1865	-8.52	3970
2001	6666	12.79	1944	4.70	4722
2002	7315	10.96	2013	4.26	5302
2003	7785	5.47	2095	2.74	5690
2004	8177	0.90	2305	4.89	5872
2005	9287	10.27	2495	6.51	6792
2006	9899	4.90	2771	10.07	7128
2007	12200	16.71	3224	8.94	8976
2008	14146	7.71	3692	5.54	10454
2009	15452	10.11	3980	10.58	11472

续表

年份	城镇居民		农村居民		城乡绝对差距（元）
	人均可支配收入（元）	实际增长率（%）	人均纯收入（元）	实际增长率（%）	
2010	17064	7.11	4543	10.39	12521
2011	18854	4.57	5231	8.21	13623
2012	21243	9.18	6008	11.17	15235
2013	23305	7.45	6791	10.37	16514
2014	24669	3.57	8683	25.48	15986

数据来源：各年度广西统计年鉴。

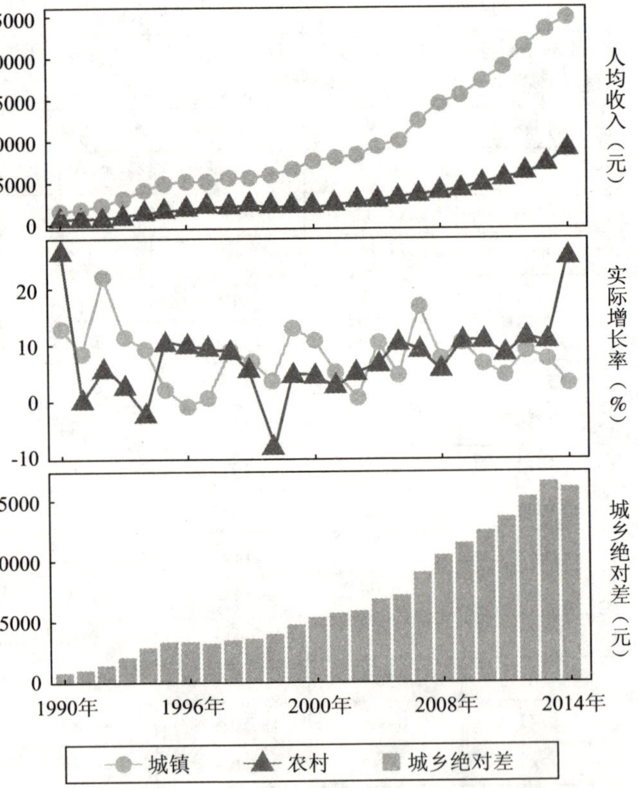

图 6.1　1990—2014 年广西城乡居民收入及其绝对差距变动情况

从表 6.1 和图 6.1 可以看出，自 1990 年以来，广西城乡居民人均收入绝对差距明显，且从总体趋势上看，该差距呈不断扩大趋势。1990 年，广西城镇居民人均可支配收入为 1448 元，农村居民人均纯收入 639 元，二者差距 809 元；1992 年，这一差距突破 4 位数，达到 1372 元；2000 年，城镇居民人均可支配收入为 5834 元，与农村居民人均纯收入 1865 元的差距为 3969 元，较 1990 年增加了 3.91 倍；2008 年，城乡居民收入差距突破 5 位数，达到 10456 元，是 1990 年的 12.92 倍；2013 年，扩大为 16541 元，较 1990 年增加了 19.42 倍。广西城乡收入绝对差距到 2014 年时有所缩减，为 15986 元，相对上年减少了 528 元。

从城镇和农村居民人均收入的实际增长情况来看，2014 年，广西城镇居民人均可支配收入为 24669 元，比 1990 年增加了 16.04 倍，实际增长 5.57 倍，年均实际增长约 7.82%。广西农村居民人均纯收入 2014 年为 8283 元，相比 1990 年的水平增长 12.58 倍，实际增长 5.00 倍，年均实际增长约 7.43%，比城镇居民人均收入年均增速水平低 0.39 个百分点。

二、广西城乡收入的相对差距

为了更好地反映广西城乡居民收入的差异程度，利用城乡居民收入差异系数和城乡居民收入比两个指标来衡量其相对差距。

（一）广西城乡居民收入差异系数

城乡居民收入差异系数的公式为：

$$S = 1 - \frac{S_r}{S_u} \tag{6-1}$$

其中，S 代表城乡居民收入差异系数，S_r 代表农村居民人均纯收入，S_u 代表城镇居民人均可支配收入。经济学理论认为：当 $S > 0.5$ 时，表示城乡二元结构明显；当 $0.2 < S \leqslant 0.5$ 时，表示城乡二元结构处于过渡期；当 $S \leqslant 0.2$ 时，表示完成城乡一体化。借鉴以上的划分标准来判断城乡居民的收入差距程度，可以相应地认为：当 $S > 0.5$ 时，表示城乡居民收入差距过大；当 $0.2 < S \leqslant 0.5$ 时，表示城乡居民收入差距处于从收入差距过大向合理状态的过渡阶段；当 $S \leqslant 0.2$ 时，表示城乡居民收入差距处于比较合理

的状态。

表 6.2 1990—2014 年广西城乡居民收入相对差距比较

年份	城乡居民收入差异系数	城乡居民收入比（倍）
1990	0. 558	2. 265
1991	0. 592	2. 453
1992	0. 652	2. 874
1993	0. 692	3. 246
1994	0. 722	3. 596
1995	0. 698	3. 314
1996	0. 662	2. 955
1997	0. 633	2. 725
1998	0. 636	2. 745
1999	0. 636	2. 744
2000	0. 680	3. 129
2001	0. 708	3. 428
2002	0. 725	3. 634
2003	0. 731	3. 716
2004	0. 718	3. 547
2005	0. 731	3. 723
2006	0. 720	3. 572
2007	0. 736	3. 784
2008	0. 739	3. 832
2009	0. 742	3. 882
2010	0. 734	3. 756
2011	0. 723	3. 604
2012	0. 717	3. 536
2013	0. 709	3. 432
2014	0. 648	2. 841

数据来源：各年度广西统计年鉴。

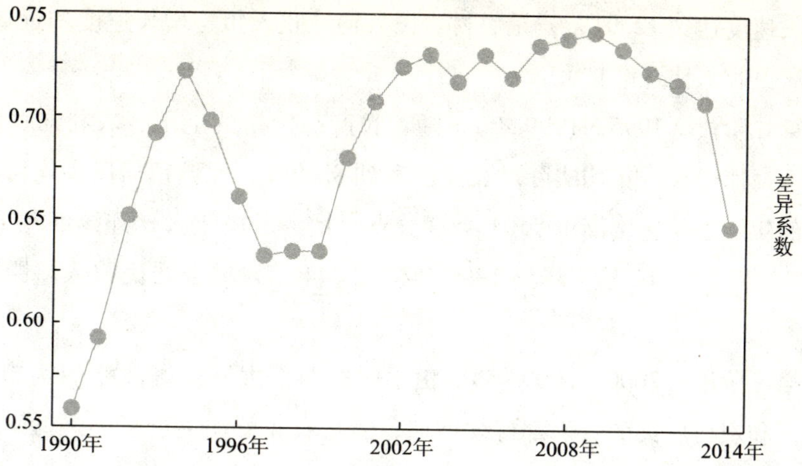

图 6.2 1990—2014 年广西城乡居民收入差异系数

从表 6.2 可以看出，1990—2014 年，广西城乡居民收入差异系数一直维持在 0.5 以上，说明广西存在城乡间收入差距过大的现象。其中，城乡居民收入差异系数最低为 0.558（1990 年），最高则达到 0.742（2009 年）。从总体上看，广西城乡居民收入差异系数在高于 0.5 之上变动，1990—2001 年，广西城乡居民收入差异系数波动较大，从 0.558 上升到 0.722 又下滑至 0.633 再上升到 2001 年的 0.708。2001—2013 年，广西城乡居民收入差异系数波动减小，但一直处于 0.7 以上。广西城乡收入差距在近年呈现缩小迹象，2014 年，由于农村居民收入的大幅改善，城乡收入差异系数下降为 0.648。

（二）广西城乡居民收入比

城乡居民收入比可以直观地反映城乡居民收入的差距，城乡居民收入比越大，表明城乡居民收入的差距越大，反之亦然。从表 6.2 和图 6.3 可以看出，自 20 世纪 90 年代以来，广西城乡居民的收入差距总体呈不断拉大态势。具体来看，城乡居民收入比在不同的四个阶段发生了不同的变化。

第一阶段（1990—1994 年），国家改革政策的重心由农村转向城镇，城市经济加速发展，使城镇居民收入大幅度增长。城乡居民收入比由 1990 年的 2.265 倍上升到 1994 年的 3.596 倍，城镇居民人均可支配收入年均实际增长速度达到12.91%，是农村居民人均纯收入年均增长速度的近2倍，城乡居民收入比逐渐扩大。

第二阶段（1995—1999年），随着农产品价格的上涨，农村居民人均纯收入高速增长，年均实际增长速度达到8.69%，比城镇居民人均可支配收入的年均增长速度高出5.04个百分点，城乡居民收入比连续四年下降，从1995年的3.314倍下降到1999年的2.744倍，城乡居民收入差距有所缩小。

第三阶段（2000—2009年），由于国家西部大开发等战略的实施，城镇居民和农村居民的收入都持续增加，但是农业劳动生产率远远低于工业劳动生产率，因而城乡居民收入差距继续呈现扩大的局面。

第四阶段（2010年至今），城乡居民收入差距持续缩小，城乡居民收入比从2010年的3.756倍缩小到2014年的2.841倍。这主要是因为国家实行了一系列的惠农政策，进一步调动了农民的积极性，促进了农村居民的增产增收，使农民人均收入有了提高。2010年以来，城乡居民收入比的缩小虽然反映了城乡居民收入差距的减小，但是，在绝对数值上广西城乡居民收入差距是扩大的。而且，相比1990年、2000年低位的城乡收入比来说，2014年城乡收入比仍然处于高位。

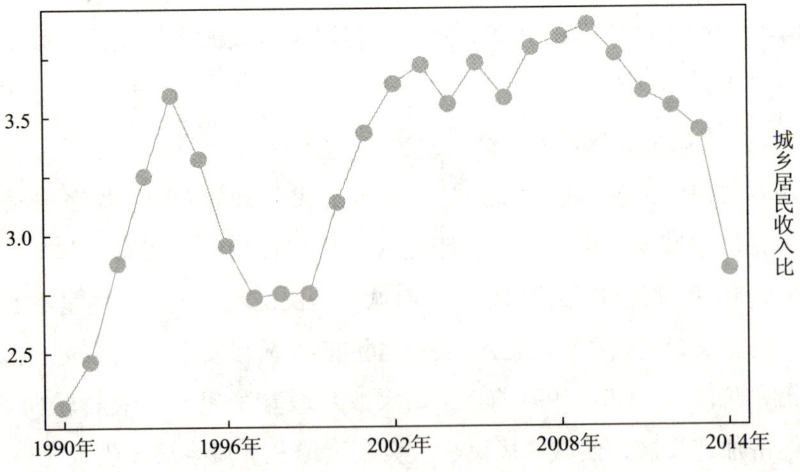

图6.3　1990—2014年广西城乡居民收入比

三、广西城乡居民收入差距的泰尔指数

使用城乡居民收入的绝对差距和相对差距的比较方法只考虑了收入一个因素，并没有反映城乡人口所占比重的变化。广西是典型的农业省区，城乡经济呈现出显著的二元结构，农村人口占有绝对大的比重，因此，使用泰尔指数来衡量城乡居民的收入差距。泰尔指数是国际上常用的研究收入差距状况的指标，它不仅考虑到城乡居民绝对收入的变化，而且还考虑到对应的城乡人口结构的变化，在分析城乡居民收入差距问题时，泰尔指数更受学者青睐。

泰尔指数是荷兰经济学家 Theil 于 1967 年运用信息论提出的一个测定收入不平等或差异程度的指数，最早用于研究国家之间收入差距，现在广泛应用于各领域收入差距的比较。其计算公式为：

$$Theil = \sum_{i=1}^{n} \frac{I_i}{I} \mathrm{In}\left(\frac{I_i}{I} / \frac{P_i}{P}\right) \quad (6-2)$$

其中，n 表示所调查单位数，I 和 P 分别代表总收入和总人口，I_i 和 P_i 分别代表第 i 个单位的收入和人口。泰尔指数越大，表示收入差距越大；泰尔指数越小，表示收入差距越小。表 6.3 列出了 2000—2014 年广西城乡居民收入差距的泰尔指数。

表 6.3　2000—2014 年广西城乡居民收入差距泰尔指数

年份	城镇居民人均可支配收入（元）	农村居民人均纯收入（元）	城镇人口数（万人）	农村人口数（万人）	泰尔指数
2000	5834	1865	1337	3414	0.1587
2001	6666	1944	1350	3438	0.1854
2002	7315	2013	1365	3457	0.2033
2003	7785	2095	1411	3446	0.2104
2004	8177	2305	1550	3339	0.1958
2005	9287	2495	1567	3093	0.2090
2006	9899	2771	1635	3084	0.1960

续表

年份	城镇居民人均可支配收入（元）	农村居民人均纯收入（元）	城镇人口数（万人）	农村人口数（万人）	泰尔指数
2007	12200	3224	1728	3040	0.2108
2008	14146	3692	1838	2978	0.2114
2009	15452	3980	1904	2952	0.2131
2010	17064	4543	1844	2766	0.2026
2011	18854	5231	1942	2703	0.1883
2012	21243	6008	2038	2644	0.1802
2013	23305	6791	2115	2604	0.1704
2014	24669	8683	2187	2567	0.1254

数据来源：各年度广西统计年鉴。

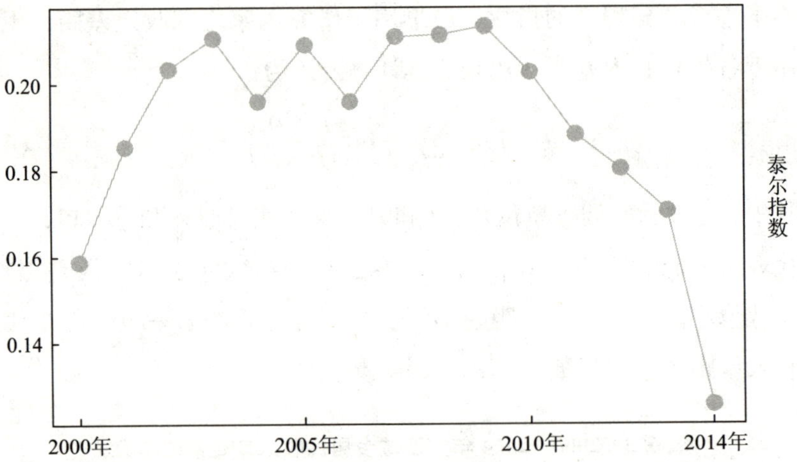

图 6.4　2000—2014 年广西城乡居民收入差距泰尔指数

根据表 6.3 和图 6.4 可知，2000 年广西城乡总体收入差距的泰尔指数为 0.1587，以后逐渐增加，在 2003 年达到了 0.2104，说明此阶段广西城乡居民收入差距较大；2003 年以后泰尔指数逐渐下降，在 2006 年下降为 0.1960；2007 年泰尔指数又缓慢上升，2009 年达到了 0.2131，处于历史最高水平；从 2010—2013 年，广西城乡居民收入泰尔指数逐渐呈减小的趋势，2014 年降为 0.1254，但是这一数值与其他省份相比仍然偏高。

四、广西城乡居民储蓄差异

城乡居民储蓄的差距从一个侧面反映了城乡居民收入的差距。依据广西历年统计年鉴相关数据，对城乡居民人均储蓄额和城乡居民储蓄率进行分析，数据如表 6.4 所示。

表 6.4　2000—2014 年城乡居民人均储蓄比较

年份	城镇居民		农村居民		城乡绝对差（元）
	人均储蓄额（元）	储蓄率（%）	人均储蓄额（元）	储蓄率（%）	
2000	982	16.83	377	20.19	606
2001	1441	21.62	393	20.23	1048
2002	1902	26.00	327	16.24	1575
2003	2021	25.96	344	16.41	1677
2004	1731	21.17	376	16.32	1355
2005	2863	30.83	145	5.80	2718
2006	3107	31.39	357	12.88	2750
2007	4049	33.19	476	14.77	3573
2008	4519	31.94	707	19.15	3812
2009	5100	33.00	749	18.82	4350
2010	5574	32.66	1088	23.95	4486
2011	6006	31.85	1020	19.50	4985
2012	6999	32.95	1074	17.87	5925
2013	7887	33.84	1585	23.34	6302
2014	9623	39.01	2008	23.12	7615

数据来源：各年度广西统计年鉴。

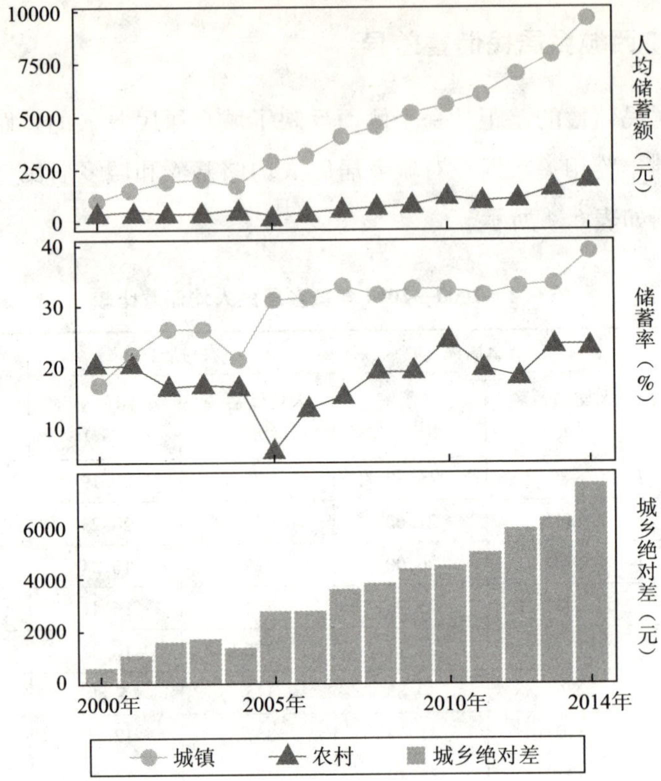

图 6.5　2000—2014 年广西城乡居民人均储蓄比较

从表 6.4 和图 6.5 可以看出，总体而言，2000—2014 年，广西城乡居民人均储蓄额呈现递增的趋势。但是，城镇居民人均储蓄与农村居民人均储蓄二者差距明显。具体来说，2000 年，广西城镇居民人均储蓄额为 982 元，农村居民人均储蓄额仅为 377 元，城乡居民人均储蓄的绝对差距为 606 元；2005 年，广西城镇居民人均储蓄额较 2000 年增长了将近 2 倍（约 1881 元），而农村居民人均储蓄额相对有所缩减，减少了 232 元，二者差距扩大为 2718 元，是 2000 年的 4.49 倍；2014 年，广西城乡居民人均储蓄的绝对差距突破 9000 元，达到 9623 元，是 2000 年的 9.80 倍。

从年平均增长额来看，2000 年，广西城镇居民的人均储蓄额为 982 元，2014 年为 9623 元，年均增长 617.21 元；2000 年，广西农村居民的人均储蓄额为 377 元，2014 年为 2008 元，年均增长 116.50 元，城乡年均绝对增长水平相差 4.30 倍。从城乡储蓄绝对差值得出图 6.5。可以看出，城乡居民人均储蓄绝对差距在近年内呈现出逐年上升态势；此外，从城乡储蓄率水平也可以看出，在近年内，广西城镇居民储蓄水平不断走高，而农村居民的走势则相对平稳，可见城乡居民的收入差距很大。

第二节　粤桂滇黔城乡居民收入差距的比较

对广西、广东、云南和贵州四省区城乡居民收入差距进行比较分析，探究城乡差距与经济发展的关系，找出造成粤桂滇黔四省区城乡差距存在明显差异的背后原因，为城乡政策的制定提供定量分析数据及决策参考依据。

一、粤桂滇黔省际城乡居民收入的比较

分析粤桂滇黔四省区城乡居民收入差距，首选泰尔指数评价方法。泰尔指数是国际上常用的研究收入差距状况的指标，用来衡量总体收入差距，以及定量计算不同分组下的内部差距和组间差距，从而解析居民收入差距变动规律和特点。泰尔指数对两端（高收入阶层和低收入阶层）收入的变动比较敏感，而我国的城乡收入差距主要体现在两端的变化。下面计算粤桂滇黔四省区城乡收入差距泰尔指数，以反映省际间的城乡收入差距。

以 $Theil_{i,t}$ 表示第 i 个省区第 t 年的泰尔指数，其定义和计算公式为：

$$Theil_{i,t} = \frac{I^u_{i,t}}{I_{i,t}}\ln\left(\frac{I^u_{i,t}}{I_{i,t}}\Big/\frac{P^u_{i,t}}{P_{i,t}}\right) + \frac{I^r_{i,t}}{I_{i,t}}\ln\left(\frac{I^r_{i,t}}{I_{i,t}}\Big/\frac{P^r_{i,t}}{P_{i,t}}\right) \tag{6-3}$$

其中，$I_{i,t}$ 表示第 i 个省区的总收入，$I^u_{i,t}$ 表示第 i 个省区城镇居民的总收入，$I^r_{i,t}$ 表示第 i 个省区农村居民的总收入，$P_{i,t}$ 表示第 i 个省区的总人口，$P^u_{i,t}$ 表示第 i 个省区城镇居民的总人口，$P^r_{i,t}$ 表示第 i 个省区农村居民的总人口。样本期间选择为 2005—2013 年，数据来源为各省区统计年鉴。泰尔指数计算结果见表 6.5。

表 6.5　2005—2014 年粤桂滇黔四省区的泰尔指数

年份	广东	广西	贵州	云南
2005	0.1167	0.2090	0.2618	0.2760
2006	0.1109	0.1961	0.2815	0.2702
2007	0.1103	0.2108	0.2738	0.2607
2008	0.1066	0.2115	0.2504	0.2519
2009	0.1085	0.2131	0.2559	0.2512
2010	0.0969	0.2026	0.2361	0.2342
2011	0.0888	0.1883	0.2274	0.2212
2012	0.0866	0.1802	0.2219	0.2136
2013	0.0766	0.1323	0.1858	0.1710
2014	0.0741	0.1254	0.1746	0.1630

数据来源：各年度广东、广西、云南、贵州统计年鉴。

泰尔指数值的大小与经济发展差距（主要为地区生产总值差距）成正相关关系，值越大表示经济差距越大，经济发展越不平衡；值越小表示经济发展差距越小，经济发展越均衡。

根据表 6.5 可知，从总体来看，2005—2014 年，粤桂滇黔四省区的泰尔指数整体呈下降的态势，说明粤桂滇黔四省区的城乡收入差距均在逐步缩小，城乡经济发展逐步趋于均衡。2014 年，泰尔指数从低到高分别为广东（0.0741）、广西（0.1254）、贵州（0.1746）、云南（0.1630），其中，贵州和云南两省与广东的泰尔指数差距均在两倍以上。从变动趋势来看，变化幅度最大的是云南，从 2005 年的 0.2760 下降到 2014 年的 0.1630，泰尔指数减少 0.1130；广东的变化幅度最小，泰尔指数仅减少 0.0426；广西和贵州的泰尔指数分别减少 0.0836 和 0.0872。由此还可以看出，2005—2014 年，广东经济发展基本处于均衡的状态，广西经济发展处于不太均衡状态，且改善程度也比较小，贵州城乡收入差距大，经济发展不均衡问题比较突出。

二、粤桂滇黔省际城乡收入差距对经济增长的影响分析

国内外经济社会发展历程表明，城乡居民收入差距与经济增长存在密切的关系，前者对于后者发生长期效应，这种长期效应抑制了短期经济增长并对城乡收入差距的扩大产生刺激效应。运用定量分析方法的目的是求证二者之间的关系，以期对如何调节收入差距以促进经济的长期增长得到一些新的建议。

（一）变量选取与模型设定

本节以 $GDP_{i,t}$ 表示第 i 个省区第 t 年人均实际 GDP（以 2005 年为不变价格），以此度量经济增长。以 $T_{i,t}$ 表示第 i 个省区第 t 年的泰尔指数，其对应的斜率系数反映城乡收入差距的相对变化而导致人均实际经济增长的变化。为消除异方差的影响，对人均实际 GDP 和泰尔指数取自然对数得到 $\ln GDP_{i,t}$ 和 $\ln T_{i,t}$。另外，考虑到收入差距对经济增长的效应依赖于经济发展水平（阶段）和收入差距自身的水平，因此，这里定义 $\ln GDP_{i,t} \times \ln T_{i,t}$ 作为解释变量之一，以此揭示在经济发展和收入差距的不同水平，以及各省份的城乡收入差距对经济增长可能具有不同效应。这样，粤桂滇黔四省区城乡收入差距与经济增长的面板协整模型为：

$$\ln GDP_{i,t} = \alpha_i + \beta_{1,i} \cdot \ln T_{i,t} + \beta_{2,i} \cdot \ln GDP_{i,t} \times \ln T_{i,t} + \varepsilon_{i,t} \quad (6-4)$$

（二）模型检验与估计

首先，对变量进行面板单位根检验，检验结果见表 6.6。面板单位根检验方法有别于时间序列数据的单位根检验。Eviews 软件给出了 4 种检验方法，本节列出了其中三种检验方法的结果（LLC 检验、ADF 检验和 PP 检验的原假设均为含有单位根）。由表 6.6 可知，变量 lnGDP、lnT 和 lnGDP × lnT 的水平值都是非平稳的，而它们的二阶差分序列在 0.01 的显著水平下都是平稳的，说明 lnGDP、lnT 和 lnGDP × lnT 均为一阶单整序列 $I(2)$。

表 6.6　粤桂滇黔四省区面板单位根检验结果

变量	处理	LLC		ADF		PP	
		统计量	p 值	统计量	p 值	统计量	p 值
lnGDP	原始序列	17.597	1.000	1.459	0.993	0.001	1.000
	1 阶差分	-1.931	0.027	11.370	0.182	14.661	0.066
	2 阶差分	-7.337	0.000	37.080	0.000	29.126	0.000
lnT	原始序列	4.790	1.000	0.127	1.000	0.106	1.000
	1 阶差分	-0.923	0.178	7.907	0.443	21.436	0.006
	2 阶差分	-10.316	0.000	62.696	0.000	69.099	0.000
lnGDP × lnT	原始序列	6.408	1.000	0.036	1.000	0.026	1.000
	1 阶差分	-0.197	0.422	5.700	0.681	17.064	0.030
	2 阶差分	-10.116	0.000	61.788	0.000	69.771	0.000

其次，检验 lnGDP、lnT 和 lnGDP × lnT 之间的协整关系，采用的是广泛应用的 Pedroni 面板协整检验方法，结果如表 6.7 所示。检验结果显示 Panel PP - Stat 统计量和 Group PP - Stat 统计量对应 p 值均小于 0.05，说明 lnGDP、lnT 和 lnGDP × lnT 之间存在协整关系，即经济增长与城乡收入差距变动存在长期的均衡关系，说明用上述关系进行模型拟合是合理的。

表 6.7　粤桂滇黔四省区面板协整检验结果

统计量	统计量值	p 值
PanelPP - Stat	-1.9138	0.0278
GroupPP - Stat	-1.9383	0.0263

对上述模型进行参数估计，结果如表 6.8 所示。根据调整后的 R^2 和 F 统计量的值可知，模型的拟合优度很高且总体线性关系显著，各变量系数均能通过 t 检验表明城乡收入差距对经济增长的影响显著，而且 D - W 统计量结果也显示残差基本平稳，说明模型拟合有效。

表 6.8　粤桂滇黔四省区面板协整模型参数估计结果

变量	广东	广西	贵州	云南
lnGDP	11.103 [36.505]***	10.011 [109.337]***	9.693 [60.151]***	10.386 [53.836]***
lnT	5.412 [10.841]***	6.323 [29.143]***	7.493 [19.519]***	9.047 [15.369]***
lnGDP × lnT	-0.490 [-13.843]***	-0.632 [-35.609]***	-0.775 [-25.526]***	-0.887 [-18.219]***
adj. R^2	0.9991			
F 统计量	3993.296***			
D-W 统计量	1.8847			

注：[ ] 内为 t 统计量值，***，**，* 分别代表 1%，5%，10% 显著性水平。

从表 6.8 可以看出，粤桂滇黔四省区 $\ln T_{i,t}$ 的系数 $\beta_{1,t}$ 都显著为正，而 $\ln GDP_{i,t} \times \ln T_{i,t}$ 的系数 $\beta_{2,t}$ 都显著为负，且不同地区 $\beta_{1,t}$ 和 $\beta_{2,t}$ 具有较大差异，这一结果表明粤桂滇黔四省区的城乡收入差距与经济增长之间存在长期稳定关系，并且各省区城乡收入差距对经济增长的长期效应不尽相同。

城乡收入差距对经济增长的效应取决于经济发展水平和收入差距自身的水平，在经济发展水平较低（$\ln GDP_{i,t}$ 较小）和收入差距相对较小时，适当的城乡收入差距对经济增长有积极的影响；当经济发展水平较高时（$\ln GDP_{i,t}$ 较大），城乡收入差距的扩大对经济增长的效应是负面的。因此，进一步考察城乡居民收入差距变动对经济增长的偏效应，其公式为：

$$\frac{\partial \ln GDP_{i,t}}{\partial \ln T_{i,t}} = \frac{\beta_{1,t} + \beta_{2,t} \cdot \ln GDP_{i,t}}{1 - \beta_{2,t} \cdot \ln T_{i,t}} \tag{6-5}$$

显然，这一偏效应不仅取决于经济增长水平，还与城乡居民收入水平有关。偏效应揭示的经济意义为：当城乡居民收入差距（泰尔指数）在现有水平上增加 1% 时人均 GDP 增长率的变化情况。表 6.9 列出了近五年（2010—2014 年）粤桂滇黔四省区城乡居民收入差距对经济增长的偏效应。

表 6.9　2010—2014 年粤桂滇黔四省区城乡居民收入差距对经济增长的偏效应

年份	广东	广西	贵州	云南
2010	-1.539	-24.573	-3.132	-2.168
2011	-0.985	-2.439	-1.738	-1.526
2012	-0.747	-0.853	-0.955	-1.119
2013	-0.431	-0.051	-0.239	-0.561
2014	-0.283	0.105	0.011	-0.417

表6.9的结果显示，在近年内，广东和云南城乡居民收入差距对经济增长具有负影响，而广西和贵州城乡居民收入差距对经济增长的负向效应在2014年时出现了反转。2014年城乡居民收入差距每增加1%，会导致广东和云南的人均GDP分别下降0.283%和0.417%，广西和贵州的人均GDP分别增加0.105%和0.011%。由此，证实了我国学者汪同三、蔡跃洲（2006）提出的在不同的发展阶段，城镇居民收入差距扩大，导致经济增长速度提高的结论。

第三节　结论与建议

一、几点结论

关于广西城乡居民收入差距，以及粤桂滇黔四省区城乡居民收入差距的现实问题，我们采用了定量分析方法，从空间和时间两个方面对各地城乡收入差距进行比较分析，综合上述分析结果，形成了以下几点结论：

第一，广西总体上呈现城乡居民收入差距扩大的趋势。通过城乡居民的绝对收入、相对收入、泰尔指数和储蓄这四个方面的分析可知，广西城乡居民收入差距较为明显。而且上述比较结果，仅仅反映城乡居民收入这一部分，如果再考虑城镇居民所享有的社会保障和各种福利、补贴等隐性收入，那么城乡居民的实际收入差距可能还要更大。2010—2014年，城乡居民收入比和泰尔系数虽然呈现逐渐下降的趋势，但这是因为在中央惠农政策大力扶持下，农民人均收入增长速度略快于城镇居民收入增长速度，应该清楚地看到，由于长期以来城乡居民收入增长速度都是快于农村居民收入的增长速度的，所以，仍不可能改变城乡收入绝对差距扩大的趋势，一旦农民纯收入逐年提高的态势受阻碍回落，广西城乡居民收入差距更加难以缩小。

第二，粤桂滇黔四省区城乡收入差距变化各不相同。广东的泰尔指数从2005年的0.1167下降到2014年的0.0741，广西的泰尔指数从2005年的0.2090到下降到2014年的0.1254，云南的泰尔指数从2005年的0.2760下降到2014年的0.1630，贵州的泰尔指数从2005年的0.2618下降到2014年的0.1746。从总体上看，粤桂滇黔四省区城乡收入差距在逐年缩小。其中，广东属于低位缩小型的变化模式，广西为中位维持型的变化模式，云南和贵州为高位缩小型的变化模式。

第三，城乡收入差距与经济增长形成长期比较稳定关系。上述定量分析方法论证了粤桂滇黔四省区城乡收入差距与经济增长之间存在长期稳定关系，但是在城乡收入差距的不同水平和经济发展的不同阶段，城乡收入差距对经济增长效应呈现阶段性特征及其区域差异。分析结果揭示，广东和云南城乡居民收入差距对经济增长具有负影响，而广西和贵州城乡居民收入差距对经济增长存在正影响。可以解释的是，现阶段广西城乡收入差距的扩大对经济增长并没有构成明显的阻滞作用。

二、问题与对策

（一）广西城乡收入差距存在的主要问题

经过定性与定量分析，不难看出广西存在着明显的城乡收入差距。虽然，随着城乡经济协调发展，工业反哺农业的力度日益增强，农村剩余劳动力不断向外转移，农民人均纯收入增长进入了新的上升阶段。主要表现为城乡收入比、泰尔指数有所下降，出城乡收入差距逐步缩小，但是，从总体来看，广西城乡收入差距的问题还是较为严重的。

1. 广西与广东的地区差距不断扩大

广西与广东的地区差距不仅表现在经济上的巨大差距，更表现在居民收入上的巨大差距。仅就城乡收入差距这一问题来看，两广之间差距很大，并且有不断扩大之势。从城乡居民收入差距看，2014 年，广西与广东城镇居民人均可支配收入绝对差距比 1990 年扩大 7.75 倍，农民人均纯收入扩大 7.83 倍，比城镇差距高出约 8 个百分点。广东基本上形成良性互动的城乡关系，而广西自 2010 年以来，由于农村居民收入增长较快，才使得逐步拉大的城乡收入差距在近年得到缓和。

2. 政策、体制原因

相比而言，广西市场经济体制并不完善，政府对微观主体的过度干预，往往导致不同劳动者和生产要素拥有者在市场化程度有差异的条件下出现收入差别；还有各项改革不够深化，由于受制度的缺陷及政策执行不到位因素的影响，不同地区、不同部门、不同单位形成相应的收入差距也是必然的。在推进经济建设和社会发展中，政府采取过量投资于城市基础设施建设，财政、金融政策过度倾斜于城镇等等方面的宏观政策，也是导致城乡居民收入差距越拉越大的成因。

3. 教育机会不均等

一般来说，受教育水平越高，收入创造的能力也就越大，受教育水平的高低是影响收入分配差距的一项重要因素。广西教育发展与东部发达地区存在明显差距，教育投资明显不足、教学硬件简陋、优质教育资源少、师资队伍薄弱等问题突出。广西财政能力较弱，尤其是财政用于教育方面的投资不多，而教育投资的不足又会进一步加剧城乡之间的收入分配差距，形成一种恶性循环。受教育水平是农村人口流动和非农就业机会获得的重要条件，因此，提高广西农村地区当前和未来劳动人口受教育水平，对提高农村居民收入从而缩小城乡差距具有重要意义。

4. 人口结构影响

人口结构因素对城乡收入差距形成影响，人口构成差距越大则城乡收入差距也就越大。广西人口老龄化问题严重，已经从成年型社会进入老年型社会。2000—2010 年，城镇 60 岁及以上老年人口增长速度为 18.66%，农村为 33.98%，农村老年人口抚养系数高于城镇。在快速城市化背景下，大量农村劳动力向城镇转移或落户，致使老年抚养系数上升，2010 年，百色、河池、来宾、崇左 60 岁及以上的老年抚养比分别为 20.60%、21.81%、20.61%、21.38%，成为城乡收入差距存在或扩大的最根本性原因。

（二）缩小广西城乡收入差距的对策建议

广西城乡居民收入差距的形成和扩大，是生产力发展水平、城乡二元结构、城乡劳动力素质和公共资源配置等多因素综合作用的结果，因此，缩小广西城乡居民收入差距是一项十分艰巨复杂的系统工程，涉及方方面面的改革和利益调整。

1. 深化体制机制改革，弱化二元结构，缩小城乡差距

（1）统筹城乡发展，加快完善城乡发展一体化机制。促进工业化、信息化、城镇化和农业现代化同步发展，促进公共资源在城乡之间均衡配置、生产要素在城乡之间平等交换和自由流动，促进城乡规划、基础设施、公共服务一体化，建立健全农业转移人口市民化机制，统筹推进户籍制度改革和基本公共服务均等化。调整财政支出结构，加大农村资金投入，加大对农村的交通、水利、环保等基础设施投资，重点加强对农业农田水利设施、农村交通等基础设施的投入。扩大对农村的教育，医疗卫生等方面的投入。

（2）建立城乡统一的劳动力市场和就业机制。通过深化户籍制度改革推动城市化进程，努力消除户籍制度壁垒，消除城镇就业市场的歧视性，消除劳动力流动的各种障碍，促进农村剩余劳动力的转移，实现城市和乡村劳动力及其他生产要素在城乡、地区之间充分自由流动，为城乡居民提供平等的就业机会。完善公共就业服务体系，让进城务工的农民工平等享有教育和医疗卫生等公共服务，保护他们平等获得劳动报酬的权利。

（3）努力促进农民就业和创业，增加农民工资性收入。建立多层次的创业培训体系，提高农民就业和创业能力。实施区域劳务合作，加快劳务

经济发展，推动农村劳动力向非农业转移。优化县城或重点镇产业布局，建设一批农民创业基地和创业园区，鼓励和帮扶外出务工农民回乡创业，扶持农村微小企业发展，促进农民工资性收入较大增加。

（4）完善社会保障制度，建立健全农村社会保障体系。根据经济发展状况，同步增加农村社会福利，统筹推进城乡居民社会保障制度，继续扩大社会保险覆盖范围，巩固完善新型农村社会养老保险和农村合作医疗制度，加快农村养老服务体系建设。建立农村失业保险制度。完善社会救助体系，建立农村低收入群体生活补助联动机制，提高低收入群体生活保障水平。

2. 多渠道促进农民增收

广西是一个农业省份，农民人均收入低是广西突出的一块短板，目前，广西农民人均纯收入为全国平均水平的75%左右。要通过加快发展农业和农村经济，千方百计增加农民收入。

（1）大力发展现代农业，提高农民收入。农民收入少与传统农业小规模经营、劳动生产率低直接相关。为此，要大力发展现代农业，调整优化农业产业结构，重点是优先发展优势特色种植和养殖业，积极发展林业优势特色产业以及林下经济。立足广西农产品资源丰富优势，集中发展在全国具有领先地位的大宗农产品、特色农产品，鼓励和支持优势产区建设生产基地或优势产业带。大力发展观光农业、休闲农业、会展农业、节庆农业等新型农业业态，发展农家乐为主的乡村旅游。推进农业向接二（第二产业）连三（第三产业）延伸。积极培育新型农业经营主体，鼓励规模经营，扶持壮大农业龙头企业，培育和发展种养大户、家庭农场，提高农业劳动生产率，降低农业生产成本，增加农业产出。培育现代新型农民，提高农业劳动者人力资本。健全和完善农业社会化服务体系，加快改善农业生产条件。

（2）加大扶贫开发投入，推进产业化扶贫，促进扶贫对象增收。大幅增加财政专项扶贫资金，进一步加强贫困连片地区、石漠化地区、边境地区、少数民族地区和水库移民库区等重点地区的扶贫，建立扶贫开发长效机制，提高扶助标准。重点实施“十百千”产业化扶贫示范工程，引导贫困农户发展特色种养项目、家庭工副业。抓好整村推进扶贫开发工作。

（3）增加对农村的转移支付和财政补贴。建立健全农业补贴稳定增长机制，认真落实各项涉农补贴政策，确保农民转移性收入有较大提高。完善良种补贴、农资综合补贴和粮食直补政策，增加农机购置补贴规模，完善农资综合补贴动态调整机制，新增农业补贴向家庭农场等新型农业经营主体倾斜。完善林业、牧业和渔业扶持政策。逐步扩大农业保险保费补贴范围，适当提高保费补贴比例。

（4）推进农民收入多元化。促进农村居民工资性收入、生产经营性收入、转移性收入和财产性收入持续增长。农村居民工资性收入还有扩大的空间。家庭经营性收入随着农业产业化、现代化和规模化的发展，劳动生产率和比较效益提高，也有增长的空间。在促进农村居民财产性收入增长方面有大量工作要做，要建立和完善产权制度，扩大农村土地和林权收益，使农民合理分享土地增值收益。当前，要搞好农村土地确权、登记、颁证工作，依法保障农民的土地财产权。按照依法自愿有偿原则，允许农民以多种形式流转土地承包经营权，确保农民分享流转收益。完善农村宅基地制度，保障农户宅基地用益物权。改革征地制度，依法保障农民合法权益，提高农民在土地增值收益中的分配比例。

3. 促进城镇居民增收

与全国相比，广西工业化进程较慢，城镇化水平不高，现代化建设和发展面临许多障碍，压抑了城镇居民收入上升的空间。必须在加快工业化、城镇化进程中，从发展经济、完善机制、扩大就业、政策保障等方面寻求多元实现路径，不断提高城镇居民收入水平。

（1）把推进工业化、城镇化作为主攻方向。大力推进新型工业化，重点发展千亿元产业，加快发展战略性新兴产业，抓紧传统产业转型升级，建设产业示范基地，促进产业集群发展。大力发展现代服务业，重点发展一批集散力强、在全国有影响的大型综合批发市场和专业批发市场。实现生产性服务业与生活性服务业联动发展，完善城乡商业服务体系建设。大力支持劳动密集型企业、中小型微型企业和创新型科技企业发展，创造更多就业岗位，支持非公经济健康发展。大力推进新型城镇化，壮大中心城市，培育发展城市群和城镇带，加快城市与城市、城市与城镇基础设施建设一体化和网络化发展，加强城市间功能互补和产业分工，更多地创造用工需求和就业岗位。

（2）健全企事业单位人员收入增长机制。深化收入分配领域的制度机制改革，建立反映劳动力市场供求关系和企业经济效益的工资决定及正常增长机制，完善工资指导线制度，促进中低收入职工工资合理增长，根据经济发展、物价变动等因素，适时调整最低工资标准。健全企业工资分配制度、工资集体协商制度，完善企业工资正常增长机制，加强劳动者工资水平与企业经济效益有机衔接，逐步解决一些行业企业职工工资过低的问题，进一步提高企业职工工资收入。建立事业单位绩效工资制度，建立健全符合事业单位特点、体现岗位绩效和分级分类管理的工资分配制度，完善事业单位收入增长机制，实现事业单位收入良性平稳增长。

（3）促进城镇劳动者充分就业。实施就业优先战略和更加积极的就业政策，扩大就业创业规模，创造平等就业环境，提升劳动者获取收入能力，实现更高质量的就业。贯彻劳动者自主就业、市场调节就业、政府促进就业鼓励创业的方针，制定实施更加有利于全民创业和实现充分就业的财政、金融、产业政策，创造平等就业机会。完善和落实小额担保贷款、财政贴息等鼓励自主创业政策。健全和完善创业和就业帮扶机制，以创业带动就业，以灵活就业形式实现就业和再就业。抓好重点地区、重点人群和困难群体就业政策的落实以及实施必要的援助。

（4）建立健全技术要素参与分配机制，完善科技创新人才薪酬制度。探索人才资本产权激励办法，推进生产要素按贡献大小参与分配的改革，建立健全重实绩、重贡献、向优秀人才和关键岗位倾斜的薪酬制度。鼓励企事业单位对紧缺急需的高层次、高技能人才实行协议工资、项目工资等。加强知识产权保护，完善有利于科技成果转移转化的分配政策，探索建立科技成果入股、岗位分红权激励等多种分配办法。完善高层次、高技能人才特殊津贴制度。鼓励品牌、创意等参与收入分配。

(5) 依法保护劳动者权益。健全工资支付保障机制，将拖欠工资问题突出的领域和行业纳入重点监控范围，完善与企业信用等级挂钩的差别化工资保证金缴纳办法。落实清偿欠薪的工程总承包企业负责制、行政司法联动打击恶意欠薪制度、保障工资支付属地政府负责制度；完善劳动争议处理机制，加大劳动保障监察执法力度。

(6) 完善政策调节与社会保障。完善收入分配政策调节机制，严格执行最低工资制度，灵活运用税收和转移支付政策来调节收入，调控行业过高收入，扩大中等收入群体规模，着力提高城镇低收入群体的基本收入。积极扩大金融产品、投资理财、产权交易等多样化投资渠道，拓宽居民租金、股息、红利等增收渠道，促进居民财产性收入增加。支持有条件的企业实施员工持股计划。充分发挥社会保障调节收入分配格局的作用，建立健全社会保障待遇正常增长机制，继续实行对城镇低收入群体的直接补贴政策，扩大补贴范围，加大补贴力度。加快社会福利事业发展，逐步提高居民福利水平。

第七章　粤桂滇黔教育水平发展的比较

信息化是当今时代发展的大趋势，这一时期经济增长的诸多影响因素中，教育作为经济增长的内生动力之一，其作用意义十分突出。理论与实践表明，教育通过普通教育、技能培训等多种路径对经济形成积极而显著的影响。教育产出了适应经济社会发展需要的有素质和能力的人力资源，提高了劳动适龄人口和从业人员的生产率，进而推动经济发展。教育的发展水平不仅从一个侧面反映了一个国家或地区的综合实力是否强盛，而且反映了该国家或地区未来发展中所拥有的内在潜力和保证。改革开放以来，粤桂滇黔四省区教育获得了长足发展，依靠教育、发展教育，是各地实施跨越式发展战略的重要内容，教育成为了推动区域经济社会发展的基石和强大动力。为了进一步实现本省份教育健康发展，粤桂滇黔四省区先后出台了中长期教育改革和发展规划纲要，提出了实现更高水平的普及教育，形成惠及全民的公平教育，提供更加丰富的优质教育，构建体系完备的终身教育，办出具有地方特色的现代教育，与全国同步基本实现教育现代化的发展思路、主要任务、基础工程和保障对策。但是，粤桂滇黔四省区教育发展不平衡问题是客观存在的。本章通过比较分析粤桂滇黔四省区教育发展的规模、质量和效益水平。从教育与经济增长关系视角，建立向量误差修正模型（VECM），分析各地教育产出与经济增长指标间动态关联关系。根据定量分析结果以及广西的现实问题，提出促进广西教育公平健康发展对策建议。

第一节 粤桂滇黔省际教育发展水平的比较

粤桂黔滇四省区到2020年实现全面建设小康社会，关键驱动力是人才和科技，教育则是两者的决定性因素。百年大计，教育为本，发展教育是扩展地方人才储备，实现区域较快健康发展的根本所在。本节拟从各阶段教育规模、教育经费投入、以及教育成就等方面着手，通过对基础统计数据的描述分析，对广东、广西、贵州和云南四个地区教育发展水平进行初步比较。

一、粤桂滇黔省际教育规模比较

教育规模从存量上反映了地区所拥有的教育资源情况，体现了地区为不同人群提供的受教育机会。为了进一步落实国家和本地的教育发展战略，“十二五”期间，广东、广西、贵州和云南教育继续保持一定的发展速度，实现教育规模的扩张。下面从学校数、生师比、十万人口拥有在校生数来对比粤桂滇黔四省区的差异情况。

（一）粤桂滇黔省际各级学校绝对数比较

从各学段学校数来看，2014 年，广东拥有普通高校 141 所，普通高中 1012 所，初中 3387 所，小学 10731 所。同年，广西普通高校数为广东的 49.65%，普通高中数为广东的 43.97%，初中数为广东的 54.41%，仅小学数量高于广东水平。总体而言，初中及以上级别的学校以广东居多，广西、贵州和云南与广东的差距明显。

从各级学校数变化情况来看，在 2010—2014 年的四年间，广东增加了 10 所普通高校，贵州、云南分别增加 8 所和 6 所普通高校，同期，广西高校数量未增加。由于各地对义务教育进行了大规模撤并校和学校布局调整，使得各地普通小学数发生明显变化。小学规模缩减最大的为广东，2014 年，广东有普通小学 10731 所，相对 2010 年的水平缩减了 6075 所，仅为原先的 63.85%，年均减少学校约 10.61%。同一时期内，广西、贵州、云南三省2014年普通小学数量也分别减少到了原先的92.86%、74.67%和89.68%。详情见表7.1。

表7.1 主要年份粤桂滇黔四省区各学段学校数

单位：所

年份	地区	普通小学	初中	普通高中	普通高校
2010	广东	16806	3308	1026	131
	广西	13942	1974	463	70
	贵州	12422	2148	444	47
	云南	14059	1732	451	61
2013	广东	11824	3351	1015	138
	广西	13499	1836	453	70
	贵州	10632	2216	448	52
	云南	12845	1685	440	67
2014	广东	10731	3387	1012	141
	广西	12946	1843	445	70
	贵州	9275	2166	438	55
	云南	12608	1670	446	67

数据来源：国家统计局分省年度数据库，及广东、广西、贵州和云南统计年鉴。

（二）粤桂滇黔省际在校生数量比较

在校生学生人数为小学生人数最多，其后依次为初中、高中和高校。随着人口出生率下降，近年来小学在校生也出现了逐年下降的趋势。从人力资源的角度来说，高中阶段以上教育是为社会培养人才的关键阶段。在四省区之中，高中以上在校生的相对规模仍以广东居多，2014年每十万人口拥有高中以上阶段在校生数6158人，广西、贵州和云南的水平分别是广东的93.02%、99.25%和75.15%。但从变动趋势上看，广西、贵州和云南三个西部省高中以上在校生的相对规模在2010—2014年均有扩大迹象。2014年，广东、广西、贵州和云南每十万人口拥有高中以上阶段在校生人数分别为6158人、5728人、6112人和4628人，相比上年分别变动了-4.35%、1.09%、11.57%和2.34%。

同时期内，广东、贵州和云南的义务教育阶段在校生相对规模均有所缩减，2014 年相对 2010 年时的水平分别减少了 18.85%、7.46% 和 13.19%；仅有广西仍保持增加趋势，2014 年，广西十万人口在校生人数为 13284 人，相比 2010 年增长了 2.32%。详见图 7.1。

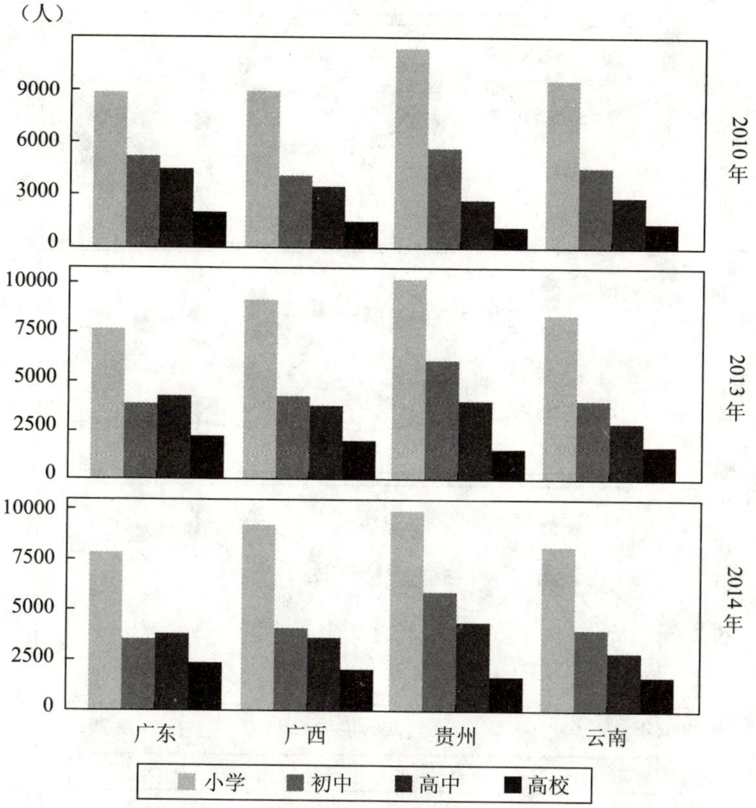

图 7.1 主要年份粤桂滇黔四省区十万人口各学段教育在校生数

（三）粤桂滇黔省际师资队伍发展比较

粤桂滇黔四省区教师队伍长期平稳发展，以适应教育事业不断发展的需要。从义务教育阶段和普通高中的生师比指标变化看，2004—2014 年，各地的指标均呈现下降趋势，说明在这些阶段学生所能享受到的教师资源在逐年增加。详见图 7.2。

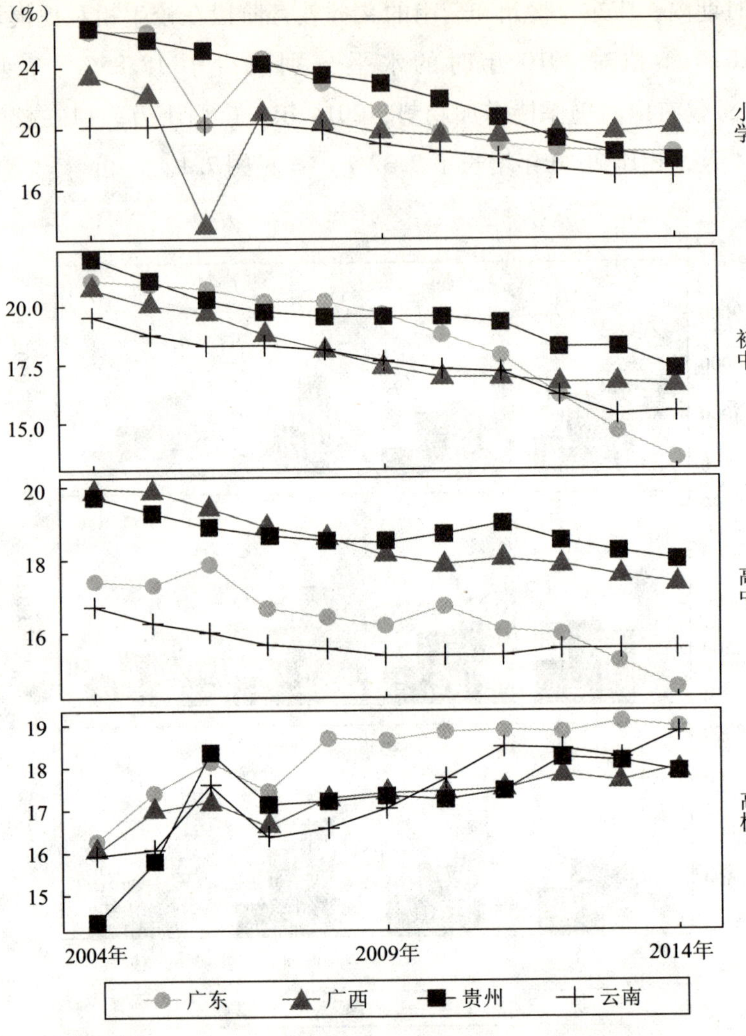

图 7.2　2004—2014 年粤桂滇黔四省区各阶段教育生师比

贵州省小学阶段生师比减小比率最快，从 2004 年的平均每位教师对应 26.52 名学生减少到 2014 年的 17.96 名学生，下降了 32.28%，年均减少约 3.82%。其次为广东省，2014 年下降为 2004 年水平的 69.17%，年均减少约 3.62%，比贵州少 0.20 个百分点。广西小学阶段的生师比在四省中最高，2014 年为 19.87%，且下降幅度也以年均 1.65% 排在末位，说明广西小学段的教师投入水平仍显不足。

就中学阶段情况来看，初中阶段生师比下降幅度最大的为广东，10 年间平均每位教师教授的学生数减少了 8.51 名，减少比例约为 35.69%，年均减少 4.31%。2014 年，西部三省中初中教师资源较为充足的为云南省，生师比为 15.49，广西以 16.59 位居其后，但都远高于广东的同期水平。高中方面，该学段生师比变化较大的同样也是广东，2004—2014 年，下降了约 17.21%，其次为广西的 12.95%。从三个西部省份的数值上看，云南的高中教师配备规模仍相对优于广西的水平，2014 年，广西高中阶段生师比为 15.53，高中阶段生师比云南比广西少约 1.80 名学生。

高校师生比指标出现反向变化。由于近 10 多年来高等院校不断扩招，在校学生规模扩大，各地高校生师比均呈现出了上行的态势，其中，贵州增加比较明显，2014 年较之 2004 年的水平增加了 24.60%，这也源自近年内贵州高速扩张的高校在校生规模。从数值上看，广东 2014 年高等院校生师比最高，平均每位教师教授 18.94 名普通高校学生，这是广东高校多，高校学生多，高校老师多“三多”的教育特征。

二、粤桂滇黔省际教育经费投入比较

教育经费投入是反映地方教育发展程度的重要指标，我国明确要求教育经费投入占国内生产总值（GDP）达到 4% 的标准。分析财政教育支出指标，可以看出各地对教育的重视程度。

（一）粤桂滇黔省际教育投入对比

由图 7.3 可以看出，广东财政性教育经费支出一直保持着较大优势，2014 年，广东教育投入达到 1779.50 亿元，高出广西约 2.70 倍；2014 年时，广西、贵州和云南的投入水平基本相当，分别为 659.35 亿元、631.83 亿元和 669.14 亿元。从增速上看，1996—2014 年，粤桂滇黔四省区中教育经费投入年均增速最快的为贵州的 21.84%，高出广东约 5.13 个百分点，其次为广西的 18.54%，略微落后于贵州同期水平。

但是，广西、贵州和云南教育经费投入占地区生产总值比例在近年内逐年拉升，截至 2014 年，分别为 4.21%、6.82% 和 5.22%，超过了 4% 的

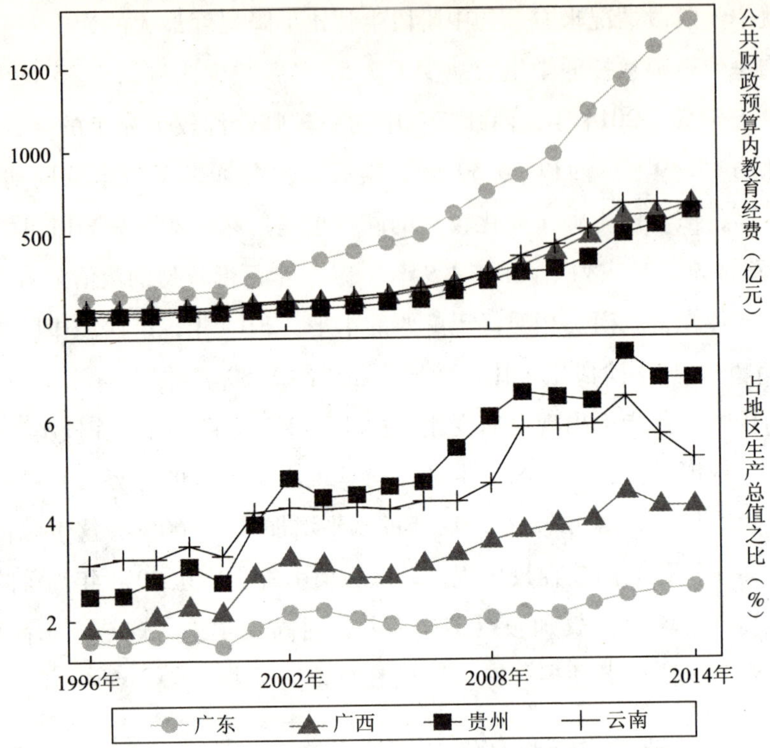

图 7.3　1996—2014 年粤桂黔滇四省区公共财政预算内教育经费支出情况

国家标准，而广东仅为 2.62%，远低于广西、贵州和云南西部三省区水平，说明西部地区教育发展获得了国家财政的全力支持。同时也可以看出，广西在教育事业上的投入相比贵州和云南两省水平而言，仍存在较大提升空间。

（二）粤桂滇黔省际生均教育经费对比

从各学段生均预算内教育事业费来看，广东对各学段的投入在四省中均属力度最大的省份。2014 年时，广东普通小学、普通初中、普通高中和普通高校的生均预算内教育事业费依次为 7738.55 元、9264.05 元、8979.99 元和 14361.68 元，分别比位居第二的省份高出 948.76 元（贵州普通小学）、1677.13 元（云南普通初中）、2144.77 元（广西普通高中）和 1268.12 元（贵州普通高校）。也可以看出，贵州在小学和高校方面的生均投入均要优于广西和云南两省。

从增速上看，2003—2014 年各学段该项经费增长最快的均为贵州省，四个学段生均教育事业费的年均增长速度分别为 24.98%、23.64%、17.37%和 13.57%。广西的同期水平略低于贵州，小学、初中、高中和高校生均教育事业费依次年均增长了 20.35%、22.00%、16.44%和 10.49%，分别比贵州少约 4.63、1.64、0.93 和 3.07 个百分点。详见图 7.4。

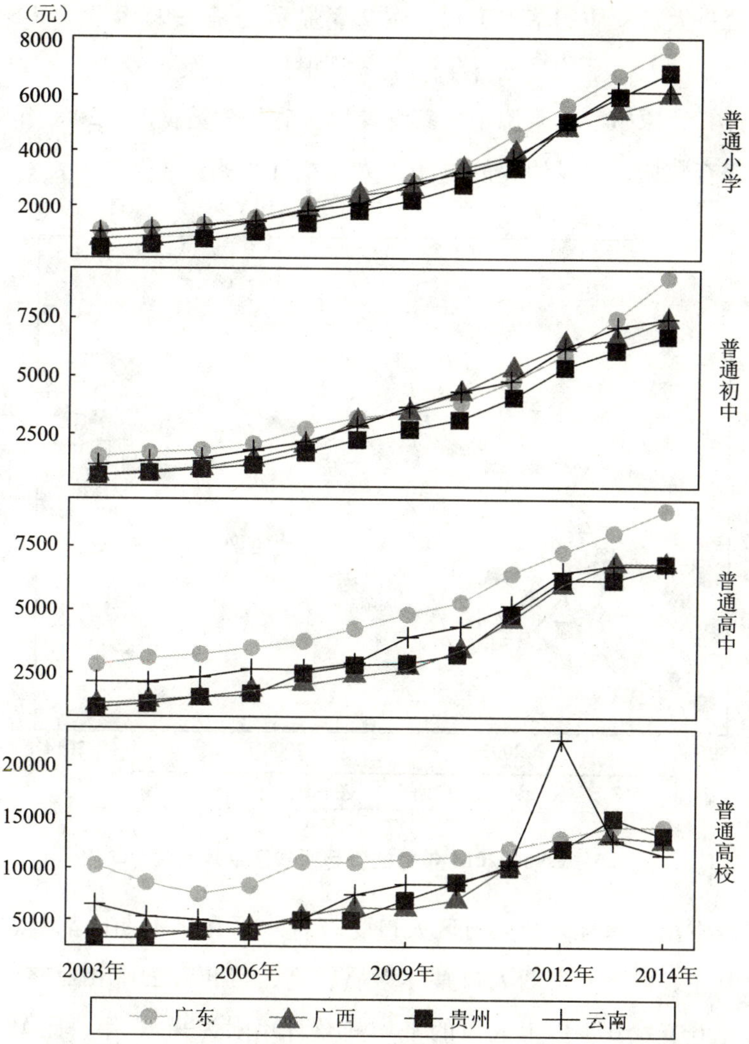

图 7.4　2003—2014 年粤桂黔滇四省区各学段生均预算内教育事业费

三、粤桂滇黔省际教育产出比较

教育的目的在于提升社会成员整体素质，为经济社会发展提供有力的人力资源保障。比较分析粤桂黔滇四省区人口素质和就业人口受教育程度情况，揭示各地教育发展的质量和效益。

（一）粤桂滇黔省际人口素质对比

教育是人口素质的基础工程。图 7.5 显示的是 1996 年至 2014 年粤桂黔滇四省区的人口平均受教育年限走势，根据 6 岁及 6 岁以上人口的各学历分布计算，原始数据来源于国家统计局分省年度数据库，2000 年和 2010 年人口普查数据，以及历年的《中国人口统计年鉴》。

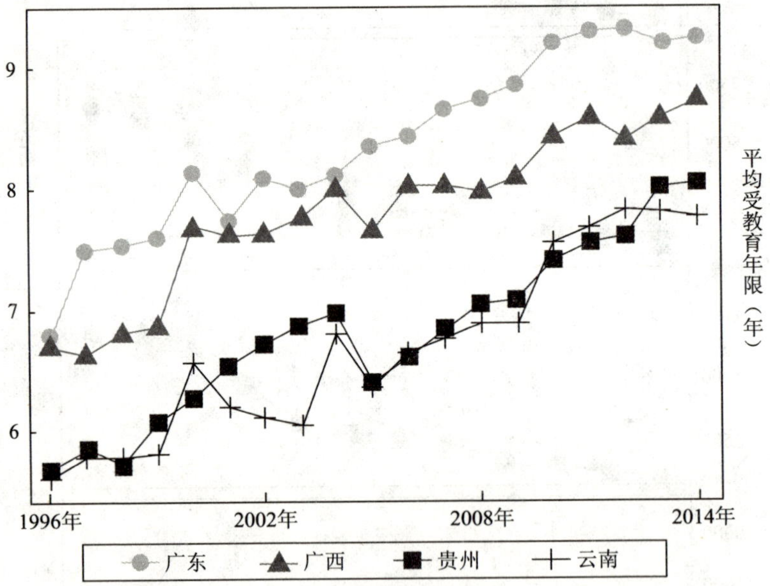

图 7.5　1996—2014 年粤桂滇黔四省区平均受教育年限

可以看出，粤桂黔滇四省区人口受教育水平在样本期内都呈现出增长态势，其中，广东和广西人口整体素质较高，贵州和云南相对略低。2014 年，广东 6 岁及 6 岁以上人口的平均受教育年限为 9.24 年，比 1996 年的水平高出约 2.45 年，为粤桂滇黔四省区中绝对数增长幅度最大的省。广西平均受教育年限在 2014 年时为 8.71 年，期间增长了 30.12%，年均增加 0.11 年，说明仍有大部分居民未能完成九年义务教育。贵州于 2014 年以人均受教育 8.04 年超过云南排在第三，年均增长 1.95%，为粤桂滇黔四省区中增速最快的地区。在这段时期内，云南的受教育水平也呈现出了较快的增长态势，平均每年提高约 1.81%，略高于广东同期的年均增速，但在近年呈现出小幅下降趋势。

（二）粤桂滇黔省际就业人口素质比较

从就业人群的层面上看（图 7.6，根据 2007—2014 年《中国人口和就业统计年鉴》中相关数据进行计算），广东 2013 年就业人员的平均受教育年限约为 10.10 年，高出 2006 年约 1.00 年，年均增长 1.50%。同年，广西以 9.27 年位居广东之后，比广东低约 0.83 年，但该平均值也已达到初中以上水平。但在此期间，广西就业人员平均受教育年限的增长率略低于广东同期水平。其中，广东为 10.87%，广西为 11.01%，广西落后约 0.14 个百分点。而且从该项指标的增长情况上看，贵州和云南两省在近期都出现了大幅上升。其中，2006—2013 年，贵州就业人员平均受教育年限增加

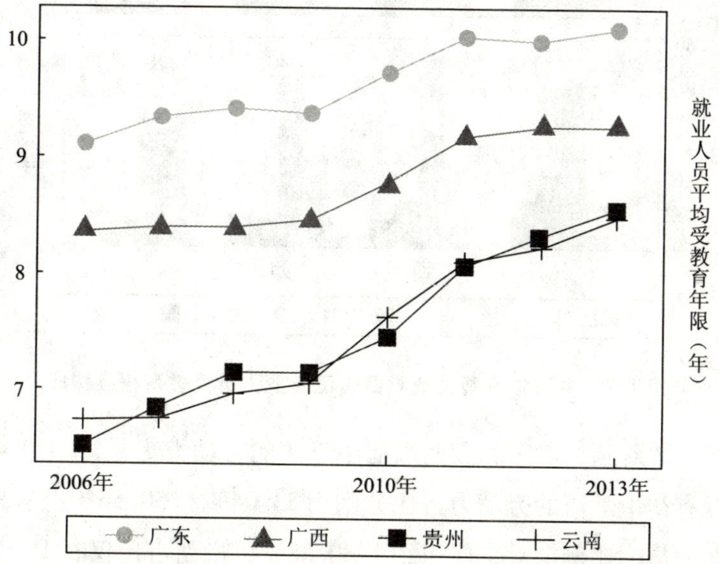

图 7.6　2006—2013 年粤桂黔滇四省区就业人口平均受教育年限

了30.79%，云南增加了25.62%，远高于广西水准。说明当前广西经济社会事业发展在高水平高层次人力资源供给方面，仍缺乏强有力的支撑机制。详见图7.6。

(三) 粤桂滇黔省际就业人口结构比较

就业人口受教育程度的结构能够体现出地区人才培养的发达程度，教育发展水平高的地区将会拥有更多高层次的人力资源。

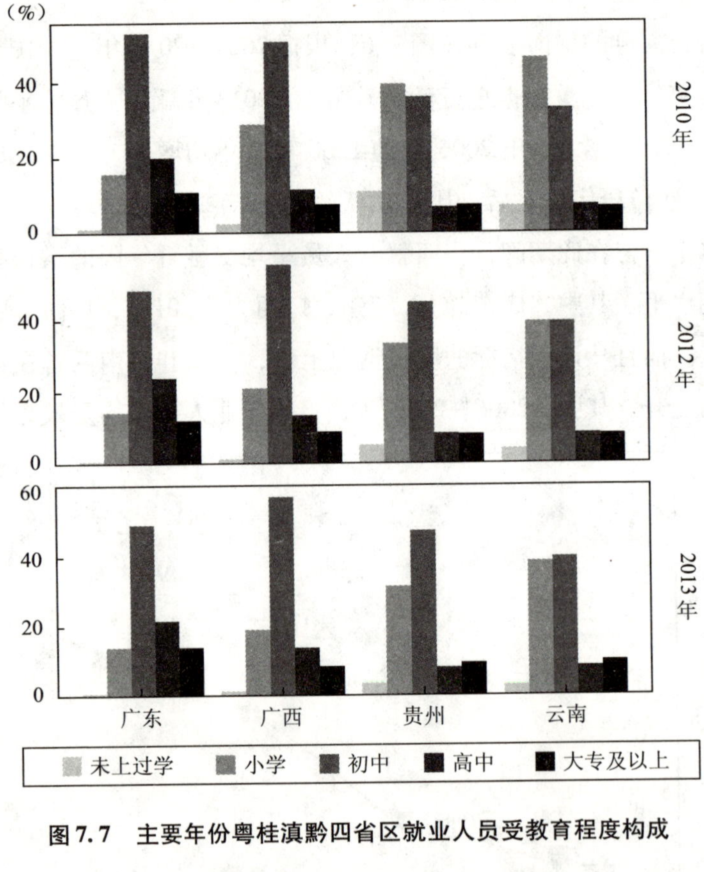

图7.7 主要年份粤桂滇黔四省区就业人员受教育程度构成

如图7.7所示，广东和广西以初中学历的劳动力为主，2010年，广东和广西拥有初中学历的劳动力占比分别为53.04%和50.56%。从高中以上学历就业人员的比例上看，广东约占30.38%，广西占比仅有18.76%，比广东低约11.62个百分点。贵州和云南以小学学历的劳动力为主，2010年时，小学学历劳动力人群比例贵州和云南分别为39.59%和46.47%，而贵州和云南两地高中以上就业人员比重仅为13.62%和13.75%。

随着教育的发展，各地就业人口受教育水平均得以提升。2013年，广东初中学历就业人口比例下降到49.34%，高中学历以上就业人口的比例提升至36.04%；广西高中学历以上就业人口增加至22.05%，甚至未能达到广东2006年时的水平。贵州和云南劳动力中未上过学的人口比例分别由11.00%和6.90%逐步下降至2013年的3.60%和2.90%，两省就业人口受教育程度也都开始转变为类似广东和广西的分布模式。而且，贵州和云南高中以上学历的就业人员占比在2013年时也分别达到17.15%和18.22%，分别比2010年提升了3.53个百分点和4.47个百分点。

第二节 粤桂滇黔省际教育与经济增长动态关联的比较

教育和经济是互动发展的内生系统，教育水平提升为经济增长提供动力，经济增长能够支撑和促进教育的发展。本节从教育与经济增长关系视角，对粤桂滇黔四省区1996—2014年的教育与经济增长状况做统计数据实证分析，通过建立向量误差修正模型（VECM），分析粤桂滇黔四省区教育产出与经济增长指标间动态关联关系。

一、向量误差修正模型简介

在建立时间序列间的回归模型时，由于时间序列本身可能是不稳定的，所以不能保证他们之间存在长期稳定的关系。如果这种稳定关系不存在，一般表现为拟合残差不是白噪声序列，则拟合出的变量关系往往并不能反映出真实情况，从而影响在一般情形下的推断结果。时间序列间的这种现象即是统计学中常说的虚假回归；而变量间存在的那种长期稳定的关系，则称为协整关系，能够体现出不同时间序列变量间共同的变动趋势。

最常用的一种检验协整关系的方法是 Johansen 检验，该方法建立在向量误差修正模型的设定基础上；而向量误差修正模型可以简单理解为引入了误差修正项的向量自回归（VAR）模型，该模型具有以下一般形式：

$$\Delta Y_t = \Phi D_t + \prod Y_{t-1} + \Gamma_1 \Delta Y_{t-1} + \cdots + \Gamma_{p-1} \Delta Y_{t-p+1} + \varepsilon_t \quad (7-1)$$

其中，Y_t 是各项内生变量在 t 时刻的取值，ΔY_t 则表示 Y_t 的一阶差分；D_t 是 t 时刻的非随机项，包括截距和固定趋势因素；系数矩阵 Π 包含了内生变量 Y_t 间的协整关系，及其长期效应对 t 时刻变化 ΔY_t 的影响；Γ_i 表示 t 时刻以前各时点 Y_t 变化所产生的短期效应；ε_t 是随机效应的影响。通过这一模型的建立，不但可以挖掘内生变量间长期的动态协整关系，而且还可以借助向量自回归模型中的脉冲响应（Impulse Response）函数来分析内生系统中某一变量的变化对其他变量在未来时刻所造成的影响。

以下拟运用向量误差修正模型这一模型，探讨粤桂滇黔四省区教育与经济增长的动态关系，进而比较教育与经济增长两者在本地区经济社会运行过程中的相互作用程度。

二、数据处理与预分析

为了体现地区教育发展水平，选取粤桂滇黔四省区平均受教育年限指标，以反映各省份教育的普及程度和人口平均的素质状况。原始数据来源于历年《中国人口统计年鉴》及粤桂滇黔四省区人口普查资料，用6岁及以上的各阶段受教育人口分布数进行计算。经济增长用地区生产总值指标进行反映，数据来源于国家统计局分省年度数据库，并将各地区生产总值平减指数调整为1996年的可比价数值，且由于数量级存在差距，在建模过程中通过取地区生产总值的对数进行调整。数据跨度从1996—2014年。

由于年均受教育年限（如图7.5）和地区生产总值指标都是具有趋势变化的非平稳序列，在研究它们之间动态关系时，需要先对协整关系的存在性进行考察。表7.2显示的是粤桂滇黔四省区年均受教育年限与地区生产总值变量间 Johansen 协整检验的结果。

表 7.2 粤桂滇黔四省区教育与经济指标 Johansen 协整检验结果

原假设	统计量	P 值
	广东	
$r \leqslant 0$	19.329	0.013
$r \leqslant 1$	0.048	0.826
	广西	
$r \leqslant 0$	12.725	0.125
$r \leqslant 1$	0.099	0.754
	贵州	
$r \leqslant 0$	8.558	0.408
$r \leqslant 1$	2.329	0.127
	云南	
$r \leqslant 0$	0.424	0.284
$r \leqslant 1$	0.034	0.446

根据检验结果，除广东外，广西、云南、贵州三省区的平均受教育年限与地区生产总值并不具有显著的协整关系。这一方面可能我们使用的数据量仍显不足；一方面可能是因为现实中位处西部地区的广西、贵州和云南影响发展的因素复杂，使协整检验结果不敏感。尽管如此，我们仍选择建立向量误差修正模型来探讨粤桂滇黔四省区教育与经济间的动态关系。

三、粤桂滇黔省际教育与经济增长的动态关联关系实证分析

分别对上述数据建立向量误差修正模型，拟合过程在 EViews 中完成，结果如表 7.3 所示。从协整关系部分参数可以看出，粤桂滇黔四省区教育与经济之间存在正向相关关系，教育对当地经济增长具有正向作用，而经济增长促进居民整体素质水平的提高。建模结果显示，广东平均受教育年限水平每提高一个单位，地区生产总值的对数值平均相应增加 0.200；云南教育与经济关联水平边际约为 0.202；在同等变动条件下，广西地区生产总值平均增加 0.468；贵州仅为 0.134。

通过对数据建立向量误差修正模型，可以进一步运用脉冲响应函数分

析变量间的动态联系，结果如表 7.3 所示。从拟合计算的结果可以看出，经济增长对未来教育水平提升较大的为广西，现阶段单位标准差的经济增长对未来十年的居民素质提升的累积作用一直保持着良好的上升态势，在第十年时平均累积促成平均受教育年限 0.235 个单位的增加，高于其他省份。而教育对经济促进作用最为明显的是云南，每单位标准差的教育水平提升都会带来十年后约 5.63 万元的地区生产总值增加，其次为广东，每单位标准差的教育水平提升都会带来十年后 GDP 增加 2.67 万元。相较而言，广西和贵州的教育对经济发展的提升仍然有限，仍需进一步提高教育水平，特别是要让高层次教育适应经济社会发展。

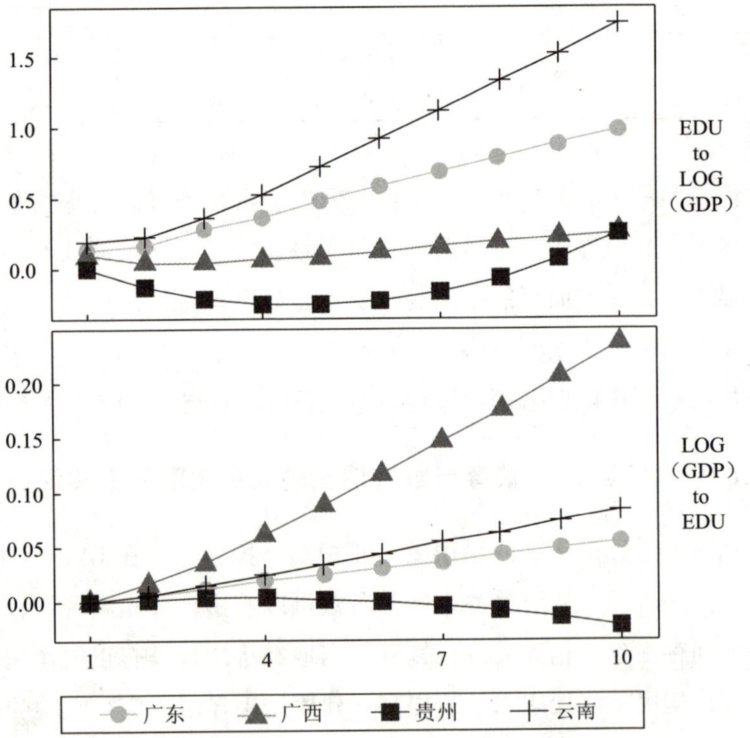

图 7.8　粤桂滇黔四省区教育与经济累积脉冲响应图

表 7.3 粤桂滇黔四省区教育与经济 VECM 拟合结果

变量	广东		广西		贵州		云南	
C	-7.306		-3.859		-5.892		-6.100	
LOG (GDP (-1))	1.000		1.000		1.000		1.000	
EDU (-1)	-0.200		-0.468		-0.134		-0.202	
	[-18.956]		[-3.998]		[-1.303]		[-5.513]	
	D (LOG (GDP))	D (EDU)	D (LOG (GDP))	D (EDU)	D (LOG (GDP))	D (EDU)	D (LOG (GDP))	D (EDU)
CointEq1	-0.302	3.114	-0.169	0.036	0.050	1.046	-0.123	2.281
	[-1.326]	[2.066]	[-2.666]	[0.096]	[0.617]	[2.327]	[-0.648]	[1.602]
D (LOG (GDP (-1)))	-0.002	-2.310	-0.058	-3.302	0.159	-4.561	0.245	-3.127
	[-0.008]	[-1.230]	[-0.225]	[-2.208]	[0.497]	[-2.568]	[0.841]	[-1.437]
D (EDU (-1))	-0.006	-0.286	-0.008	-0.336	0.020	-0.052	0.001	-0.207
	[-0.210]	[-1.523]	[-0.214]	[-1.509]	[0.479]	[-0.219]	[0.024]	[-0.781]
C	0.020	0.200	0.023	0.227	0.028	0.303	0.018	0.229
	[2.227]	[3.346]	[1.954]	[3.300]	[1.850]	[3.611]	[1.461]	[2.529]

注：计算在 EViews 中完成。表中 [ ] 内数值表示各项参数的 t 统计量，可近似视为服从正态分布。表格上半部分是协整部分的参数系数；下半部分中，CointEq1 表示长期效应前的系数，与协整系数共同组成 VECM 中的Π矩阵，D（LOG（GDP（-1）））和 D（EDU（-1））表示地区生产总值和平均受教育年限滞后一阶差分值的系数。

第三节　结论与建议

一、几点结论

经过利用教育与经济统计数据，对粤桂滇黔四省区教育发展水平进行比较分析，再通过数学模型，对粤桂滇黔四省区教育与经济关联关系作对比分析，根据计算结果得出以下结论：

第一，广西教育发展势头良好，而且教育的良性发展局面可望维持相当长时期。理由是，从2010年起，广西连续几年重点推进大力度财政支持教育振兴计划，教育得到了前所未有的重视，在教育投入超过占GDP 4%的有保障的资金支持下，广西教育发展水平和教育产出质量将会达到预期目标。

第二，广西、贵州和云南经济发展面临多重复杂因素影响，教育与经济的关联关系情况不一。广西经济对教育的促进作用是四省区中最高的，反之，教育对经济增长的促进作用较低。云南教育与经济关联性比较理想，而贵州教育对经济发展的提升有限。广西、贵州、云南的情况一方面是由于当地教育水平较低导致的，一方面是由于高学历高素质的人才不足。因此，需加大力度发展教育，培养更多高素质人才。

第三，广东教育发展水平居高，教育产出规模强，质量高，优势明显，高中学历以上就业人口占比达36.5%，教育事业快速健康发展，造就了一支高素质人才队伍，教育的成就显著。并且平均受教育年限与地区生产总值具有显著的协整关系，广西、贵州、云南三个西部省份与广东的地区差距明显。

二、问题与对策

围绕粤桂滇黔四省区教育发展以及教育与经济关联性的比较结果，进一步分析广西教育事业发展中存在的主要问题，进而提出解决问题的对策措施。

（一）广西教育发展存在的主要问题

1. 教育投入总量虽然有保障，但生均经费尚不足

2014 年，广西公共财政预算内教育经费支出占国内生产总值比例为 4.21%，超过国家的要求，说明教育投入总量上的确有保障，教育事业得到了高度重视。但是，由于较为落后的经济水平，广西的人均教育费用还是与全国人均教育经费的平均水平存在着一定的差距，广西的教育投入用于教育硬件设施方面，而落实到每个学生身上的财政性教育经费是不足的。广西有待于改善教育投入结构，让每位学生真正享受教育公平。

2. 教育发展不平衡

与广东相比，广西高校、高中、初中学校数大约相当于广东的 50% 左右，教育在教育发展水平、“两基”普及、师资力量、校舍建设以及家庭教育支出等方面都存在差距，教育规模较小，各类教育发展满足不了国民经济和社会发展的需要。

3. 教育结构性问题突出

教育存在明显的城乡“二元结构”，市县乡村、山区高中阶段的教育与城市学校差别大，硬件不足，教师等软件更不行。农村接受优质教育资源的机会比较少，尤其是农村的女童、城市的外来民工子女等，在教育上处于相对不利的地位。高校教育和职业教育仍存在专业设置与产业结构调整不相适应、层次结构与国民经济的技术结构不相适应的情况。

4. 教育支撑能力不足

高校本科专业设置较为单一，部分学科、专业布局不合理，由于学校的专业设置没有从市场需求出发，缺少灵活性、针对性、地方性，使得大部分学生毕业后就业较为困难。职业教育方面，学校吸引力不足，导致职业教育的生源数量下降、生源质量普遍不高。对学生创新能力和应用能力的培养力度不够，导致大部分职业学校与企业、产业之间存在脱节现象。

（二）促进广西教育公平健康发展的对策措施

教育为民生之重。广西现阶段和今后较长的时期，应加快教育振兴

“双千计划”和“八项工程”，在义务教育均衡发展、现代职业教育和高等教育综合改革等方面实现新突破，让更加优质、更加公平的教育资源惠及全区人民。

1. 打造公平教育服务体系

扩大教育规模，促进教育机会均等。通过扩大各类教育规模，确保四个率（学前教育毛入园率、义务阶段教育巩固率、高中阶段毛入学率、高等教育毛入学率）。二是要扩大优质教育资源，努力满足群众“上好学”的愿望，不但要让每一个孩子上得了学，还要让每一个孩子尽量上好学。

2. 实施“两高”攻坚计划，提升高中阶段和高等教育质量

高中阶段攻坚。一是扩大普通高中规模，推进普通高中多样化、特色化发展。二是提高中等职业教育吸引力。进一步优化中等职业教育专业结构，引导职业学校加强特色培育，提高教育质量和办学效益；进一步提高中等职业教育的吸引力。

高等教育攻坚。一是建设两个梯队的区域特色高水平大学。以入选“中西部高等教育振兴计划”的广西大学等五所大学为第一梯队，以硕士点高校为第二梯队。要以学科为主要建设内容，以此带动专业、人才队伍建设，积极参与国内同类院校竞争，积极争取某些学科专业在国际国内有一定的影响力，以培养学术型和创新型、复合型人才为主，积极发展研究生教育。二是促进地方应用型高校与地方经济产业对接。对新建的本科院校，要积极建立办学联盟共建共享，以培养应用型人才为主要任务。三是提高高职高专院校办学质量。支持“政府主导、行业牵头、校企合作”的高等职业教育体制机制创新实践。

3. 加强优质职业教育，扩大中职优质职业资源

一是办好县级中等职业技校。在实现每县办好一所新型中等专业学校的同时，明确县级职业学校的办学定位，加强职业教育与社区教育的沟通衔接；完善农村扶贫攻坚职业技术培训体系；以农村新增劳动力为重点，加强农村劳动力培训工作；加强新型农民培养的师资培训工作，逐步建立适应新型农民培养的师资队伍。二是加强市级对中等职业学校的统筹。各

设区市统筹办好若干所中等职业学校，合理的配置实际职校之间、中职与高职学校之间的资源；探索建立具有广西地方特色的中职现代学徒学率目标基本实现。三是要坚持教育公益性，推进教育起点公平。重点把支持农村教育摆在“重中之重”，支持市县乡村、山区高中阶段的教育。培养适应岗位操作标准要求的高素质劳动者，以适应新型城镇化发展的需要。四是通过集团化办学，扩大优质职教资源受益面。研究成立广西各行业职业教育集团和专业联盟，创新职业教育集约发展新模式；优化职业院校专业布局，整合职教资源，提高职业教育服务区域经济的能力；完善顶层设计，为全局各级各类职教协调发展搭建平台和政策环境。

4. 实施“十百千万”职业教育体系建设工程，全面提升职业教育水平

建设十个示范性职教集团。基本建成10个富有活力和引领作用的以高等职业院校和企业为主导的示范性职业教育集团。其中，5个以示范性高等职业院校为骨干，专业或专业群特色明显、管理模式先进、示范作用突出的优势示范性职教集团；5个以区域特色、民族特色、行业特色为重点，依托各地市的特色产业，办学模式创新、就业优势明显、服务区域经济发展的特色示范性职教集团。

建设百个中高职衔接专业。结合广西区位优势，围绕土建、制造、财经、旅游、交通运输、农林牧渔、生化与药品、材料与能源、电子信息、医药卫生、公共卫生、文化教育、轻纺食品等重点发展领域，重点支持100个中高职衔接专业建设。

推动千名能工巧匠入校。广西进一步出台针对中等职业院校和高等职业院校师资队伍建设的激励政策，吸引千名能工巧匠入校教学、实训指导、培训。制定特殊津贴制度，职业院校与能工巧匠签订合同，吸引企业行业中的能工巧匠参与职业教育建设，为现代职业教育体系改革出谋划策。

支持万家企业参与职业教育办学。支持每所职业院校重点建设专业与10个以上企业合作建设，着力加强教育与产业、学校与企业、专业设置与职业岗位、课程教材与职业标准、教学过程与生产过程的深度对接，发挥

资源优势，多方面满足经济建设、社会进步的需要，促进职业技术教育与经济社会融合发展。

5. 实施全员培训工程，提升在职人员能力和水平

实施企业在职人员职业能力培训工程。出台政策法规鼓励企业参与职工培训。根据《财政部国家税务总局关于职业教育等营业税若干政策问题的通知》（财税〔2013〕62 号）等文件及广西现行的支持教育发展的税收优惠政策要求，落实企业职业教育与培训责任。依托企业、行业、高校开展在职人员培训。推动大型企业办好自有培训机构，着重开展新技术、新工艺、新设备、新材料的培训；鼓励中小型企业与社会培训机构建立合作伙伴关系，充分利用社会资源组织培训。通过企业培训与学校培养相结合、在职培训与脱产学习相结合、个人自学提高与企业、社会支持相结合等方式，加快培养一批企业急需的技术工人。

实施再就业培训。再就业培训工程是充分发挥政府、企业、劳动者和社会各方面的积极性，综合运用政策扶持和就业服务手段，重点帮助失业6 个月以上的职工和生活困难的企业富余职工尽快实现再就业开展的有针对性的培训，强化再就业培训，力争使培训合格率达到 90%，培训后就业率达到 60% 以上。建立失业人员和培训机构的激励和约束机制。

实施农村劳动力全员培训工程。以服务新农村建设和现代农业发展为目标，广泛开展新型职业农民培训和农民工培训，努力提高贫困地区群众科技素质，让农民掌握更多的科技文化知识，成为懂技术、会经营的新型农民，成为现代农业发展和新农村建设中强有力的主力军，从根本上解决贫困地区群众脱贫致富问题。同时，加大对农民工的培训。充分发挥职业教育作为农村富余劳动力转移培训和扶贫开发服务基地的作用，强化农民工培训，实现农名工培训多元发展。

实施教师队伍全员培训。加强中小学教师全员培训。要以农村教师为重点，有计划地组织实施中小学教师全员培训。对所有新任教师，要进行岗前适应性培训。对在职教师，重点是帮助他们更新教育理念，提高教育教学实际能力，每五年累计培训时间不少于 360 学时。对骨干教师，重点

是帮助他们总结教育教学经验，进一步提升教育教学能力、教研能力、培训和指导青年教师的能力。加强农村音乐、体育、美术、英语、信息技术、科学课程等紧缺学科教师培训。重视幼儿教师和特殊教育师资培训。加强民族地区双语教师培训。通过实施“国培计划”，为各地输送一批“种子”教师。

实施职业院校“双师型”教师培训。实施职业院校教师素质提升工程，建立职业院校专业教师每三年一次的入企顶（随）岗实践制度，实现未来十年万名教师入企顶（随）岗实践。进一步完善职业教育校企合作的相关法律法规，尽快出台政策，明确企业参与职业教育的责、权、利，解决好企业参与职业教育的利益机制问题，积极引导企业为专业教师顶（随）岗实践提供人力、设备、技术和资金等方面的支持。

实施高校教师队伍建设工程。实施广西高校“兴桂学者”岗位计划项目、海外高层次人才“百人计划”项目、高校优秀教师国内访问学者计划项目、西部高校优秀骨干教师培养计划项目、高校青年教师教学能力培训计划项目、高校教师社会践习计划项目等，提高高校教师队伍整体水平。

第三篇

珠江—西江经济带省际经济可持续发展能力的比较

发展是硬道理，加快发展是珠江—西江经济带也是粤桂滇黔四省区永恒追求的主题。然而，经济发展中产生的对不可再生资源无限制开发和以牺牲自然环境为前提的粗放型发展模式越来越受到挑战，今后生态环境对经济增长的约束将越来越大。今天，站在改革开放新的历史起点上，我们必须转变发展理念和发展方式，推动全面协调可持续发展，无论是东部地区还是西部地区都需要在科学发展观的指导下，跟随着国家可持续发展战略，迈入实现科学发展、可持续发展的新时期。在可持续发展理念下，绿色经济、低碳经济、循环经济、可持续发展等，已经成为各地的共识，并相继进入粤桂滇黔四省区的发展战略与规划。经过多年的努力，广西探寻了一条跨越式发展与环境保护双赢的可持续发展路子，2012 年地区生产总值达到 1.3 万亿，空气质量优良天数、主要河流水质达标率在全国靠前，“山清水秀生态美”已经成为广西的优势品牌与竞争新优势。云南、贵州两个西部省也在逐步从农业主导型社会向工业主导型社会转变，呈现了绿色崛起的发展态势。广东作为 GDP 总量排名全国第一的经济大省，可持续发展能力和潜力明显强大，广西、云南和贵州作为后发展省区，经济开发强度较小而今还能拥有较优良的自然生态环境。事实上，粤桂滇黔四省区在经济可持续发展方面存在明显差异，需要比较差距，掌握实情，科学决策。本篇通过构建区域可持续发展评价指标体系，对粤桂滇黔四省区可持续发展能力、水资源与经济社会发展协调程度和水资源承载力、生态文明建设和“十二五”时期节能减排完成情况进行省际比较，通过从不同视角的评价和比较分析，发掘潜在优势，发现深层次问题，对于走出珠江—西江经济带特色的可持续发展道路，避免先污染后治理的发展模式，具有重要实践指导意义。

第八章　粤桂滇黔经济可持续发展能力的比较

可持续发展是全球所面临的宏大命题。近20年来，可持续发展理论与实践不断取得突破性进展，新概念、新理论、新方法层出不穷，但是可持续发展理论的两个核心并未动摇，即是努力把握人与自然的平衡和努力实现人与人的协调。目前，联合国、世界银行等国际组织和不少国家的政府机构已经完成了可持续发展指标体系基本框架的建立工作，国家、区域和地区层面的指标体系已经在各地得到实际应用。国内外可持续发展指标体系的研究工作重点围绕经济、社会、生态、发展潜力四个方向，探索可持续发展的本源和演化规律，充分体现可持续发展本质特征的发展度、协调度、持续度三者的互相制约、互相作用关系，建立人与自然关系、人与人关系的统一解释基础和定量的评判规则①。依据可持续发展基本理论和基本方法，借鉴经济、社会、生态等学科理论，建立科学、可行的可持续发展评价指标体系，是准确可靠评价区域可持续发展能力的基础和前提。本章运用经济可持续发展理论和方法，对粤桂滇黔四省区经济可持续发展形势进行静态与动态分析，最后形成结论性意见，以广西现有问题为导向，提出促进广西经济可持续发展的对策建议。

第一节　粤桂滇黔省际可持续发展能力的静态比较

站在可持续发展的高度，《珠江—西江经济带发展规划》强调绿色发

① 杨多贵，牛文元，陈劭锋．北京市与上海市可持续发展能力对比研究［N］．上海经济研究．2000.11（28）．

展，这是粤桂滇黔四省区共同追求可持续发展的目标模式。鉴于区域可持续发展涉及到粤桂滇黔四省区自然及社会生活的方方面面，所以，需要建立区域可持续发展指标体系，运用数学方法和统计方法，定性与定量分析相结合地揭示区域可持续发展状况、变化趋势，及其经济主体的行为后果。

一、可持续发展评价指标体系

坚持可持续发展的价值准则，对2014年粤桂滇黔的可持续发展状况进行比较，反映粤桂滇黔四省区在空间上的差异程度，详细考察经济、社会、资源、环境、区域管理能力这些要素在省域可持续发展系统中的功能行为及相互适应机制，进而对区域可持续发展能力进行解析与表达。

（一）指标体系的构建原则

根据珠江—西江经济带的发展特点和评判需要，本节在构建区域可持续发展评价指标体系时，将遵循以下原则：

1. 科学合理性原则

进行可持续发展的量化评价，涉及经济发展的过程与经济发展的前景，因此，评价指标的设置，需要充分考虑遵循可持续发展客观规律，把握评估指标内涵的正确性、指标设计的完备性、数学测算方法的严密性和参量因素分析的准确性等方面。

2. 全面性与代表性原则

评价指标体系本身是一个综合的复杂的系统，它由涉及经济、社会、环境、科技等数据指标组成，要尽可能覆盖所评价的所有内容。选取有代表性的指标，最终才能反映影响可持续发展的全貌。

3. 独立性与统一性原则

保持各指标之间的相互独立，使整个体系比较简明，避免重复计算。建立指标之间的内在联系，做到指标的选取、计算方法及指标的时间、空间问题的统一性，增加指标的可比性。

4. 动态性和静态性原则

可持续发展是一个动态的开放系统，体现动态和静态的相对统一，不断发展变化的过程。评价指标体系的指标内涵、指标数量和体系构成应保持相对稳定性，才能产生相对比较参照作用。发展过程积累了大量的时间序列数据，对其整理演算可以制作出深化趋势图表，因此，指标体系的建立应是动态和静态的有机结合。

5. 可比性和可操作性原则

为满足评估目标的需要，选取的指标概念清楚、数据易取、表达方式易懂，建模评估易掌握，尽可能选择现行统计报表中可以取得，利于未来定期评估，兼顾指标体系的实用性和可操作性。

（二）指标体系的构成

本节所构建的粤桂滇黔四省区可持续发展综合指标体系，必须结合珠江—西江流域实际，选择能够综合反映人口、资源、环境、经济、技术、管理等诸多实体要素，将有关要素内部的逻辑关系和函数关系分别表达为：经济可持续系统、社会可持续系统、生态可持续系统和可持续发展潜力系统，设为四个一级指标；在每一个划分的系统内设计分别代表系统行为的 15 个二级指标，每一个二级指标包括三四个三级指标，总共 48 个指标。为真实反映各系统状态、变化和发展趋势，采用可测的、可比的、可获得的指标反映系统的静态状态，这些指标构成了指标体系最基层的要素（见表 8.1）。

表 8.1　区域可持续发展能力评价指标体系及各指标权重表

一级指标	权重	二级指标	权重	三级指标	权重	指标属性
经济可持续	0.250	经济规模	0.250	人均 GDP	0.293	正指标
				人均财政收入	0.293	正指标
				人均三产产值	0.195	正指标
				经济密度	0.219	正指标
		经济速度	0.250	GDP 增速	0.375	正指标
				财政收入指数	0.375	正指标
				城乡居民储蓄余额指数	0.250	正指标
		经济结构	0.250	非农产业占 GDP 比重	0.240	正指标

续表

一级指标	权重	二级指标	权重	三级指标	权重	指标属性
经济可持续	0.250	经济结构	0.250	二元结构系数	0.463	正指标
				工业结构系数	0.297	正指标
		经济效益	0.250	全社会劳动生产率	0.465	正指标
				人均社会消费品零售总额	0.244	正指标
				单位 GDP 财政收入	0.291	正指标
社会可持续	0.250	人口发展	0.285	平均预期寿命	0.279	正指标
				人口自然增长率	0.315	适度指标
				赡养比	0.203	逆指标
				城镇人口比重	0.203	正指标
		生活质量	0.280	城镇居民人均可支配收入	0.347	正指标
				居民消费水平	0.226	正指标
				恩格尔系数	0.239	逆指标
				每百户居民家庭拥有的电脑数	0.188	正指标
		公共福利	0.216	城镇养老保险覆盖率	0.405	正指标
				每千人口卫生技术人员	0.261	正指标
				每百万人口拥有公共文化设施数	0.334	正指标
		社会稳定	0.219	失业率	0.330	逆指标
				城乡收入差异	0.442	逆指标
				交通和火灾事故死亡率	0.228	逆指标
生态可持续	0.250	资源环境	0.292	人均水资源量	0.366	正指标
				森林覆盖率	0.268	正指标
				人均有效灌溉面积	0.366	正指标
		废物排放	0.202	万元 GDP 废水排放量	0.333	逆指标
				万立方米水资源化学需氧量排放量	0.333	逆指标
				万元 GDP 二氧化硫排放量	0.333	逆指标
		污染治理	0.209	一般工业固体废物综合利用率	0.375	正指标
				清洁能源发电量比例	0.250	正指标
				生活垃圾无害化处理率	0.375	正指标
		生态保护	0.297	自然保护区占辖区比重	0.420	正指标
				造林面积占林业用地比重	0.255	正指标
				人均城市绿地面积	0.325	正指标

续表

一级指标	权重	二级指标	权重	三级指标	权重	指标属性
可持续发展潜力	0.250	经济潜力	0.333	最终消费率	0.365	正指标
				固定资本投资占 GDP 比重	0.355	逆指标
				外贸依存度	0.280	正指标
		科技教育潜力	0.333	人均教育经费支出	0.371	正指标
				平均教育年限	0.266	正指标
				规模以上工业企业 R&D 人员全时当量	0.363	正指标
		资源环境潜力	0.333	工业污染治理完成投资占 GDP 比重	0.333	正指标
				有效灌溉面积占农作物总播种面积比例	0.333	正指标
				单位 GDP 能耗	0.333	逆指标

设置评价粤桂滇黔四省区可持续发展综合指标体系，各系统及其要素层指标的定量描述如下：

经济可持续系统由经济规模（人均 GDP、人均财政收入、人均三产产值、经济密度）、经济速度（GDP 增速、财政收入指数、城乡居民储蓄余额指数）、经济结构（非农产业占 GDP 比重、二元结构系数、工业结构系数）、经济效益（全社会劳动生产率、人均社会消费品零售总额、单位 GDP 财政收入）四个二级指标，14 个三级指标组成经济可持续系统评价指标体系。

社会可持续系统由人口发展（平均预期寿命、人口自然增长率、赡养比、城镇人口比重）、生活质量（城镇居民人均可支配收入、居民消费水平、恩格尔系数、每百户居民家庭拥有的电脑数）、公共福利（城镇养老保险覆盖率、每千人口卫生技术人员、每百万人口拥有公共文化设施数）、社会稳定（失业率、城乡收入差异、交通、火灾事故死亡率）四个二级指标，14 个三级指标组成社会可持续系统评价指标体系。

生态可持续系统由资源环境（人均水资源量、森林覆盖率、人均有效灌溉面积）、废物排放（万元 GDP 废水排放量、万立方米水资源化学需氧量排放量、万元 GDP 二氧化硫排放量）、污染治理（一般工业固体废物综合利用率、清洁能源发电量比例、生活垃圾无害化处理率）、生态保护

（自然保护区占辖区比重、造林面积占林业用地比重、人均城市绿地面积）四个二级指标，12 个三级指标组成生态可持续系统评价指标体系。

可持续发展潜力系统由经济潜力（最终消费率、固定资本投资占 GDP 比重、外贸依存度）、科技教育潜力（人均教育经费支出、平均教育年限、规模以上工业企业 R&D 人员全时当量）、资源环境潜力（工业污染治理完成投资占 GDP 比重、有效灌溉面积占农作物总播种面积比例、单位 GDP 能耗）三个二级指标，九个三级指标组成可持续发展潜力系统评价指标体系。

（三）评价方法、数据来源和处理

评价和比较粤桂滇黔的可持续发展能力的基本思路是，评价各系统可持续发展能力，并将这些指标综合起来，得到综合的可持续发展能力，进而客观评判各方实现的和综合的可持续发展能力水平在全国的位置。

关于评价方法。由于各指标的计量单位与数量级不同与各指标在各省区可持续发展中的重要程度不同，故运用层次分析法进行综合评价。层次分析法由 Thomas L . Saaty 于 20 世纪 70 年代提出，至今已得到不断的完善，并广泛运用于多准则的复杂决策问题中。该方法的步骤大致如下：

首先，确定某一层或者一个子系统中指标之间的相对重要性。如，假设 α_{ij}表示第 i 个指标对第 j 个指标的相对重要性，α_{ij}取值为 1 ~9 之间的整数，程度从同等重要到绝对重要；如果第 j 个指标比第 i 个指标重要，则先确定 α_{ij}在 1 ~9 之间的取值，再令 $\alpha_{ij} = 1/\alpha_{ij}$。这些数值往往可以根据专家的建议来得到。$\alpha_{ij}$均取为 1。由此，得到了判断矩阵 $A = (\alpha_{ij})_{n \times n}$，$n$ 为指标的个数。

其次，计算判断矩阵 A 的最大特征根 λ_{max}，并考察其的一致性。此时需要计算一致性指标 $CI = (\lambda_{max} - n)/(n - 1)$。同时，根据指标数量 n 的大小还要对 CI 进行修正：$CR = CI/RI$，其中 RI 的值可以通过查表得到。一般而言，如果 $CR < 0.1$，就可以认为矩阵 A 的设定是合理的；反之，则需要重新设定矩阵 A。

最后，如果通过了一致性检验，则计算出判断矩阵 A 最大特征值对应的特征向量，进行归一化处理后即为这一层或者子系统中各项指标的权向量 ω 了。

关于数据来源，本节从国家统计局网站选取了 2014 年 31 个省市自治区的相关指标和数据，同时，对一些数据的单位等方面进行必要的调整和处理。比如，平均预期寿命指标，由中国统计年鉴每十年公布一次该数据的计算结果，因此，我们选择了 2010 年的数据。

关于权重的确定问题，由于我们所构造的评价指标体系设计一二三级指标，共 48 个要素指标，打算用层次分析法来对每项指标及每个子系统进行赋权。参考专家的建议，最终的指标赋权结果如表 8.1 所示。

二、粤桂滇黔省际可持续发展能力实证分析

通过建立区域可持续发展指标体系，评价粤桂滇黔四省区可持续发展的经济、社会、生态和可持续发展的潜力四大支持系统的能力，经过对各项指标的综合，得出省域可持续发展的综合能力，根据每一系统的得分，找出 2014 年各省区在全国的排名，最后对得分和排名情况作出分析描述，计算结果见表 8.2。

表 8.2　2014 年粤桂滇黔可持续发展能力静态评价及在全国的排名

指标	项目	广东	广西	贵州	云南
综合可持续能力	得分	59.19	37.62	35.95	33.68
	排名	6	28	29	31
经济可持续	得分	57.64	30.22	41.81	29.57
	排名	7	30	19	31
社会可持续	得分	61.17	32.63	25.45	21.93
	排名	6	27	29	30
生态可持续	得分	52.51	46.41	40.85	43.42
	排名	9	19	28	24
可持续发展潜力	得分	65.43	41.23	35.7	39.79
	排名	5	16	30	21

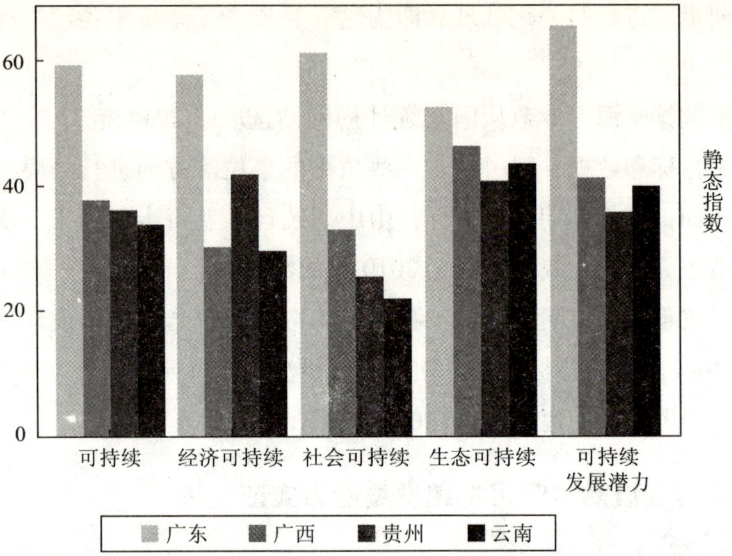

图 8.1　2014 年粤桂滇黔四省区可持续发展四大支持系统能力及系统综合能力对比图

从以上图表可以看出，2014 年，粤桂滇黔四省区可持续发展能力呈现广东强、广西、贵州、云南较弱的状态，这与前文对于经济增长质量、经济社会发展水平省际比较的结果相同。

从总体上看，广东综合可持续发展能力得分 59.19 分，居全国第 6 位，低于京、沪、津、浙、江，明显高于桂、滇、黔，广西、云南和贵州再次位于全国靠后，说明了在可持续发展总体能力和水平上，广西、云南和贵州三省区处于劣势。

就各项一级指标来看，在经济可持续发展方面，广东得分 57.64 分，居全国第 7 位，贵州得分 41.81 分，居全国第 19 位，广西和云南得分和排名均靠后。贵州一改以往许多方面在全国排名倒数的情况，在经济可持续发展方面闯入了全国前 19 强，这是由于贵州 2013 年、2014 年经济增速分别为 12.5%、10.8%，经济速度指标得分高达 80.95 分，居全国第 4，高于广东、广西、云南三省水平。贵州保持经济高速增长，对经济可持续发展作出了重要贡献。

在社会可持续发展方面，广东得分 61.17 分，居全国第 6 位，广西、云南和贵州除西藏外，包揽了全国倒数后几位。广东人口发展、生活质量和公共服务均大大高于广西、贵州、云南三省区的得分，其中平均预期寿命、人口自然增长率、赡养比、城镇人口比重、城镇居民人均可支配收入、居民消费水平、城镇养老保险覆盖率等指标明显优于广西、贵州、云南三省区。

生态可持续发展方面，广东得分 52.51 分，居全国第 9 位，广西、云南和贵州排名中等偏下或靠后。广东已经进入工业化高级阶段，经济开发强度高，虽然资源环境消耗过多，但生态保护的指标得分明显高于广西、贵州、云南三省区，对广东生态可持续发展起到很强的支撑作用，表明广东基本协调好了经济发展与环境保护的关系，经济、社会与生态实现了统一。

可持续发展潜力方面，广东得分 65.43 分，居全国第 5 位，广西、云南和贵州在全国排名分别为第 16 位、第 30 位和第 21 位。广东经济能力、科技教育能力得分明显高于广西、贵州、云南三省区，在全国的排名分别为第 3 位、第 5 位，资源环境能力得分情况也较好，再加上广东作为我国改革开放的排头兵，区域管理能力水平高，使得广东可持续发展潜力具有明显的优势。

第二节　粤桂滇黔省际可持续发展能力的动态分析

可持续发展是一种注重长远发展的经济增长模式，基于此，应该揭示反映可持续发展方面的各项指标的动态变化过程和趋势，考察由这些方面的指标组成的向量的变化特征。当指标变化呈现单调增态势，可示为强可持续性发展状态，当指标变化是单调减态势，可示为弱可持续性发展状态。本节将截面分析与时空分析结合起来，从数量角度和质量角度对比分析 2008—2014 年粤桂滇黔的可持续发展能力，并对计算结果进行分析。

一、可持续发展动态评估的分析思路

考虑到在评定地区可持续发展水平时兼顾各年份间指标的变化，以帮助判断地区可持续发展能力的发展态势，我们设计了一种计算可持续发展动态综合评价的思路，对2008—2014年广东、广西、贵州和云南的可持续发展水平同时进行横向的比较及纵向的评估。通过比较各项指标与基期之间的变化来实现对各地区可持续发展能力的动态评估，这样做既可以反映出指标在基期时的初始状况，也可以将各地区的指标在样本期内变化的信息融入到评价结果中。研究的思路和步骤如下：

以2008年为基础年份，用与上述的静态评估方法计算粤桂滇黔四省区在这一年的可持续发展能力指标值，作为其在初始年份的状况反映，也相当于得到了各地的基期指标值。这里不妨将 k 地区初期指标值假定为 $Index_{k,0}$。

接着，需要针对各项三级指标的不同属性，来计算 k 地区各指标在 t 时期时相对于上一年的“改善”情况 $C_{lmn,k,t}$，其中，脚标表示第1项一级指标中第 m 项二级指标下的第 n 项三级指标。如果三级指标为正向指标，则：

$$C_{lmn,k,t} = \frac{A_{lmn,k,t}}{A_{lmn,k,t-1}} \tag{8-1}$$

如果为逆向指标，则：

$$C_{lmn,k,t} = \frac{A_{lmn,k,t-1}}{A_{lmn,k,t}} \tag{8-2}$$

如果为适度指标，则：

$$C_{lmn,k,t} = \frac{|A_{lmn,k,t-1} - A_0|}{|A_{lmn,k,t} - A_0|} \tag{8-3}$$

式（8-3）中，A_0 是适度指标的门限值。需要说明的是，为了得到较好的计算结果，在设计指标体系时均选取了可比性较强的相对指标，而且类似人均GDP等指标则需要换算成可比价进行计算。可以看出，这样的处理途径不但能够提取出各项指标是否相对前一期的变化信息，同时还达到了消除各指标不同量纲影响的目的，为下一步动态指标计算提供了基础。

有了反映基础指标变化情况的值，便可以根据表 8.1 所列出的各项指标权重进行汇总，计算二级指标、一级指标甚至综合指标的变动情况，即假定 k 地区 t 时期综合指标的变动率为 $Cind_{k,t}$，则：

$$Cind_{k,t} = \sum_{l} \omega_l \sum_{m} \omega_{lm} \sum_{n} \omega_{lmn} C_{lmn,k,t} \tag{8-4}$$

式（8－4）中，ω_l、ω_{lm}和 ω_{lmn}分别表示各级指标的权重。此时，t 时期的动态综合评价指标值 $Index_{k,t}$可以表示为：

$$Index_{k,t} = Index_{k-1,t} \cdot Cind_{k,t} \tag{8-5}$$

由此便可以根据 k 地区的基期指标 $Index_{k,0}$，逐步递推出该地区各个后续年份的动态指数值。同理，还可以运用这一思路来计算各级指标的动态指标。

通过这种计算方式，显然能够有效的利用粤桂滇黔四省区在初始年份的指标状况，以及所选指标在各年份间的变动信息，由此能够更好的反映出各地的可持续发展能力在时间轴上的发展趋势。

二、粤桂滇黔省际可持续发展能力的动态分析评价

根据上面所构建的可持续发展评价指标体系，与所构思的动态指标计算思路，得到了粤桂滇黔四省区的可持续发展评价指数以及在同一时期与全国各省、市、自治区比较的相对名次，结果如表 8.3 所示。由表 8.3 结果可以看出，按上述计算思路得到的 2008—2014 年粤桂滇黔四省区的可持续各方面综合评价结果在指数和名次变动的表现上较为稳定，没有出现由于截面数据的突出变动而造成显著影响，说明结果具有一定的科学可靠性和参考意义。

表 8.3　2008—2014 年粤桂滇黔可持续发展能力动态评价及在全国的排名

指标	年份	广东	广西	贵州	云南
综合可持续能力	2008	60.92 [6]	37.94 [29]	32.88 [31]	35.05 [30]
	2009	60.90 [5]	38.87 [29]	34.09 [31]	35.50 [30]
	2010	71.35 [5]	41.27 [29]	36.41 [31]	38.80 [30]
	2011	73.21 [5]	44.31 [29]	40.10 [31]	40.78 [30]
	2012	76.92 [5]	47.42 [29]	43.12 [31]	43.23 [30]
	2013	77.94 [6]	48.96 [29]	45.40 [30]	44.38 [31]
	2014	77.86 [7]	49.68 [29]	47.96 [30]	43.90 [31]
经济可持续	2008	52.08 [9]	33.86 [27]	33.84 [28]	32.46 [29]
	2009	50.08 [10]	35.56 [28]	35.21 [27]	33.16 [29]
	2010	61.40 [10]	39.67 [28]	40.42 [27]	37.95 [29]
	2011	63.65 [11]	41.52 [30]	47.83 [27]	41.94 [28]
	2012	64.06 [13]	44.30 [29]	49.62 [26]	42.95 [30]
	2013	66.25 [11]	44.12 [30]	53.51 [24]	47.14 [28]
	2014	66.80 [9]	42.54 [29]	53.56 [22]	42.84 [28]
社会可持续	2008	66.60 [5]	27.78 [28]	19.07 [30]	20.88 [29]
	2009	68.03 [8]	29.20 [28]	20.30 [30]	22.40 [29]
	2010	70.76 [8]	30.18 [28]	21.00 [30]	23.08 [29]
	2011	75.38 [8]	32.72 [28]	23.36 [30]	25.19 [29]
	2012	74.73 [8]	33.89 [28]	24.74 [30]	26.20 [29]
	2013	75.09 [9]	33.59 [28]	25.10 [30]	25.57 [29]
	2014	75.63 [9]	34.95 [28]	26.73 [29]	25.99 [30]
生态可持续	2008	58.28 [3]	45.62 [24]	39.08 [29]	49.47 [12]
	2009	61.31 [1]	45.42 [26]	40.85 [30]	49.47 [20]
	2010	82.74 [1]	49.26 [26]	44.03 [30]	54.55 [20]
	2011	80.23 [2]	53.40 [18]	41.65 [30]	49.60 [24]
	2012	86.02 [3]	59.98 [19]	47.48 [29]	52.32 [26]
	2013	86.82 [4]	61.48 [17]	49.57 [28]	53.78 [26]
	2014	85.39 [3]	62.71 [20]	56.61 [22]	54.56 [25]
可持续发展潜力	2008	66.73 [4]	44.50 [16]	39.54 [23]	37.41 [26]
	2009	64.28 [4]	44.56 [18]	39.38 [21]	35.77 [22]
	2010	68.85 [4]	45.17 [18]	39.85 [21]	39.15 [22]

续表

指标	年份	广东	广西	贵州	云南
可持续发展潜力	2011	71.09［7］	48.74［15］	46.37［20］	43.00［27］
	2012	80.52［6］	51.42［18］	49.43［20］	48.19［22］
	2013	80.92［6］	57.45［18］	53.10［24］	48.44［28］
	2014	80.65［7］	59.44［17］	54.02［24］	49.27［28］

注：表中［］中的数字表示在当年全国31个省、市、自治区的相对排名。

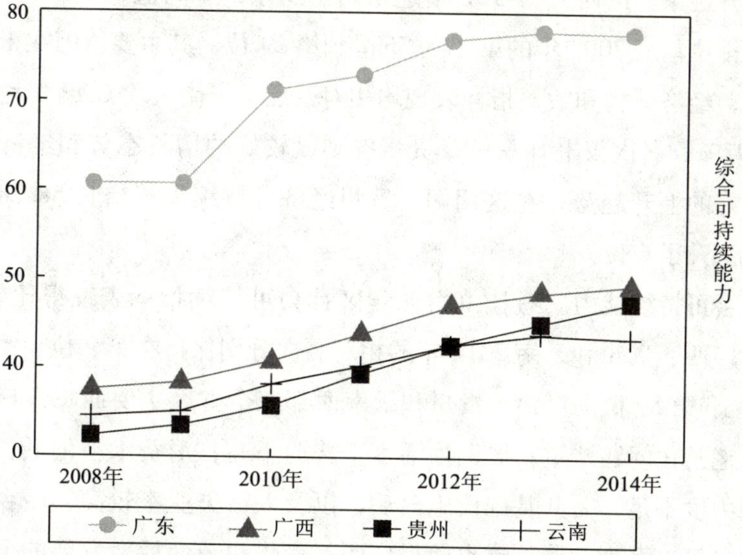

图8.2　2008—2014年粤桂滇黔四省区综合可持续评价指数走势

图8.2是根据表8.3的综合可持续能力动态指数绘制的趋势图。结合两项结果可以看出，尽管在2008—2014年，粤桂滇黔四省区的综合可持续发展能力均显现出改善的趋势，但广东的情况明显要优于广西、贵州、云南三省；同一期间，广东的综合可持续指数从60.92上升到77.86，年均增长率为4.17%，在全国31个省、市、自治区的相对排名在2008—2009年从第6位上升到了第5位，但在2014年时有所下滑，位居第7位。而广西、贵州和云南的指数分别提升了11.74、15.08和8.84，综合年均增长率为4.59%、6.49%和3.82%，由于改善程度相对于全国其他省份并不明显，广西、贵州、云南三个省区的综合可持续能力依然维持在全国末位，

但贵州在近几年已呈现出要超越云南的态势。

具体分析如下：

经济可持续能力。广东、广西和云南的经济可持续动态指标在全国的相对名次均有所下滑：广东经济可持续指标7年内增长了28.26%，在全国的名次却从2008年的第9位下滑到了2012年的第13位，主要是由于经济增速减缓，导致人均GDP增长势头被其他省份超越，但在近几年总体呈现出回升迹象。广西人均GDP增速略高于广东，年均值为11.11%，但在全国的排位却从2008年的第27位下滑到第29位，其主要原因在于增长动力不足，经济结构和效益指标表现均相对落后。云南人均GDP年均增长率为10.97%，名次仅上升一位。贵州省则以较好的增长态势和经济效益呈现出良好的上升趋势，在这期间，贵州经济可持续指标增长58.28%，相对名次上升了6位。

社会可持续能力。粤桂滇黔四省区社会可持续指标表现得比较稳定，广东、广西、贵州和云南2014年的相对名次分别保持在第9位、第28位、第29位和第30位。广西、贵州和云南西部三个省区主要面临人口结构不合理，老龄化问题严重；居民生活水平普遍不高，消费水平偏低；城镇职工保障力度不足，公共基础设施落后；以及人口失业率较高，城乡收入有较大差异等一系列问题，这也使得广西、贵州和云南社会发展的可持续能力很低，近几年一直排名全国倒数位置。

生态可持续能力。广东生态可持续能力指数得分较高，一直处在全国前3位。贵州和云南生态可持续能力并不看好，贵州一直排名靠后，云南却从2008年的排名第12位，滑落到2014年的第25位。广西在生态可持续方面呈现出了良好的发展态势，该指标在2008—2014年增长了37.45%，在全国的排名由2008年的第24位跃居到2014年的第20位，说明广西近年来在生态建设和环境保护方面做了大量的有成效的工作。

可持续发展潜力。2014年，广东、广西、贵州和云南动态指标依次排在全国第7位、第17位、第24位和第28位，均展现出了较好的可持续发展潜力，广东继续排在全国的前列。影响广西、贵州和云南相对落后的因素，主要是科技教育能力和资源环境能力方面存在缺陷。

第三节　结论与建议

一、几点结论

依据可持续发展基本理论和基本方法，通过建立科学、可行的可持续发展评价指标体系，对粤桂滇黔四省区经济可持续发展能力进行静态和动态分析，根据计算结果和综合排名情况可以得出以下结论：

第一，广西经济可持续发展能力静态和动态的评估结果并不好，从静态分析结果看，2014 年综合可持续发展能力在全国排名第 28 位；从动态分析结果看，2008—2014 年，综合可持续发展能力全国排名第 29 位没有变化。由于这几年广西生态可持续发展指数、可持续发展潜力指数得分较高，在全国的排名中等偏下，才使得广西综合可持续发展能力不至于落后到全国最末位。

第二，粤桂滇黔四省区经济可持续发展能力的静态分析结果表明，广东各项指数保持领先位置，其中，可持续发展潜力指数表现最为突出，排名全国第 5 位。广西、云南、贵州可持续发展能力均不太乐观，但并不是不可变化的，例如某一指标改变，2014 年，贵州的经济增速明显加快，直接影响了经济可持续发展能力的提升，由此反映了贵州省在 2014 年经济现象的均衡状态的相应变化。

第三，粤桂滇黔四省区可持续发展能力的动态分析结果与静态分析结果大致相同，2008—2014 年，广东可持续发展能力遥遥领先于广西、云南和贵州。广西、云南和贵州三个西部省区可持续发展能力十分落后，与广东存在太大差距，即使或因桂滇黔经济可持续能力、生态可持续能力、可持续发展潜力在一段时间内发生良性变动，但也没有对缩小粤桂滇黔四省区之间可持续发展能力差距有所帮助。

第四，影响粤桂滇黔四省区可持续发展能力的因素不尽相同，广东、广西因生态可持续发展能力表现较好，对提升可持续发展综合能力作出了贡献。广西、云南和贵州因社会可持续发展能力弱，严重影响了其可持续发展综合能力在全国的排名。贵州、云南工业化水平相对较低，但生态可持续发展能力却很不足，所以其可持续发展综合能力低下。广西、云南和贵州三个西部省区或因经济、社会、生态方面的原因，使得可持续发展综合能力的排名包揽了全国末三位。

二、问题与对策

（一）广西经济可持续发展存在的主要问题

以上对于粤桂滇黔四省区可持续发展能力进行了静态和动态的评价分析，从结果可知，广西 2014 年的可持续发展能力静态指数以及 2008—2014 年的可持续发展能力动态指数得分均低，在全国 31 个省份中广西分别居第 28 位和 29 位，在全国排名靠后，说明了广西在可持续发展方面存在诸多问题。

1. 经济规模、经济结构、经济效益方面的问题

2014 年，广西经济增速指数在全国排名高于广东 2 位，尽管广西经济增长速度快，但经济规模、经济结构、经济效益在全国排名分别为第 28 位、第 28 位、第 29 位，被广东远远抛在后面。由于广东各项人均经济指标高于广西，经济密度为广西的 5.71 倍，所以广西经济规模指数得分较低；广西工业结构系数低于广东 11.13，成为拉低经济结构指数的主要因素；广西全社会劳动生产率低于广东 5.36，是拖累经济效益指数的最主要原因。因此，广西存在经济规模不足，经济结构不合理，经济效益较低的问题。

2. 人口发展、生活质量、公共福利方面的问题

广西大多数社会发展指标处于落后状态。广西人口发展指标得分较低，主要因为广西赡养比高于广东 12.9 个百分点，城镇人口比重低于广东 21.99 个百分点；广西生活质量指标得分低，主要因为城镇居民人均可支配收入、居民消费水平比广东低很多；广西公共福利指标得分低，主要因

为城镇养老保险覆盖率得分低于广东约75个百分点。比较好的现象是，广西社会稳定指数与广东差距较小。因此，广西存在人口综合素质不高，人口老龄化加快，城乡居民收入差距较大，社会保障体系不健全等问题。

3. 废物排放、污染治理、生态保护方面的问题

广西生态可持续系统得分情况比较好，在全国排名第19位，但与广东（全国排名第9位）还是有较大差距。主要是废物排放、污染治理、生态保护指标表现较差，广西万元GDP废水排放量指标得分明显高于广东，主要影响了废物排放指标得分；广西一般工业固体废物综合利用率低于广东同期水平，主要拉低了废物排放指标得分；广西人均城市绿地面积生态保护得分低于广东，主要拉低了生态保护得分。因此，广西废物排放结构性问题较严重，污染治理仍有做的不到位之处，人均城市绿地面积需要明显提高。

（二）促进广西经济可持续发展的对策建议

1. 将可持续发展思想贯穿于经济发展的全过程和各方面

随着广西工业化、城镇化进程加快和人口的持续增长，资源、能源消耗增加，资源、环境对经济社会发展的瓶颈制约将更为突出。广西作为后发展地区，经济发展还处在艰难爬坡阶段，加快发展绝不能以牺牲环境为代价，不能走“先污染、后治理”的老路，不能做“吃子孙饭、断子孙路”的事。促进广西经济社会又好又快发展，要求我们正确处理好当前加快发展与今后可持续发展之间的关系，要将可持续发展的思想全面贯穿于经济发展的全过程和各方面，统筹人与自然和谐发展，促进发展模式从传统的单一追求经济增长目标向追求经济、社会、生态、民生可持续发展多重目标转变。着力推进绿色发展、循环发展、低碳发展，形成节约资源和保护环境的空间格局、产业结构、生产方式和消费方式。

2. 优化区域空间结构，打造广西“山清水秀生态美”的优势品牌

坚持实施主体功能区战略，优化国土资源开发，落实主体功能区规划，严格按照主体功能定位发展，明确开发方向，控制开发强度，规范开

发秩序，进一步明确限制开发和禁止开发区域，引导发展条件欠缺和人口超载地区的人口转移，加大对限制和禁止开发区域的财政转移支付力度，从而引导经济布局与人口分布、资源环境承载能力相适应，从根本上扭转区域生态环境恶化的趋势，逐步形成人口、经济、资源环境相协调的空间开发格局。广西应根据不同的生态功能区的特点，按照优化开发、重点开发、限制开发、禁止开发的不同要求，合理规划和调整区域工业布局，遵循“量资源而行，量环境容量而行”的原则，在保护好生态环境的前提下，达到资源环境利用率最大化，即：环境容量大，资源丰富的地区，进行重点开发；环境容量、资源有限的地区，实行优化开发；环境质量时有超标、但年均值不超标地区，实行限制开发，以增产减污为发展原则；无总量或无环境容量地区，坚决禁止可能进一步增加已超过总量或容量的污染物的项目进入，通过环境治理，在保证环境质量达标和总量符合要求的前提下，才能考虑项目的安排；在生态环境脆弱区、重要生态功能区以及自然保护区、风景旅游区、水源保护区等重要生态环境敏感地区，严格限制或禁止布局污染型工业。通过进一步优化广西区域经济布局，推进产业结构优化升级和战略性调整，实现资源的优化配置，提高土地、水资源、森林资源、矿产资源以及海洋等资源的综合利用率，从而缓和供求矛盾，减少污染物的产生和排放。要加强区域之间的联系，实现资源结构、产业结构和空间结构的最优配合，提高空间经济配置效率，产生节约经济、集聚经济、规模经济、生态经济等整体经济效益。通过实施主体功能区规划，大力推进“绿满八桂”造林绿化、“北部湾绿色生态屏障”和“西江千里绿色走廊”等工程，要加大自然生态系统和环境的保护力度，提高区域生态环境承载力，增强生态产品的生产能力，促进广西经济社会可持续发展，建设既有较发达的生产力又保持蓝天碧海的美丽广西，打造广西“山清水秀生态美”的优势品牌。

3. 优化产业结构，实施广西绿色崛起战略，促进经济增长方式转变

产业结构调整对缓解资源、环境污染压力起着积极的作用。广西今后在保持经济增长的同时，应重视产业结构的调整，发展污染少的产业和绿

色产业。要努力实施广西绿色崛起战略，建立集约型的可持续发展模式，以产业的生态转型为核心，推动产业转型升级。一是加大改造传统产业的力度。鼓励和扶持传统企业使用新技术、新工艺、新设备、新材料，提高节能减排技术和管理水平，利用高新技术改造钢铁、有色金属、煤炭、电力、石化、建材等能源资源利用率低、排放量大的行业，加快建设重点行业企业的节能减排工程，通过推进重点行业重点企业清洁生产，不断提高工业经济的增长质量，提高环境效益。二是逐步淘汰落后的生产力。应加快淘汰污染严重、高耗材和高耗能的落后工艺及设备，限制淘汰落后产能。对生产设备、生产工艺的技术水平低于行业平均水平以及生产设备、生产工艺的污染物排放、能耗、水耗等技术指标高于行业平均水平的两类企业，坚决实行“退二进三”、关停并转，加快淘汰一批产品档次低、资源消耗大、环境污染严重、安全生产条件差的小企业，火电、水泥、造纸、铁合金、皮革、化工、小型锰矿领域的落后企业，要作为调整、治理的重点。建立落后产能退出的补偿机制，对被淘汰企业的经济损失给予必要的经济补偿，对在规定期限内淘汰落后产能的企业给予土地、税收等方面的优惠和新项目优先审批立项，建立健全职工再就业培训基金与最低生活保障制度等等，通过经济手段激励企业主动积极淘汰落后生产能力。三是防止区外落后生产技术、设备和高污染企业向广西转移。四是发展循环经济。广西发展循环经济要以提高资源的利用率为重点，在制糖、冶金、有色、建材、化工、电力等重点行业以及产业园区和中心城市，开展循环经济试点，探索发展循环经济的有效模式，努力实现“减量化、再利用、可循环”。利用已成熟的高新技术手段，对企业的废水、废气、废渣及副产品进行无害化处理和重复利用，提高资源的使用效率，达到节能、减排、保护生态的目标。发展循环经济要求建设绿色工业体系，要在多个层次上统筹发展循环经济，在小循环方面，积极建设一批循环经济型企业，包括创建新企业和改造旧企业，用高新技术改造传统产业；在中循环方面，积极建设一批生态工业园区，强调园区内各企业物质流、能量流、信息流的循环利用和有效共享；在大循环方面，积极配合城镇化进程，建设城镇再生资源回收利用体系，重点建设水回收利用系统、生活垃圾分类回收系统等。五是大力发展高新技术产业。大力发展科技含量高、资源消耗低、环境污染少、土地用量少的新型工业。加快发展战略性新兴产业，重点发展节能环保、生物、新能源、新材料等战略性新兴产业，扶持发展海洋生物、海洋化工、海洋药物、海洋功能食品、海水综合利用等新兴海洋产业。积极对可再生能源如太阳能、生物质能、地热、天然气、水能进行循环利用，采用低碳技术、节能技术和减排技术，努力提高现有能源体系的整体效率。通过加快建设产业链完善、创新能力强、特色鲜明的战略性新兴产业，增强广西可持续发展的新动力。

4. 严格控制环境污染，改善生态环境

随着广西经济总量的增长，环境形势不容乐观，主要污染物减排的任务十分艰巨，城镇污水处理设施建设严重滞后，生态环境还比较脆弱，养殖污染、生活污染仍较突出，环境污染问题成为可持续发展的最大阻碍之一。生态环境建设是一项涉及面广、具有综合性、长期性的系统工程，是实现广西可持续发展战略的关键。要以生态广西建设为主轴，围绕污染减排这一工作重点，不断加大污染防治和生态环境保护力度，当前，必须彻底改变先污染后治理、边治理边污染的状况，努力降低主要污染物排放总量。一是积极实施生态功能保护区、自然保护区和生态示范区生态保护推进战略，促进水土流失和荒漠化的治理，同时推进重点流域重点区域的污染防治。二是进一步加大减排投入力度。对现有污染源采取严格的监控制度，对高污染行业设置更为严格的准入制度，从源头上减少环境污染与事故的发生。三是搞好城市环境治理，加快城市环保基础设施建设，积极争取国家投资，同时运用市场机制吸引民营企业、外资企业以及各类投资主体以各种方式积极参与城市环保基础设施项目的投资，提高城市污水处理能力，加强对生活垃圾的无害化处理。四是加强环境监控、环境管理工作。强化对排污企业的监管，严肃查处环境违法行为，促进企业建立自觉保护环境的自我约束机制。

5. 大力开发环保生态技术，提高广西绿色竞争力

大力发展环保生态技术，应围绕传统产业改造，重点推广清洁生产技术、清洁能源技术、生物工程技术、信息技术、节能节水技术。加大对高技术、低污染、规模大的项目和生态型工业的扶持力度，促进工业污染防治由末端治理向预防为主和生产全过程控制转变。对冶金、水泥、电力、造纸、化学、制糖等重点行业按清洁生产要求建立能耗指标体系，促进产业内部机构调整，延长产业链，增强企业发展后劲。应组织力量攻关，突出抓好生态环境保护、水污染治理、生活垃圾处理、资源综合利用、新能源、新材料等新技术新成果的研究开发和推广，建设可持续发展示范点和产业基地，培育一批与可持续发展相关的环保产业。

6. 大力实施技术创新战略

技术进步是可持续发展的主要驱动力。建立以企业为主体、市场为导向、产学研相结合的技术创新体制和机制，实现科技、教育和经济的一体化发展，全面提升可持续发展能力。鼓励企业成为创新投入的主体、技术研发的主体和成果转化的主体，形成自主知识产权和自主品牌。完善科技成果转化机制，大力推进科研院所企业化经营，鼓励、支持和引导若干大企业、大集团牵头建立千亿元产业技术创新联盟，支持大中型骨干企业成立技术开发中心，提高企业的技术开发和创新能力。通过完善科技中介服务体系，推进广西技术转移联盟、生产力促进中心联盟发展，拓展生产力促进中心、技术市场等科技中介机构的服务范围，提升科技成果转化的服务能力，拉动技术市场成交金额，促进技术成果的转化。积极培养和引进优秀人才尤其是创新人才，围绕食品、汽车、冶金、石化、机械、建材、电力、有色金属、建筑、旅游等重点产业的建设，大力引进和培育高层次创新人才及团队，完善科技领军人才的引进、培养、使用机制，为科技发展储备创新人才。鼓励高校教师和科研院所研究人员到大中型骨干企业和高新技术企业兼职，推进企业博士后科研工作站建设，吸引优秀博士后到企业从事科技创新，培养一批以“八桂学者”和特聘专家为核心的高水平科研创新团队。加强产业技术工人培育，努力造就一支能够支撑新型工业

化发展的产业工人队伍。

7. 实现人口可持续发展，建设和谐人居环境

广西可持续发展面临的人口压力仍然严峻，要从人口数量、人口质量、人口结构等诸多方面加以完善。要大力提高人口综合素质，积极应对人口老龄化，健全养老机制、完善养老服务，促进社会性别平等与公正，加强流动人口管理，积极推进人口城镇化进程，提高广西总体人力资本水平；进一步推进园林城市、卫生城市创建活动，深入实施“城乡清洁工程”，改善城乡生活环境；着力改善农村生活环境和村容村貌，积极防治农村面源污染，合理使用农药、化肥、农膜，加大规模化养殖场污染治理力度，以沼气池建设带动农村改圈、改厕、改厨，加强小流域综合治理，实施小流域治理工程，保护农村生态环境，防治水土流失。

8. 提高全社会的可持续发展意识

应从多方面提高全社会的可持续发展意识。一是加强环境教育，将可持续发展和环境教育纳入国民教育体系，在各级党校和行政学院开设环境保护课程，提高领导干部的环境与发展综合决策能力。二是加大环境保护宣传力度，开展以建设资源节约型、环境友好型社会为主题的宣传活动，增强全社会的资源环境忧患意识、可持续发展意识。三是要建立环境保护公众参与制度，要将环境质量状况、环境建设、企业排污等情况向社会公开，对可能造成不良环境影响、涉及公众环境权益的发展规划和建设项目等，要采用听证会、论证会、座谈会或社会公示等形式，广泛听取社会各阶层的意见和建议，鼓励公众参与环保决策。四是引导社会大众的生活方式、消费方式向低碳环保型转变，反对浪费型、高耗能、高排放的消费方式，在吃、穿、住、行等各方面倡导节约能源和资源的可持续消费观。

9. 建立绿色GDP核算体系

传统的GDP仅仅反映了经济增长的数量，而没有考虑到经济发展过程中环境污染和生态破坏的问题。绿色GDP是反映生态文明建设和可持续发展的重要参考指标。应把绿色GDP作为衡量干部政绩的主要指标，对地方政府的考评由过去的单纯考察经济指标扩大到环境指标、人文指标，依法

约束地方政府自身利益的扩张和膨胀，从根本上清除政府行为所引致的经济可持续发展障碍，实行环境保护的“行政问责制”，建立领导干部任期生态文明建设责任制，完善节能减排目标责任考核及问责制度，建立对领导干部实行自然资源资产和环境责任离任审计制度，从制度层面上纠正地方政府轻视环保监管的现象，促使地方政府真正重视环境保护工作，实现政府可持续发展约束机制的法治化。

10. 构建可持续发展政策体系

从价格、税收、投资、预算、信贷政策、进出口贸易等方面研究制定有利于促进可持续发展的配套政策。包括制定限制能耗高、物耗高、高排放产业的税收政策，鼓励发展能耗低、资源耗费低、低排放的低碳产业的税收优惠政策。形成再生资源定价体系，推动环境资源产品市场化；设立基金，激励生态化技术、新能源技术研发，加速技术工业化；实施排放奖惩制度，包括生态补偿、废物循环利用激励机制；鼓励发展环保产业，对于积极扩大环保投资的企业，应在财政、税收、融资方面给予政策优惠，对于不按政策投入环保设施建设的重污染企业要加大处罚力度。

第九章　粤桂滇黔水资源与经济发展协调关系的比较

水资源是人类文明的源泉，是人类生存和发展不可替代的资源，水资源与人类的一切经济活动密切相关。珠江是我国第三大河流，珠江—西江流域是珠江流域的核心流域，水不仅是重要的自然资源，也是战略性的经济资源，同时也是生态环境的关键性资源。水资源可持续利用对于流域内的粤桂滇黔四省区经济社会可持续发展至关重要。改革开放以来，粤桂滇黔四省区经济迅猛增长，越来越多地消耗着当地的水、森林、土地、矿产等自然资源，经济发展面临资源约束和环境污染的问题则越来越突显。以珠江—西江水资源开发和管理为例，多年以来流域范围内，因为地质、气候等原因，水患、水土流失多有发生，更因为流域的开发行为不当等人为因素，河流水体污染、水环境恶化时常发生，成为了我国水土流失最严重的地区之一。水土流失引发了严重的自然灾害，近10年来平均每年洪灾损失184亿元，而在广西、云南的石灰岩地区却因严重缺水，旱情严峻。西部大开发以来，国家针对珠江流域日趋严重的水土流失情况，组织实施了珠江上游天然林保护、退耕还林还草、防护林体系建设、荒山绿化、水土保持、水资源合理利用、源头生态环境功能区保护和污染控制等一系列生态环境建设工程，经过10多年大力度的持续推进取得了很大成效，促进了珠江流域生态更好的恢复，水环境更加地安全，为流域各省区经济社会发展提供了可靠的生态屏障。联合国科教文组织的一个研究小组认为，强调水资源系统的可持续性旨在保持生态、环境和水文系统完整性的同时，有助于现在和未来实现经济社会发展目标。本章遵循可持续发展理念，从分析粤桂滇黔四省区水资源禀赋现状特性入手，建立综合指标体系，对粤桂滇黔四省区水资源与经济发展协调度进行计算和分析，对粤桂滇黔四省区水资源承载力进行评估，根据定量分析结果，以广西现有问题为导向，提出促进广西水资源与经济协调发展的建议

第一节　粤桂滇黔省际水资源与经济发展协调度分析

珠江流域有西江、北江两个水系，西江是珠江的主流，西江河长 2075 千米，其中，云南境内长 639 千米，贵州境内长 369 千米，广西境内长 856 千米，广东境内长 196 千米。西江干、支流涉及云南、贵州、湖南、广西、广东五个省区，贵州南盘江到广西红水河段以下为西江上游；广西黔江、浔江河段以上为西江中游；广西梧州鸳鸯江口以下到广东省三水县思贤滘河段为西江下游，而后西江汇入珠江三角洲河网区，从磨刀门注入南海。

粤桂滇黔四省区是我国水资源比较富余的省区。广西河流众多，分属珠江、长江、红河和沿海诸河四大流域六个水系。河流总长约 4.45 万千米，河网密度平均 0.1880 千米/平方千米，水域面积约 8026 平方千米，占陆地总面积的 3.38%。境内有西江支流 1005 条，其中，1 级支流 106 条，2 级支流 310 条，3 级支流 371 条，4 级支流 169 条，5 级支流 46 条，6 级支流 3 条。干、支流总长 38072 千米，流域面积大于 10000 平方千米的 1 级支流，左岸有柳江、桂江和贺江，右岸有郁江。①

图 9.1 显示 2005—2014 年粤桂滇黔四省区人均水资源和人均地区生产总值情况。可以看出，近年来，粤桂滇黔四省区人均水资源拥有量变化不大，相对稳定在一定区间范围，各地人均 GDP 增长曲线按照自身发展规律平稳运行。广西、云南人均拥有水资源量较高，2005—2014 年，人均水资源量平均值分别为 3829.64 立方米/人和 3998.16 立方米/人；贵州省其次，

① 广西壮族自治区地方志编纂委员会．广西通志．水利志（1991—2005）［M］．广西：广西人民出版社，2011.12：10.

平均人均水资源量为2560.91立方米/人；广东省实际水资源量与广西相当，但由于人口较多，人均占有水资源10年平均仅为1900.39立方米/人。然而，人均水资源量最低的广东却实现了经济高速增长，2014年人均GDP达到63469元/人，高出广西91.81%，广东利用较少的水资源创造了具有可观规模的经济成果。反观广西、贵州和云南，拥有较为富余的水资源，却没有创造出更多的经济发展成效来，可见，滇桂黔在经济发展中进一步开发利用水资源是有余地的。

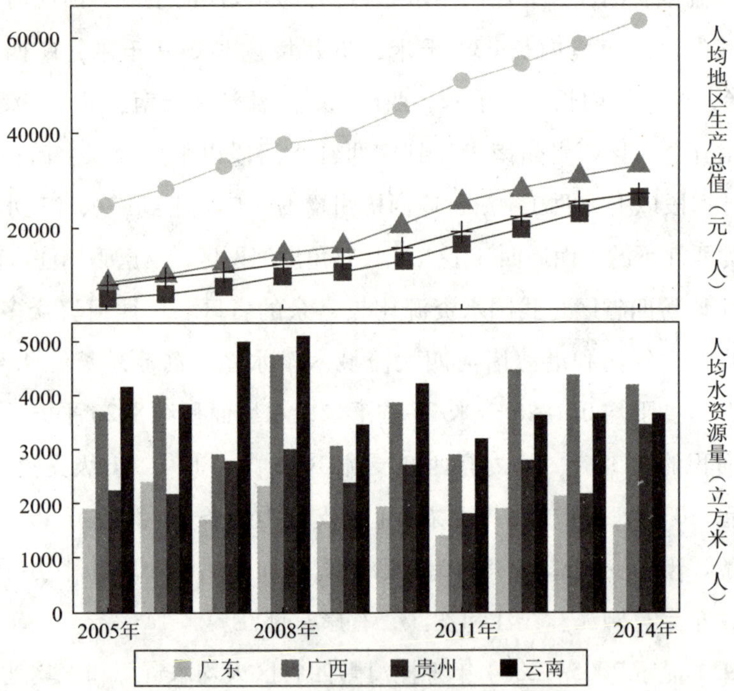

图9.1 2005—2014年粤桂滇黔四省区人均水资源与人均地区生产总值对比

一、水资源与经济发展的协调度评价思路

进一步考察广东、广西、贵州和云南水资源与经济发展间的协调程度是有现实意义的。测量和评价水资源与经济发展的协调度，目的是揭示在现实中区域水资源与经济之间的关联关系和协调程度，为制定发展决策提

供科学依据。由于水资源与经济发展分属于不同子系统，两者之间的发展是一个随机的过程，又是相互制约的过程。以下拟借助比较优势理论，对水资源与经济发展之间多因素、多目标的指标赋权构建评价的数学模型，评价水资源与经济不同系统之间的协调性和协调度。

应用比较优势理论和数学模型对于水资源与经济发展协调度的测量已经见诸于许多研究成果之中，而且是研究未来发展的一个主要方向。文献研究表明，如果一个地区的水资源量相对优势较高，如果同时也拥有较高的发展水平，则可以认为该地区的水资源与经济发展状况相协调；反之，如果发展优势偏低，则仍有依靠水资源提升水平的空间。参考李德一和张树文（2010）、邓晓军等（2013）的研究，以整个珠江—西江经济带作为参照系，构建评价的数学模型如下：

$$CI_j = WPCR_j / OPCR_j \tag{9-1}$$

$$WPCR_j = WPC_j / WPC \tag{9-2}$$

$$OPCR_j = \sum_j \omega_j \cdot OPCR_{j,i} \tag{9-3}$$

$$OPCR_{j,i} = OPC_{j,i} / OPC_i \tag{9-4}$$

其中，CI_j 表示 j 地区的水资源综合协调度；$WCPR_j$ 表示 j 地区的人均水资源相对水平，为 j 地区的人均水资源量 WPC_j 与珠江—西江经济带的总体平均水平 $ WPC $ 的比值；$OPCR_j$ 表示 j 地区经济指标综合相对水平，主要考察地区发展过程中对水资源的依赖情况，是各经济指标相对水平 $OPCR_{j,i}$ 的加权平均，这种相对指标的汇总形式也能够具备一定的指标可加性；$OPCR_{j,i}$ 则表示 j 地区第 i 项指标相对于总体平均水平的相对值，$OPC_{j,i}$ 是 j 地区第 i 项指标值，OPC_i 表示珠江—西江经济带第 i 项指标的平均水准。

根据这一计算过程对地区水资源协调情况进行判断，如果综合协调度 $CI_i > 1$，则表示 j 地区水资源对经济发展的支撑能力高于珠江—西江经济带的总体平均水平；如果 $CI_i < 1$，则表示其低于总体平均水平。具体地，如果综合协调度 $CI_i < 0.7$，则为极不协调；如果 CI_i 落在区间［0.7，0.85）内，则为不协调；如 CI_i 在区间［0.85，1.15）为基本协调；如 $CI_j \geqslant 1.15$，则 j 地区水资源与该地区的经济发展状况相协调。

二、指标选取与权重计算

评价水资源与经济发展协调度主要在于考察各地区水资源状况，水资源的开发利用程度，以及水资源拥有量与经济发展对水资源依赖情况。为了达到这一目的，这里选取水资源开发利用率指标和人均水资源量指标作为珠江—西江经济带水资源基本状况的反映。

同时，还依照可比性和可行性等原则，用人均用水量、万元 GDP 用水量等五项指标来反映经济社会发展过程中对水资源的依赖程度：

第一，人均用水量。用水总量与年末总人口之比，反映地区在一段时期内对水资源的人均综合使用情况，体现地区对水资源的整体依赖程度。

第二，万元 GDP 用水量。用水总量与 GDP 的比值，反映一段时期地区在经济发展过程中对水资源的平均消耗，表现出地区经济运行中对水资源的整体需求情况。

第三，单位有效灌溉面积农业用水量。农业用水总量与有效灌溉面积之间的比值，表示一段时期的农业用水分摊在每公顷有效灌溉耕地面积的平均使用量，从农业的角度反映地区需水量。

第四，单位工业增加值工业用水量。工业用水总量除以当年的工业增加值，表示一段时期内工业生产对水资源的平均消耗，从工业的角度反映地区对水资源的需求。

第五，人均生活用水量。生活用水总量与年末总人口的比值，反映一个地区的人在日常生活过程中对水的平均依赖程度，体现该地区维持人民生活的平均需水量。

上述指标所需要的原始数据均来源于国家统计局网站的分省年度数据库，本节拟选取 2005 年、2010 年、2012 年和 2014 年的数据进行纵向比较。

上述模型中所涉及到的权重 ω_i，本节拟采用层次分析法进行计算。由此得到上述五项指标，人均用水量、万元 GDP 用水量、单位有效灌溉面积农业用水量、单位工业增加值工业用水量和人均生活用水量的对应权重依次为 0.240、0.295、0.151、0.163 和 0.151。

三、粤桂滇黔省际水资源与经济发展协调度评价结果

经由上述计算思路和所获取的数据，得到珠江—西江经济带广东、广西、贵州和云南在2005年、2010年、2012年和2014年水资源与经济发展协调度评价计算结果，如表9.1所示。

根据邓晓军等（2013），水资源开发利用率如果超过40%，会对生态环境造成影响；如大于60%，则会带来自然生态的退化；而如果低于20%，则有利于地区生态的可持续发展。因而，参考他们的研究，将水资源开发利用率超过40%的地区定为高开发利用区，利用率在20%~40%之间的为中开发利用区，利用率小于20%的地区则为水资源的低开发利用区。

从水资源开发利用率指标可以看出，广东这三年对水资源的利用率都达到了20%以上，最高时约为26.26%（2005年），属于水资源中度开发地区；而广西、贵州和云南对水资源的利用程度较低，属于水资源低开发地区，2014年，广西和贵州的水资源开发利用率分别为15.45%和7.86%，云南的仅为8.65%。说明相对而言，广西、贵州和云南在水资源开发利用方面仍存在较大的空间。

就各项经济指标而言，广西在人均用水量、万元GDP用水量、单位有效灌溉面积农业用水量、单位工业增加值工业用水量和人均生活用水量等五项指标上均高于地区平均水平。以2014年为例，广西这五项指标在珠江—西江经济带的相对值分别为1.541、2.083、1.350、1.750和1.142。其中，人均用水量、万元GDP用水量和单位有效灌溉面积农业用水量相对指标都最高，说明广西各方面对水资源的消耗程度都相对较高。数据表明在2005年和2010年，广西水资源与经济发展呈现不相协调的状态。但得益于广西优越的水资源条件，2012年广西水资源与经济发展综合协调度指标由2010年的0.806跃升至0.973，呈现出了经济发展与水资源间基本协调的状态，2014年也以0.910的指标值维持在这一水平。此外，协调程度最好的为云南省，2014年综合协调度为1.425；贵州在2014年的综合协调度为1.335，同样处在经济发展与水资源之间相协调的状态。而广东水资源与经济发展之间协调度的相对水平表现较差。

表 9.1　主要年份粤桂滇黔四省区水资源与经济发展协调度评价

地区	水资源开发利用率	人均水资源相对指数	经济社会指标相对数					社会经济指标综合相对数	综合协调度	综合评价
			人均用水量	万元 GDP 用水量	单位有效灌溉面积农业用水量	单位工业增加值工业用水量	人均生活用水量			
2005 年										
广东	26. 263	0. 683	1. 083	0. 641	1. 433	0. 772	1. 297	0. 987	0. 692	中开发极不协调
广西	18. 181	1. 327	1. 456	2. 474	1. 214	2. 153	1. 110	1. 782	0. 745	低开发不协调
贵州	11. 648	0. 804	0. 565	1. 528	0. 580	2. 405	0. 640	1. 162	0. 692	低开发极不协调
云南	7. 952	1. 491	0. 716	1. 336	0. 598	0. 951	0. 573	0. 898	1. 661	低开发协调
2010 年										
广东	23. 465	0. 669	1. 019	0. 674	1. 309	0. 750	1. 160	0. 939	0. 713	中开发不协调
广西	16. 538	1. 326	1. 484	2. 084	1. 377	1. 660	1. 295	1. 645	0. 806	低开发不协调
贵州	10. 606	0. 939	0. 662	1. 458	0. 477	2. 625	0. 609	1. 180	0. 795	低开发不协调
云南	7. 596	1. 457	0. 727	1. 350	0. 647	1. 135	0. 637	0. 952	1. 531	低开发协调
2012 年										
广东	22. 256	0. 664	0. 990	0. 685	1. 296	0. 720	1. 283	0. 946	0. 701	中开发不协调
广西	14. 516	1. 547	1. 506	2. 015	1. 467	1. 490	1. 115	1. 589	0. 973	低开发基本协调
贵州	10. 351	0. 968	0. 673	1. 275	0. 420	2. 734	0. 537	1. 127	0. 859	低开发基本协调
云南	8. 985	1. 257	0. 758	1. 277	0. 660	1. 231	0. 588	0. 948	1. 326	低开发协调

续表

地区	水资源开发利用率	人均水资源相对指数	经济社会指标相对数					社会经济指标综合相对数	综合协调度	综合评价
			人均用水量	万元 GDP 用水量	单位有效灌溉面积农业用水量	单位工业增加值工业用水量	人均生活用水量			
2014 年										
广东	25.752	0.573	0.983	0.692	1.308	0.750	1.239	0.947	0.605	中开发极不协调
广西	15.450	1.498	1.541	2.083	1.350	1.750	1.142	1.646	0.910	低开发基本协调
贵州	7.857	1.234	0.647	1.091	0.530	1.646	0.653	0.924	1.335	低开发协调
云南	8.653	1.309	0.755	1.237	0.624	1.179	0.572	0.919	1.425	低开发协调

数据来源：国家统计局分省年度数据库。

第二节 粤桂滇黔省际水资源承载力比较分析

水资源承载力（Carrying Capacity of Water Resources - CCWR）的概念，最早源自于《生态学》中的“承载能力”（Carrying Capacity）一词，是自然资源承载能力的一部分。[①] 联合国教科文组织认为，一个国家或地区的水资源承载力是指在可以预见到的期间内，利用水资源和智力、技术等条件，在保证符合其社会文化准则的物质生活水平条件下，该国家或地区能持续供养的人口数量。[②] 水资源承载力定义为，在某一区域的水资源，在一定经济技术水平和社会生产条件下，对人口、经济、社会和环境的最大支撑能力。其内在特征表现在：一是水资源系统是水资源承载能力的主体，客体是范围较广的人类社会经济系统；二是水资源与人口、社会、经济、生态环境，应是协调发展、可持续发展；三是水资源生态系统的重要组成部分，必须满足生态系统对它的需水；四是水资源合理开发与优化配置，确定水资源对人口及社会经济规模的最大支撑能力。

上节从协调度的角度考察了粤桂滇黔四省区水资源与经济、社会发展的协调程度和发展程度，使水资源与经济社会协调发展的研究增加了科学性。参考专家学者从不同角度开展的区域水资源可持续发展的研究成果，本节将采用多指标建立指标系统来评价水资源承载力的方法，选取可应用的指标，以及采用模糊综合评价法，对粤桂滇黔四省区水资源的承载力状况进行综合评价，以进一步分析各地水资源的可持续发展能力。

一、评价指标选取与设定

从粤桂滇黔四省区的水资源禀赋出发，评价各地社会、经济、生态等三个方面对水资源的依赖程度，并由此来评估水资源承载能力。因此，需

---

① 鹿坤．喀斯特地区水资源承载力模型研究［M］．贵州省水文水资源局，2006.

② 齐文虎．资源承载力计算的系统动力学模型［M］．自然资源学报，1987，20（1）：38－48.

要在水资源系统、社会系统、经济系统和生态系统中，选取能够充分反映水资源状况及地方对水资源需求程度的指标，具体如表 9.2 所示。

表 9.2　水资源承载力评价指标

子系统	权重	指标	指标属性	权重
水资源系统	0.294	平均年产水模数	正	0.273
		人均水资源量	正	0.300
		水资源开发利用率	逆	0.208
		供水模数	逆	0.219
社会系统	0.230	人口密度	逆	0.292
		人口自然增长率	逆	0.292
		城镇化率	逆	0.220
		人均用水量	逆	0.196
经济系统	0.241	人均 GDP	逆	0.278
		万元 GDP 用水量	逆	0.352
		万元工业增加值用水量	逆	0.370
生态系统	0.235	生态用水率	逆	0.374
		森林覆盖率	正	0.303
		环境保护财政投入占 GDP 比例	正	0.323

第一，水资源系统。选取平均年产水模数、人均水资源量、水资源开发利用率、供水模数四项指标，来描述地区水资源拥有、开发及使用情况。其中，平均年产水模数是多年平均拥有水资源总量与该地区土地面积的比，人均水资源量是当年水资源总量与年末总人口的比，水资源开发利用率表示当年水资源总量中所使用的部分，供水模数是当年供水总量除以土地面积的数值。

第二，社会系统。人口密度和人口自然增长率反映出人口密集程度和增长情况所能够对当地水资源所带来的压力。由于城镇居民的用水量会高于农村居民，城镇化率的提高也将意味着对水资源消耗的增加，因而城镇化率也对水资源承载能力提出了考验；人均用水量则体现了地区对水资源的总体需求程度。

第三，经济系统。人均GDP、万元GDP用水量、万元工业增加值用水量等三项指标，用以评价维系经济发展所需要的水资源量。人均GDP体现了地区的发达程度，而较发达地区会需要更多的水资源来维持该地方的可持续发展，因而人均GDP越高预示着水资源的压力更大；万元GDP用水量和万元工业增加值用水量则能够反映出地区经济运行过程中，对水资源的依赖情况。

第四，生态系统。该子系统主要是为了反映地区对自然环境的保护情况，保持生态环境可持续的良好状况同样需要水资源的支持，而生态破坏将会给水资源带来更大的压力。本节选取了生态用水率、森林覆盖率、环境保护财政投入占GDP比例等三项指标对这一情况进行反映，体现当地水资源对生态系统的支撑能力。

用于计算上述指标值的原始数据均来源于国家统计局分省年度数据库，部分水资源数据来源于《中国水利统计年鉴》。各指标的权重通过基于专家打分的层次分析法得出，具体过程就不再详述。

二、评价标准与评价思路

在评价各省区水资源承载力的过程中，评价指标标准的设定是一个不可或缺的关键步骤。参考姜秋香等（2011）和李罡（2011）的研究，设定评价水资源承载力的标准，将各项指标设定成五个等级，自下而上分别为极低、较低、中等、较高和极高，各级别具体的指标值取值范围如表9.3所示。

表9.3　水资源承载力指标评价标准

指标	极低	较低	中等	较高	极高
平均年产水模数	≤15	15~20	20~30	30~45	>45
人均水资源量	≤500	500~1700	1700~3000	3000~5000	>5000
水资源开发利用率	>60	40~60	20~40	10~20	≤10
供水模数	>20	15~20	10~15	3~10	≤3
人口密度	>300	140~300	50~140	25~50	≤25

续表

指标	极低	较低	中等	较高	极高
人口自然增长率	>15	10~15	6~10	2~6	≤2
城镇化率	>80	60~80	40~60	20~40	≤20
人均用水量	>250	160~250	140~160	120~140	≤120
人均 GDP	>7.74	2.5~7.74	0.66~2.5	0.3~0.66	≤0.3
万元 GDP 用水量	>400	200~400	100~200	50~100	≤50
万元工业增加值用水量	>300	100~300	50~100	20~50	≤20
生态用水率	>5	3~5	2~3	1~2	≤1
森林覆盖率	≤10	10~15	15~20	20~30	>30
环境保护财政投入占 GDP 比	≤0. 2	0.2~0.7	0.7~1.2	1.2~1.7	>1.7

依照模糊综合评价的思想，在具体评价各地区水资源承载能力情况之前，还需要计算出各项指标对上述五个划分等级的隶属程度。

假定各项指标在各自的等级分类范围内服从正态分布，根据正态分布的性质，两倍标准差置信区间的置信度约为95.45%。因而，为保证各区间的中间值在各分类的区间上能有95%以上的隶属程度，不妨设定每个分类的边界值之差为该分类的四倍标准差，而两端的等级，即极低和极高，则参考附近区间的离散程度设定。假定如果指标值落在某一特定分类区间，则该指标具有与这一分类一样的离散性质，由此可以计算出，以指标值为均值、所属分类区间长度的四分之一为标准差的正态分布，在各分级区间中的面积，本节拟将这一面积值作为该指标对于各相应等级的隶属度。

按照这一思路，以图9.2中所示的指标值为例，将指标取值空间划分为极低、较低、中等、较高和极高五个部分。如图所示，该指标的样本观测值 x 属于较高水平的区间范围内，不妨假设这一区间两端点的取值依次为 d_1 和 d_2，则设定该指标的标准差 $\sigma_x = |d_1 - d_2|/4$，进而得到如图9.2所示样本指标值 x 的分布。

根据这一分布在极低、较低、中等、较高和极高五个区间内的概率值，x 有很大程度隶属于较高的水平；而由于 x 的取值较为靠近较高水平

的下端点 d_1，仍有一部分偏向于中等水平；属于极高水平的部分比较少，几乎可以忽略不计；而指标值 x 在极低和较低水平的隶属度则近似为 0。据此可以判断该指标处在较高且偏向中等的水平。

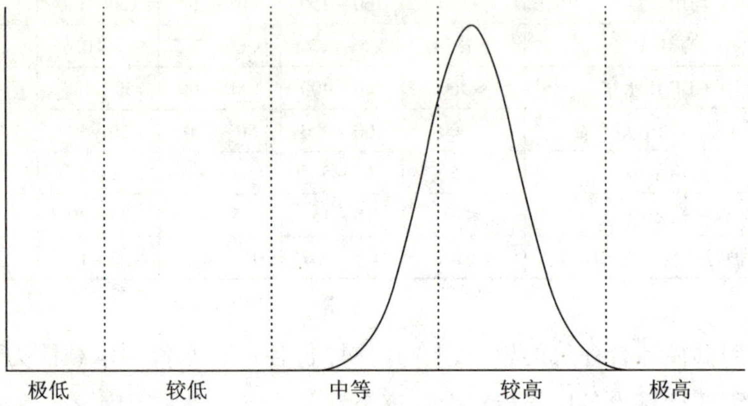

图 9.2 隶属度计算示例图

同时，设定五个级别的评分值分别为 0.1、0.3、0.5、0.7 和 0.9，而设一个地区某项单项指标在五个级别上的隶属度分别为 p_1、p_2、p_3、p_4 和 p_5，则该地区在这一指标上的综合得分 $s = 0.1p_1 + 0.3p_2 + 0.5p_3 + 0.7p_4 + 0.9p_5$。加上之前通过层次分析法所得到的指标权重，则可以汇总各项指标，得到该地区水资源承载力的综合评分。

三、粤桂滇黔省际水资源承载力评价

基于上述指标设定和评价思路，对 2014 年粤桂滇黔四省区水源承载力进行分析估算，计算结果在 Matlab 中完成，具体评价结果如表 9.4 所示。

表 9.4 2014 年粤桂滇黔四省区水资源承载力评价结果

项目	极低	较低	中等	较高	极高	综合分
广东						
水资源系统	0.219	0.186	0.296	0.026	0.273	0.490
社会系统	0.490	0.205	0.170	0.134	0.000	0.289

续表

项目	极低	较低	中等	较高	极高	综合分
广东						
经济系统	0.040	0.238	0.036	0.646	0.040	0.582
生态系统	0.023	0.298	0.002	0.277	0.400	0.646
综合承载力	0.192	0.229	0.135	0.259	0.184	0.503
广西						
水资源系统	0.000	0.012	0.215	0.481	0.293	0.711
社会系统	0.198	0.276	0.490	0.034	0.000	0.372
经济系统	0.000	0.471	0.523	0.003	0.003	0.408
生态系统	0.001	0.291	0.031	0.065	0.612	0.699
综合承载力	0.046	0.249	0.309	0.165	0.231	0.557
贵州						
水资源系统	0.000	0.000	0.054	0.486	0.459	0.781
社会系统	0.165	0.302	0.253	0.278	0.000	0.429
经济系统	0.000	0.214	0.608	0.162	0.016	0.496
生态系统	0.000	0.012	0.306	0.059	0.622	0.758
综合承载力	0.038	0.124	0.293	0.260	0.285	0.626
云南						
水资源系统	0.000	0.000	0.027	0.651	0.322	0.759
社会系统	0.196	0.054	0.547	0.203	0.000	0.451
经济系统	0.000	0.159	0.681	0.150	0.010	0.502
生态系统	0.000	0.037	0.287	0.343	0.333	0.694
综合承载力	0.045	0.059	0.365	0.355	0.175	0.611

数据来源：国家统计局分省年度数据库。

针对2014年各地的水资源状况，总的来看，粤桂滇黔四省区中，水资源综合承载能力较高的为贵州，总评分值为0.626，处于中等偏上的水平；云南和广西依次位居其后，总评分值分别为0.611和0.557；广东的状况较差，其2014年的水资源综合承载力总分值为0.503，该地区综合评价的具体分布显示出双峰的特性，各项指标在较低和较高两个水平的分布上较为集中。

从各项子系统的情况看来，水资源系统方面，广东的分值为 0.490，在五个等级上的分布也较为分散：广东省虽有较为丰富的水资源系统，但开发程度和供给量相对较高，人均拥有量略显不足，这与前文所述水资源协调度分析得到的结论一致。广西、贵州和云南地区的水资源状况较好，评分值分别为 0.711、0.781 和 0.759，各项指标的综合情况处于相对较高的水平，说明这广西、贵州和云南三个地区相对于广东有较好的水资源基础条件，而且仍存在可利用的空间。

社会系统方面，粤桂滇黔四省区的分值由高到低分别为云南的 0.451、贵州的 0.429、广西的 0.372 和广东的 0.289，均表现为较不理想。其原因主要在于粤桂滇黔四省区人口密度较大，而且仍然拥有较高的上涨趋势，同时粤桂滇黔四省区的人均水资源消耗量也普遍偏高。此外，较高程度的城市化进程也对各地的水资源储备造成了不小的压力。

经济系统方面，西部的广西、贵州和云南的得分值分别为 0.408、0.496 和 0.502，均存在经济运行和工业生产过大消耗了水资源的问题，加之日益提升的经济发展水平也增加了对水资源的需求，因而形成了水资源的承载压力。广东省在该子系统的表现较好，这项评分为 0.582。相对而言，主要是广东经济发展保持较快增速，水资源消耗保持较慢增速，经济发展对水资源的需求相对较低。

生态系统方面，广东、广西、贵州和云南四个地区的评分值依次为 0.646、0.699、0.758 和 0.694，处于中等偏上的水平。从具体指标来看，各省区的资源均有较好的资源禀赋，生态用水率和森林覆盖率都达到了较高甚至极高以上的级别，但各地在环境保护的投入上仍然略显不足。

第三节　结论与建议

一、几点结论

水资源的合理利用是支持珠江—西江经济带开发建设的重要保障。应用定量分析理论和方法，测算粤桂滇黔四省区水资源与经济发展协调度，以及评价水资源承载能力状况，得出以下结论：

第一，广西水资源总量丰富。广西拥有众多山川河流，水资源总量丰富，人均水资源量约为世界平均水平的1/3强。总体上，广西水资源开发利用不平衡，区域性和水质性缺水等问题较多，水资源利用与经济持续发展不相协调。

第二，从水资源与经济发展协调度看，广东水资源开发利用率最高为26.26%，广西、贵州和云南与广东有较明显差距，为水资源低开发地区。广西对水资源的利用率一直处在较低的水平，仍有进一步开发利用的空间。广西在经济生产和社会运行过程中，对水资源的消耗量相对广东、贵州和云南而言仍然较高，这使广西水资源与经济发展间仅表现出勉强协调的状态，但这一情况在近几年还是有所改善的。

第三，从水资源承载能力看，粤桂滇黔水资源综合承载能力排名为贵州（总评分值0.626）、云南（总评分值0.611）、广西（总评分值0.557）、广东（总评分值0.503）。虽然粤桂滇黔四省区的水资源和生态条件弥补了一些不足，但各地的经济社会发展进程，依旧从不同程度上形成了对水资源的压力。因此，合理开发利用珠江—西江水资源，促进水资源的节约与保护刻不容缓。

二、问题与对策

（一）广西水资源与经济协调发展方面存在的主要问题

广西虽然水资源较为富余，水资源利用方面尚有余地，但这是基于工业化程度较低，经济发展实力不强的现况。实际上，水资源利用不合理、水环境逐步恶化、水土流失突出等等与水资源相关的问题，都是制约广西经济发展的重要问题。

1. 水旱灾害频发，是长期威胁广西经济持续发展的最主要自然灾害之一

广西地处世界气候异常脆弱带内，冬季季风交替，降雨集中分布在

3—9月，此期间的降雨量占年均总降雨量的75%，易发生水旱灾害。广西多属山区型河流，洪水的特点是暴涨暴落，造成灾害性、突发性较强。水资源在时空分布上相差悬殊，桂西南左江流域为暴雨中心区，桂中为降雨量低值区，桂中为广西石山连片地区，每年都发生旱灾，河流少水，湿地萎缩，皆因缺水使得生态环境严重恶化，导致农作物减产。①

2. 水污染日益严重，水安全成为广西经济持续发展的重大隐患

近10多年来，广西经济发展迅猛，工业、农业和生活用水需要急剧增加，更有大量的高污染、高能耗的锌、锰等资源型产业过度发展，许多小、散，且技术和环评不达标的企业，产生的未经处理的废水、污水直接排入江、河、湖、库，导致了柳江事件、贺江事件这类闻名全国的江河污染事件的发生，水污染问题、水环境问题已经摆在人们面前，保护水安全迫在眉睫。

3. 水资源利用效率低，水浪费严重对广西经济持续发展产生影响

从以上对水资源与经济发展协调度分析，对水资源承载能力分析的结果可知，广西水资源利用效率低，存在较大的浪费。农业方面，农业灌溉以传统方式为主，灌溉水平均有效利用率低于30%，节水灌溉技术的推广进度缓慢。工业方面，没有树立科学用水理念，工业用水重复利用率低，水量损失较大。居民用水方面，城镇居民洗车、抽水马桶用水浪费严重，违规用水、浪费用水屡屡发生，诸如此类，势必加剧城市的水供需矛盾。

4. 生态用水受到挤占，各种不合理用水成为影响水资源与经济协调发展的关键问题

广西经济发展一定程度依赖于铝、锡、锑、锌、铟等有色金属工业的支撑，例如铝工业，目前已建成了包括铝土矿勘探、开采、氧化铝、电解铝、铝型材、板材、带材、箔材、碳素、氟化盐等比较齐全的工业体系，是对国内外市场具备一定调控能力的产业。但是有色金属对工业水、电等

---

① 广西壮族自治区地方志编纂委员会．广西通志·水利志（1991—2005）［M］．广西：广西人民出版社，2011.12.

资源消耗高，再加上布局在北部湾经济区的重化工业，更高消耗资源的产业，导致局部地区工业用水挤占农业用水，农业用水挤占生态环境用水，生态环境用水面临困难，必然会对珠江—西江流域生态系统和环境造成极大的破坏。

（二）促进广西水资源与经济协调发展的建议

水资源是基础性的自然资源和战略性的经济资源，是广西实现经济社会协调发展的基本保障。广西水资源总量相对丰沛，但水资源状况却不容乐观，面临的水问题越来越突出，可利用的水资源呈逐步递减的态势。在做好水资源的开发、利用和治理的同时，必须重视和加强对水资源的配置、节约和保护，通过完善水资源管理，来用好有限的水资源，以保障经济社会的可持续发展。

1. 实施最严格水资源管理制度，加快经济和社会发展方式转变

水资源时空分布不均、粗放利用等问题直接影响着广西经济社会协调发展，一些地区水资源无序开发加剧了水资源供需矛盾，尤其是近年来，随着广西经济社会的持续发展，用水量、排污量不断增加，部分水体已受到不同程度的污染，水资源供需矛盾日益突出，水资源已成为广西经济社会持续发展的主要制约因素之一，实行最严格水资源管理的要求十分紧迫。2013 年 1 月，国务院办公厅印发的《国务院办公厅关于印发实行最严格水资源管理制度考核办法的通知》，规定了各省、自治区、直辖市的水资源管理控制目标。广西的控制目标为：2015 年，用水总量控制目标为 304 亿立方米，农田灌溉水有效利用系数达到 0.45，重要江河湖泊水功能区水质达标率达到 86%，“十二五”期间万元工业增加值用水量下降 33%；2020 年，用水总量控制在 309 亿立方米，重要江河湖泊水功能区水质达标率达到 90%；2030 年，用水总量控制在 314 亿立方米，重要江河湖泊水功能区水质达标率达到 95%。广西要认真贯彻落实中央决策部署，着力强化水资源管理，坚决落实最严格水资源管理制度，以水资源配置、节约和保护为重点，实行用水总量、用水效率、水功能区限制纳污“三条红线”控制管理，优化配置、全面节约、有效保护水资源。

2. 进一步调整优化经济结构，合理确定城镇规模，形成与水资源承载力相适应的经济结构和城镇规模

（1）调整优化经济结构。转变用水方式，加快产业结构调整，不断降低高用水、高污染行业比重，使产业结构与布局与区域水资源条件相适应。禁止引进高耗水、高污染工业项目，鼓励发展节水高效、高新技术产业，促进产业结构调整和产品升级换代。鼓励火电、纺织、石油化工、制糖、造纸、钢铁等高耗水行业向水资源丰富地区或沿海地区转移，同时要提高废水、污水处理率，严格要求达标排放。

（2）调整优化广西城镇体系和空间布局。广西城镇化进程要与水资源承载能力相匹配，要"以水定城市发展合理规模，以水定城镇产业发展，以水定工业企业布局"，真正做到以供定需，以水定发展。对于水资源条件差，水资源供需矛盾突出的城市，应合理地确定城市功能与定位、发展布局和产业结构，严格限制高耗水、高污染工业的发展。水资源承载能力低的地区要逐步淘汰高用水、高污染的产业。

（3）调整农业种植业结构和布局。根据水资源条件调整农业种植结构，积极发展高效生态节水型农业。

3. 科学配置水资源，保障广西经济社会可持续发展

（1）科学合理优化调度水资源。科学制定广西水中长期供求计划、河流水库洪水联合调度方案、旱情紧急情况和突发污染事件时的水量应急调度预案，统筹解决各种水问题。

（2）编制符合广西经济社会发展需要的水资源开发利用规划。对广西开发、利用、节约、保护水资源和防治水害作出总体部署，保证水资源开发利用总体合理。

（3）编制水资源专项规划。结合防洪、治涝、灌溉、航运、供水、水力发电、渔业、水资源保护、水污染防治、水土保持、节约用水等需求编制专项规划，通过专项规划的实施，实现广西水资源开发利用的总体平衡。

4. 大力提高全社会的水资源保护意识，全面建设节水型社会，大力加强农业节水、工业节水和城乡生活节水，培育节水的生产生活方式

（1）农业方面。以提高灌溉水利用效率为核心，加大农田水利基础设施建设的力度。重点开展灌区节水改造，加快对广西现有大型灌区、中型灌区续建配套和节水改造，建设节水增效示范项目。在桂西北、桂中、左江、右江旱片积极推进小型灌区节水改造和田间高效节水技术。大力发展节水农业，加强旱作节水农业建设，推广农业节水新技术，促进节水灌溉技术产业化，研究开发适合广西不同地区特点的节水灌溉技术，加快推进和普及优化配水、田间灌水、生物节水与农艺节水等先进农业节水技术。通过农艺措施、管理措施等多种非工程节水措施，提高水分利用率和水分生产率及减少无效蒸发量，进一步提高农业综合节水能力。采取多种方式集蓄雨水，分散解决桂西北及干旱缺水地区的农业灌溉问题，提高抵御干旱灾害的能力。

（2）工业方面。工业污染防治要从"未端治理"转为以源头控制为主的综合治理，在项目审批环节加强对工业污染的防治力度。在严格市场准入及限制高消耗、高排放、低效率、产能过剩行业盲目发展的基础上，结合企业技术改造对工业系统用水进行节水改造，推广先进的节水技术和工艺，提高工业用水重复利用率。逐步淘汰落后的、高耗水的工业、设备和产品，关停高耗水、重污染的企业。新建、改建、扩建企业要按照高标准节水和节水"三同时"（建设项目的主体工程与节水措施同时设计、同时施工、同时投入使用）的要求进行建设，配套建设节水设施。全面推行清洁生产和高效用水，加大工业废水处理。

（3）城乡生活方面。加快对运行使用年限长及老城区漏损严重供水管网的更新改造，加大新型防漏、防爆、防污染管材的更新力度，降低供水管网漏损率。加快节水型设备和器具及节水产品的推广应用，大力推广节水新技术、新工艺和新设备，严格市场准入，禁止使用国家明令淘汰的用水器具，全面使用节水型设备和器具。组织重大节水技术示范工程，推动全社会节水。

5. 完善水资源的各项管理制度，全面推进依法治水

完善水资源开发、利用、治理、配置、节约、保护的各项管理制度，彻底扭转对水资源的过度开发、无序开发和低效开发，切实转变对水资源的粗放与低效利用方式。

（1）深化水资源管理体制改革。着力深化水利各项改革，健全水利良性发展的长效机制。推进水利基础设施投资改革，建立以公共财政为主的水利投融资机制；推进农业水价综合改革，建立水价形成机制；推进水利工程管理体制改革，保障水利工程良性运行；推进水资源管理体制改革，建立水资源的权属管理和实行水事活动全过程动态调控的统一管理和监督体制；推进小型农田水利工程产权制度改革，建立农村小型农田水利乡管民用运行机制，以水利各项改革的不断深化和拓展，为水利发展提供体制机制保障和动力源泉。

（2）抓好水资源保护。依据《中华人民共和国水法》以及广西已经出台的有关水资源、河道、防洪、水利工程、水土保持、水文设施保护等地方性法规和政府规章，加强水资源管理和水环境保护。着力强化依法治水、依法管水，推进水利法治化进程。一是严格实行用水总量控制。依据国家和广西水资源综合规划，确立水资源开发利用红线，强化水资源统一调度，协调好生活、生产、生态环境用水。二是加快推进节水农业发展。普及推广节水技术，大力发展节水灌溉，引导矿产加工业转型升级，促进工业和城镇生活节水。三是不断加大水资源保护力度。从严核定水域纳污容量，严格入河排污口监督管理，加强河流控制重要断面的水质监测及水功能区的监督保护。四是积极推进水生态保护修复。加快划定水域岸线控制利用分区，严厉打击非法采砂活动，严禁建设项目非法侵占河湖水域。加强水利水电工程生态影响评估论证。对生态用水及河流生态进行动态评价，遏制水生态环境恶化趋势。

（3）抓好水资源管理。突出抓好水资源节约保护、社会管理、公共服务等方面的法律制度建设。全面实施最严格的水资源管理制度，以总量控制为核心，抓好水资源优化配置。进一步规范水行政许可，全面落实水工

程建设规划同意书、洪水影响评价、水功能区管理等各项制度，强化水资源、水能资源、水域岸线、河道采砂、水工程建设等方面的管理。相对集中水行政处罚权，整合水利执法力量，推动水利综合执法。着力构建统一、协调、规范、高效的水利突发事件监测预警和应急处理机制，不断完善信息交流、发布和共享机制，畅通公众参与和社会监督渠道，全面提高水资源管理能力和水平。加大水污染防治力度，保护好地下水，以强化依法治水管水，促进水利社会管理和公共服务能力的不断提高。

（4）抓好水资源统一管理和基础工作。坚持对洪涝灾害、干旱缺水和水环境恶化等问题实行统筹规划、综合治理，强化水资源统一管理，积极推进城乡水务一体化，完善流域管理与行政区域管理相结合的水资源统一管理体制，建立健全水资源保护和水污染防治协调机制。加强流域管理机构的监督管理能力建设，提高流域机构的监督管理、行政执法能力。加强基层水利服务体系建设，完善有利于鼓励、保护和引导基层水利健康发展的政策措施，着力解决基层水利单位的突出困难和问题，切实增强基层水利发展实力、服务能力和改革动力。积极推进水价改革，完善水价形成机制，有效发挥水价对促进节水的杠杆作用。逐步建立广西水资源监控管理平台，做好水资源统计及信息发布工作，全面提高水资源管理水平。

（5）抓好水文基础保障能力建设。合理布局和增设水质、旱情、地下水、水土保持以及大中小水库、暴雨区和地质灾害多发区的水文监测站。采用先进的水文技术，加快水文信息采集、传输、数据库、旱情监测、洪水预警预报、水资源预测预报、水资源监测、水资源评价、应用服务等系统建设，提高水文预测预报准确率和效率。制定广西各种突发公共水事件的水文应急测报实施方案，建立反应迅速、运行高效的水文应急测报响应机制，增强突发公共水文事件水文应急测预报保障能力。将水文事业纳入本级国民经济和社会发展总体规划、相关规划和年度计划，统筹协调有关促进水文事业发展的政策、规划的制定和实施，监督检察落实情况，促进水文更好地为地方经济社会发展服务。

6. 加强基础设施建设，综合利用水资源

（1）突出加强农田水利等薄弱环节建设。一是大兴农田水利建设，因地制宜兴建水利设施，支持山区“五小水利”工程建设。发展节水灌溉技术，新建一批水利灌区，提高农田灌溉水有效利用系数。二是加强水利设施建设，扩大水利投资规模，建立投入稳定增长机制，发挥公共财政对水利发展的支持作用，提高水利保障能力。加强病险水库除险加固，消除水库安全隐患，恢复库容，增加水资源调控能力。坚持蓄引提结合，综合治理，加强农村饮水工程、灌区节水改造工程、小型农田水利等水利项目的建设，建设一批规模合理、标准适度的抗旱应急水源工程。

（2）发展水力发电及农村水电。广西水电资源蕴藏量较大，分布较广，发展农村中小水电，是加快地方经济社会快速发展，解决广西县域农村用电的有效途径。要加强水电开发与管理，杜绝水能资源无序开发，确保水能资源的效益和公共安全。各级水行政管理部门应该实行从规划、设计、建设到竣工验收的全过程规范监管，加强水电站技术改造，完善经营与管理。加快农村电气化县建设，促进县域经济的发展和农村生产、生活条件的改善。引导各地使水电开发成为流域多目标综合开发、维护河流水环境、加强流域生态建设的重要组成部分，统筹规划、合理安排，实现全流域经济、社会、生态效益的统一。

（3）推进西江亿吨黄金水道建设。统筹推进西江黄金水道建设，加快推进西江黄金水道航道整治。建设大藤峡、老口等流域控制性枢纽工程，进一步提高西江水运通航能力，实施西江航运干线扩能工程，加快红水河龙滩、右江百色等枢纽通航设施建设与改造，打通西南地区连接珠江三角洲的水运通道，形成铁路、公路、水路相互衔接、优势互补的综合交通运输体系和水资源综合利用体系。

7. 完善防洪减灾体系

广西是水旱灾害频繁发生的区域，每年均有不同程度的水灾和旱灾发生。防汛抗旱成为一项十分重要的经常性工作。要不断完善防洪抗旱的工程和非工程体系，构建高标准的城市防洪排涝饮水体系，建成全面的防洪减灾体系，提高公众的水患意识，建立防洪抗旱、救灾及灾后重建机制。逐步推行洪水保险制度，完善洪水调度手段。大力提高防洪减灾科技水平，加强防洪减灾社会化、蓄滞洪区管理与运用、洪水资源利用和城市蓄滞雨水措施、跨水系或流域洪水调度、洪水灾害评估系统、防洪减灾投资与集资政策、不同江河不同防洪工程的最佳防洪标准、防汛抢险实用现代技术等方面的研究，不断提高抗御水旱灾害的能力，保障水资源安全。继续抓好以行政首长负责制为核心的各种防汛抗旱责任制的落实，做好防御水旱灾害的各项准备工作，完善各类防汛抗旱应急预案和应急响应机制，及时充足储备防汛抗旱物资，加强防汛抗旱机动抢险队伍组织的建设管理和演练。完善台风灾害防御预案和防台风预警系统，把防台风责任制落到实处。高度重视和切实做好水情、雨情、旱情的预测预报工作，增强预报时效，提高预报精度。加强水资源统一调度，强化节约用水，统筹安排生活、生产和生态用水，提高抗旱能力和减灾效益，全力保障城乡居民生活用水安全，千方百计满足生产和生态用水需求，最大程度减轻水旱灾害损失。

8. 建立与健全流域水资源保护补偿机制

广西水资源总量丰富，但是水污染问题日趋严重，如果不有效遏制，将会对整个广西乃至整个珠江流域地区造成严重危害，因此，必须建立一套符合实际情况的水资源生态补偿机制。要探索建立流域性补偿机制，明确流域上下游地区责任、权利、义务和利益，合理确定补偿费用，建立补偿标准体系及资金来源、补偿渠道、补偿方式和保障体系，共同建立流域资源共享、生态共保、经济共赢的管理机制，使广西流域水资源保护管理取得实质性成效。一是建立流域总量控制下的排污量分配及相应的补偿制度；二是流域内行政区域间水污染治理代价分担与补偿机制；三是河流治理与生态修复补偿机制；四是建立流域内排污权交易制度。探索建立上下游地区生态补偿联动协调机制和生态补偿长效机制，通过市场机制达到防治效果。以深化水资源管理体制改革为前提，推进广西建立流域性补偿机制的探索性实践。尽快完善生态补偿制度，规范生态协调管理与投入机制，建立政府和社区共同管理的生态补偿管理模式，完善生态环境质量监测、评价体系。

9. 大力开展水污染防治工作，确保水生态安全

贯彻执行水功能区、入河排污口、饮用水水源地保护制度，从源头控制入河污染物排放，努力实现水功能区水质目标。保护城市、农村饮用水水源地，坚决取缔饮用水水源保护区排污口。大力兴建城镇污水处理厂，提高城镇污水的收集率和处理率。推行清洁生产，减少工业废污水排放量。严格实行工业废水达标排放制度，杜绝工业废水偷排和超标排放现象。严格执行排污许可制度，实行“清污分流”，避免废污水排放污染水源。依据水功能区划分，核定水功能区纳污能力，实行入河污染物总量控制。开辟重要城市饮用水后备水源。加强江河湖库水产、畜牧养殖规划与监管，开展农村生活污水处理试点示范，加强农村分散水源地的监测与管理，防止发生水源污染事故。加强地下水保护和动态监测，划定地下水超采区、禁采区、限采区，遏制地下水过度开发。开展水资源保护和水生态系统保护工程建设试点，探索和拓宽水资源保护的新途径，不断改善水资源生态环境，为城市发展和经济建设服务。

10. 提高水危机管理和突发应急管理能力

由于水污染事件日益增多，给广西的经济建设带来巨大损失。要提高全社会的水危机意识，切实加强安全生产，防止人为造成的水危机，坚持以人为本，减少危害；居安思危，预防为主；统一领导，分级负责；以法规范，加强管理；快速反应，协同应对；依靠科技，提高素质的原则，建立健全全社会以防为主，预防、控制、治理三位一体的安全保障体制和应急应变机制。制定完善各种应急预案，提高应对各种突发事件的预测能力和快速反应能力，加强日常的风险管理工作，把危机事件所造成的损失减少到最低程度。规划建设城市备用水源，提高饮水供应抗风险能力，加快饮用水源预警体系和风险防控工程建设，改造提升现有取水设施应对污染的能力，切实提高饮用水源环境安全保障水平。

11. 强化水资源管理考核制度

切实落实水资源管理责任。把水资源开发利用、节约和保护的主要指标，纳入地方经济社会发展综合评价体系，实行水资源管理行政首长负责制。建立自治区、市、县三级行政区的用水总量控制体系，抑制用水过度增长，把区域用水总量控制目标列入各级政府工作的考核目标加以落实和检查。完善各级行政区用水定额及节水标准体系，建立健全用水、节水的考核制和责任制，严格监督管理，严格控制超定额用水。

第十章　粤桂滇黔生态文明建设的比较

建设生态文明是实现可持续发展的必然要求，推动生态文明建设是顺应可持续发展时代潮流的必然选择，是保障环境安全、实现可持续发展的必由之路。我国把生态建设上升到文明的高度，坚定不移走中国特色生态文明建设道路，是对推进人类文明进步的重大贡献。建设生态文明，实质上就是要建设以资源环境承载力为基础、以自然规律为准则、以可持续发展为目标的资源节约型、环境友好型社会。党的十七大报告第一次把建设生态文明作为一项战略任务提出来。在总结十七大以来生态文明建设理论和实践成果的基础上，党的十八大报告和新修改的党章明确规定建设生态文明是国家发展战略，强调把生态文明建设放在突出地位，融入经济建设、政治建设、文化建设、社会建设各方面和全过程，努力建设美丽中国，实现中华民族永续发展。为全面贯彻落实建设生态文明的国家发展战略，全国各地大力推进生态文明建设，地处珠江西江经济带的粤桂滇黔四省区的生态文明建设开展得有声有色，不断取得新进展。污染减排历来是生态文明建设的主要目标之一，“十一五”时期污染减排的完成情况较好，“十二五”时期污染减排形势严峻。本章通过建立省域生态文明建设评价体系，对粤桂滇黔四省区生态文明建设情况进行评价，对比分析粤桂滇黔四省区生态文明建设成效，并对“十一五”时期、“十二五”前期粤桂滇黔四省区污染减排效果进行比较分析，最后形成结论性意见。以广西现有问题为导向，提出推动生态文明示范区建设、打造美丽广西的对策建议。

第一节 粤桂滇黔生态文明建设历程与绩效评价

党十七大提出建设生态文明以来，粤桂滇黔四省区立足各自的省情区情，因地制宜地探索建设生态文明道路，突出特色，创新推进。

一、粤桂滇黔生态文明建设的实践与成效

粤桂滇黔四省区在建设生态文明国家发展战略的引导下，节能减排、循环经济、生态保护等各项工作持续推进，生态文明建设的法规和政策体系逐步建立，生态文明建设不断取得新进展。

（一）粤桂滇黔生态文明建设理念达成高度共识

继“十一五”时期生态文明建设取得明显成效的基础上，“十二五”时期，粤桂滇黔四省区对生态文明建设理念达成高度共识，建设生态文明成为区域发展的重要战略之一。从粤桂滇黔四省区的“十二五”规划来看，生态文明建设明确地成为规划中的重要内容。广西和贵州将生态文明建设写入“十二五”规划，广东和云南则以绿色发展取代了生态文明建设，既在建设生态文明过程中把绿色发展作为首选目标。各地的“十二五”规划在编制指导思想时，将绿色发展写入的有广东、云南，如广东将绿色发展战略写进指导思想；云南将“建设绿色经济强省”及“突出生态建设和环境保护”写入指导思想。在编制发展目标时，粤桂滇黔四省区均提到了生态文明建设，如广东将“生态环境明显改善”列为发展目标；广西将“生态文明建设成效显著”定为主要目标；云南和贵州的主要目标为“资源节约环境保护明显加强”。

广西以“生态文明建设”为题进行专篇（章）规划。在五年规划期内，广西确立生态文明建设的思路和重点是，坚持生态立区、绿色发展，强化节能减排，推广低碳技术，发展循环经济，加强生态环保，推动形成资源节约、环境友好和有利于应对气候变化的生产方式和消费模式，加快建设全国生态文明示范区。

广东和云南以“绿色发展”为题进行专篇（章）规划。在五年规划期内，广东把推进绿色发展作为加快转型升级、建设幸福广东的重要着力点，倡导绿色发展理念，积极应对气候变化，加强资源节约和环境保护，大力推进生态文明建设，努力改善人居环境，促进人与自然和谐相处。云南提出发挥绿色资源优势，把生态建设和环境保护作为加快经济发展方式转变的着力点，深化实施“七彩云南保护行动”，推进“森林云南”建设，增强绿色发展对生态建设的基础性和核心性支撑作用，建设资源节约型和环境友好型社会。

粤桂滇黔四省区明确强调以生态文明的理念指导新型工业化、新型城镇化和农业现代化，将应对气候变化、加强资源节约和环境保护，发展循环经济等作为“十二五”时期生态文明建设的主要内容。

（二）粤桂滇黔生态文明建设战略的差异

根据粤桂滇黔四省区的“十二五”规划纲要，以生态文明建设是否被写入指导思想、发展原则或主要目标等方面来衡量各省区对生态文明建设重视程度在战略上的差异，以是否有专篇（章）明确表达生态文明建设内容、是否有相应的任务落实或制度保障等方面来考察战术层面上的差异。结合上述两个层面并参考专家和学者的研究成果可知，广东、广西和贵州属于战略战术双领先型，即战略上高度重视且战术上对目标、内容和任务都有明确的界定和部署，生态文明理念贯穿规划始终，如广西，不仅将“生态文明建设成效显著”确立为主要目标之一，而且对“加强生态文明建设”展开专篇规划，并围绕“加强节能管理、加强资源节约和管理、大力发展循环经济、强化环境保护、加强生态建设、加强防灾减灾体系建设”六个方面的内容，详细阐述了生态文明建设的措施及行动；而云南属于战略战术相对均衡型，即生态文明建设被写进规划原则或目标，在任务部署上也比较具体，对生态文明建设重要性的认识和具体部署均与全国平均水平相当。

（三）粤桂滇黔省际建设生态文明的实践各具特色

广东的绿色发展、广西的“建设全国生态文明示范区”，云南的“建设绿色经济强省”、贵州的“建设生态文明、保护青山绿水”，突显了粤桂滇黔四省区走建设生态文明道路的地方特色。

广东作为我国率先发展的地区，经济社会转型较早，生态问题也凸显得较早、较多。为此，广东提出“绿色发展”的理念，根据自身生态问题的基本特征、产生原因和发展态势，采取相应的对策措施，如开展全国生态文明建设试点工作，探索生态文明建设道路；推进生态示范创建工作；加强对自然保护区建设工作的指导，规范自然保护区的建设管理；加强农村环境综合整治，推进农村生态环境建设等，牢牢把握生态建设主动权。此外，“十一五”期间，广东还积极淘汰落后产能以推进节能减排工作，单位生产总值能源消耗、二氧化硫排放和化学需氧量排放总量等约束性指标超额完成国家下达任务，有效改善了环境质量，绿色广东建设初见成效。

广西生态建设成果丰硕，在林业、工业领域和城市建设、农村环境治理等方面“多措并举”：加快推进生态文明示范区建设，国家下达的“十一五”节能减排目标和淘汰落后产能任务全面完成；重点行业、企业能耗水平和排污强度较大幅度下降；城镇污水集中处理率、生活垃圾无害化处理率均显著提高；制糖行业循环经济发展新模式走在全国前列，电解锰环境综合整治全国领先；以清洁家园、清洁水源、清洁田园为主要内容的“美丽广西·清洁乡村”活动使得乡村环境卫生和面貌明显改善。另外，广西森林覆盖率达58%，排全国第4位；设区城市空气质量优良率99%以上，重点流域水质达标率100%，近岸海域环境达标率85%。通过加大生态环境保护和建设力度，广西污染物排放量有所减少，污染防治不断加强和深化，农村环境综合整治初见成效。“山清水秀生态美”成为广西的一大优势和亮丽品牌。

云南生态文明建设取得重大成果，生态环境保护力度明显加大，向努力建成美丽中国示范区的目标迈进。云南坚持走“生态立省、环境优先”的道路，全面实施“七彩云南保护行动”“滇西北生物多样性保护行动”“森林云南”建设、“九湖流域水污染综合防治工程”“三峡上游区水污染治理工程”等一系列行动，滇池水质恶化的趋势得到有效遏制，综合治理效果开始显现，洱海治理成果得到巩固提升，创造了水污染防治新模式，生物多样性保护重点区域由18个县（市、区）扩大到44个县（市、区）。节能减排目标如期完成，森林覆盖率达到52.9%，新增治理水土流失面积140万公顷，城市污水集中处理率和城市垃圾无害化处理率均提高到70%以上。体现了云南坚持绿色发展，走生态建设产业化、产业发展生态化的道路，争当全国生态文明建设排头兵的决心。

贵州生态文明建设效果显著，“十一五”期间，以生态文明建设为主线，全面完成了污染减排任务，环境质量稳中向好，各项工作均取得了明显成效。另外，贵州还编制实施创建全国生态文明先行区规划和主体功能区规划，举办生态文明贵阳国际论坛，出台了《贵州省生态文明建设促进条例》，深化生态文明建设体制机制改革。这些措施的施行大大改善了生态环境，其中森林覆盖率达到49%，新增耕地30万亩，治理石漠化1000平方公里、水土流失2706平方公里，完成营造林450万亩，石漠化面积扩大的势头得到有效遏制。实施十二件环保实事，基本建成县城生活垃圾无害化处理设施，建设39个园区污水和垃圾集中处理设施。凉爽的气候、清新的空气和秀美的山水成为多彩贵州一张响亮的名片。

二、粤桂滇黔省际生态文明建设绩效评价

广东是我国经济社会发展的排头兵，经济率先发展，相伴而来的能源、资源、生态、环境问题越来越突出；广西、云南和贵州是经济欠发达后发展地区，经济赶超发展，资源环境问题也会愈来愈严峻，需要通过定量分析，各省区对比，发现各地生态文明建设存在的问题。

（一）生态文明指标体系的建立

本节在综合前人的研究方法与成果的基础上，参考中国省域生态文明建设评价指标体系（ECCI），根据客观性、代表性以及数据的可得性原则，围绕生态文明的定义，综合考虑了环境与经济、人与自然和谐发展的目标，确立了包括生态资源、社会发展、协调程度和污染治理四项二级指标

及16项三级指标的生态文明指标体系，详见图10.1。

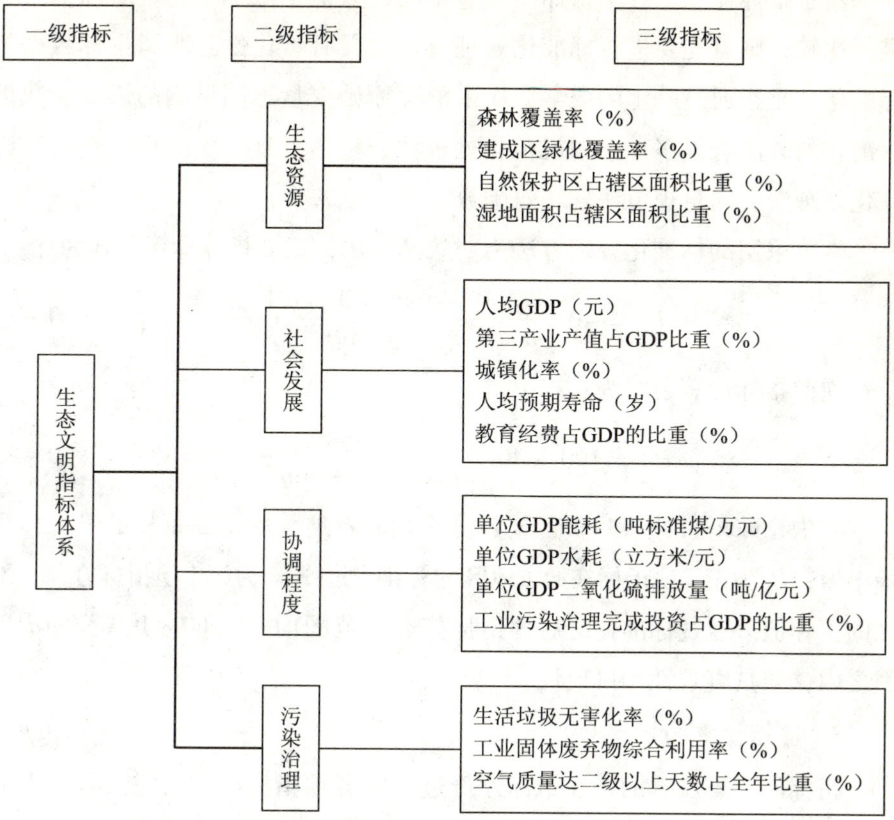

图10.1　生态文明指标体系框架图

（二）计算生态文明综合评价指数

1. 数据来源

本节分析的相关数据均来自国家统计局网站，考虑到数据的可得性和指标的完整性，将待分析的样本年份确定为2012年。此外，还需要对一些指标进行必要的调整和处理，如人均预期寿命指标用的是2010年的人口普查数据值，部分省份的单位地区生产总值能耗指标参照过往已有年份的数据和各省的变化情况进行插值计算。空气质量达到二级以上天数占全年比重指标利用各省区的省会城市作代表。

2. 标准化处理

由于指标体系中各个指标的性质不同，数值单位也不同，所以如果要进行比较，则首先要进行标准化处理，使之具有可比性。所谓指标数据的标准化，是指通过一定的数学变换来消除原始变量不同量纲的影响。数据标准化的方法有很多种，如规范化处理法、极值处理法、线性比例法、归一化处理法、向量规范法、功效函数法等。

本节采用的标准化处理方法为功效函数法，正向指标计算公式为：

$$P_{it} = 40 \times \frac{x_{it} - \min(x_i)}{\max(x_i) - \min(x_i)} + 60 \tag{10-1}$$

逆向指标计算公式为：

$$P_{it} = 100 - 40 \times \frac{x_{it} - \min(x_i)}{\max(x_i) - \min(x_i)} \tag{10-2}$$

其中，max（x_i）和 min（x_i）分别代表各地区的每项指标的最大值和最小值，P_{it}为第 i 项指标在第 t 地区的标准化值，x_{it}为第 i 项指标在第 t 地区的实际值。经过标准化之后的指标值取值范围均落入 60 ~ 100 范围的区间之内，兼具直观性和可比性。

3. 指标权重的确定

指标的权重反映的是在指标评价过程中各项指标的相对重要程度，确定指标权重系数是综合评价中的核心问题。由于各指标的计量单位与数量级不同，各指标在各省区生态文明建设中发挥的作用不同，故本节利用前述章节提到的层次分析法确定各项指标的权重。参考专家的建议，最终的指标赋权结果如表 10.1 所示。

表 10.1 生态文明指标体系及权重

一级指标	二级指标	权重	三级指标	权重	性质
生态文明指标体系	生态资源	0.24	森林覆盖率	0.30	正指标
			建成区绿化覆盖率	0.34	正指标
			自然保护区占辖区面积比重	0.20	正指标
			湿地面积占辖区面积比重	0.16	正指标

续表

一级指标	二级指标	权重	三级指标	权重	性质
生态文明指标体系	社会发展	0.16	人均 GDP	0.17	正指标
			第三产业产值占 GDP 比重	0.18	正指标
			城镇化率	0.25	正指标
			人均预期寿命	0.27	正指标
			教育经费占 GDP 的比重	0.13	正指标
	协调程度	0.32	单位 GDP 能耗	0.25	负指标
			单位 GDP 水耗	0.25	负指标
			单位 GDP 二氧化硫排放量	0.25	负指标
			工业污染治理完成投资占 GDP 的比重	0.25	正指标
	污染治理	0.28	生活垃圾无害化率	0.34	正指标
			工业固体废弃物综合利用率	0.33	正指标
			空气质量达到二级以上天数占全年比重	0.33	正指标

4. 生态文明综合评价指数的计算公式

生态文明综合评价指数是由四个二级指标评价指数的加权平均数，其计算公式为：

$$D = \sum_{i=1}^{m} X_i \sum_{j=1}^{n} W_{ij} P_{ij} \qquad (10-3)$$

式（10－3）中，D 代表生态文明综合指数，X_i 为第 i 个二级指标的权重，W_{ij}为第 i 个二级指标第 j 项指标的权重，P_{ij}为第 i 个二级指标第 j 项指标的评价值。根据上述公式计算出的生态文明综合指数越大，表明生态文明的水平就越高。

（三）粤桂滇黔省际生态文明建设绩效评价与比较

根据生态文明的指标体系，本节计算了粤桂滇黔四省区生态文明综合指数，如表 10.2 所示，并对其生态文明建设绩效进行评价。

表 10.2　2012 年粤桂滇黔四省区生态文明建设综合指数比较

省区	生态资源	社会发展	协调程度	污染治理	综合指数
广东	93.74	94.03	90.00	82.11	89.33
广西	83.93	74.32	77.28	80.71	79.36
贵州	60.00	74.88	74.90	73.36	70.89
云南	86.78	69.28	86.62	75.87	80.88

根据表 10.2 中生态文明综合指数可以看出，2012 年，粤桂滇黔四省区生态文明建设综合评价得分情况由高到低排序是广东、云南、广西、贵州。广东和贵州的得分相差 18.44。从各个二级指标得分情况看，广东的生态资源、社会发展、协调程度和污染治理四个指标都是遥遥领先于广西、贵州和云南三省区，而贵州除社会发展一项指标外，其他指标均排在最末位。得分越高，对生态文明建设水平方面的评价就越高，由此，可以判断广东的生态文明建设水平在四省区的比较中是占有优势的。广东在生态文明建设方面取得的成效较其他三省区好，究其原因是因为广东经济发达，在生态文明建设起步早，收到的成效要大于其他三个省区。

根据生态文明综合指数得分情况，可以将粤桂滇黔四省区的生态文明建设绩效划分为四种不同类型：

第一类，环境优化地区，即广东，处于环保优先的主导阶段，其各指标得分均为最高，生态文明建设的整体水平较高。广东地处沿海发达地区，经济实力雄厚，城乡差距较小，对节能减排和循环经济的建设十分重视，技术改造和资金投入并重，生态文明各个方面得到相对均衡的发展。

第二类，产业优化地区，即广西，处于产业结构调整的主导阶段，其各指标得分比较均衡，其中，污染治理指标得分较高。另外，近几年来，广西的重工业及制造业致力于改造升级，高能耗发展方式正在转变，生态治理成效逐渐显现。

第三类，全面提升地区，即贵州，处于着力完善的发展阶段，其各指标得分均比较低，过高的能耗导致协调程度得分最低，生态文明建设的整体水平不高，亟待提升。贵州地处西南偏远地区，经济落后，尽管近几年经济得到快速发展，但是其显著的城乡落差局面有待扭转，产业结构模式需要改变，统筹城乡的步伐还需要进一步加快，生态治理的力度仍要加大。

第四类，集聚发展地区，即云南，处于增长方式转变的主导阶段，其各项指标得分波动较大，差异明显，其中生态资源指标和协调程度指标得分较高，而社会发展指标得分则为四省区最低。因此应转变经济发展方式，深入调整产业结构，防治污染的力度也应加大，利用好其生态优势。

第二节　“十一五”时期、“十二五”前期粤桂滇黔省际污染减排的比较

生态文明体现了人与自然的和谐关系。生态文明，是认识自然、尊重自然、保护自然、合理利用自然，反对污染自然环境、浪费自然资源，人类与自然和谐相处的文明。而随着我国经济社会的高速发展及工业化、城市化进程的加速，资源消耗激增、环境质量下降、经济增长的资源和环境压力的不断加大，都成为了制约经济社会可持续发展的重大问题。生态文明建设，就是要解决人民群众最关心的环境问题。严重的污染事件不仅影响人们的身体健康和生活质量，同时会造成社会问题。随着人们生活水平的提高，人们对生活质量提出了更高的要求，对良好生态环境的需求越来越迫切。因此，为了推进生态文明建设，加快转变经济发展方式，建设资源节约型、环境友好型社会，控制污染是非常重要的。本节对化学需氧量（COD）和二氧化硫（SO_2）两个主要污染物的排放量指标的完成情况，来比较“十一五”到“十二五”前期粤桂滇黔四省区污染减排的效果。

一、“十一五”时期粤桂滇黔省际污染减排效果的比较

根据《“十一五”期间全国主要污染物排放总量控制计划》可知，“十一五”时期粤桂滇黔四省区的化学需氧量减排目标分别为15.00%、12.10%、4.90%和7.10%，二氧化硫减排目标分别为15.00%、9.9%、

4.00%和15.00%。表10.3中的数据显示，截至2010年年底，粤桂滇黔四省区均超额完成了《“十一五”期间全国主要污染物排放总量控制计划》下达的总量控制任务，但是减排效果却存在着差距。其中，化学需氧量削减任务广东的完成情况最好，与2005年相比，2010年的化学需氧量排放量实际减少了18.90%，超出目标3.90个百分点；随后依次为云南、贵州、广西，分别超出目标1.06个百分点、0.86个百分点、0.33个百分点。另外，粤桂滇黔四省区2010年比2005年的二氧化硫排放量的实际削减率分别为18.78%、11.63%、4.02%和15.39%，广东的完成情况仍然是四省区中最好的，超额完成目标3.78%；其次为广西，超额完成目标1.73%；贵州以超出目标0.39%位列四省区第三；最后一位的云南比削减目标仅超出0.02%。总体来看，“十一五”期间，粤桂滇黔四省区均超额完成主要污染物排放总量控制的任务，减排成效显著，扭转了“十一五”后期主要污染物排放总量大幅上升的趋势，为保持经济平稳较快发展提供了有力支撑，为应对全球气候变化做出了重要贡献。

表10.3 “十一五”期间粤桂滇黔四省区主要污染物治理效果比较

地区	2005年排放量（万吨）	2010年排放量（万吨）	2010年比2005年		
			削减目标（%）	实际削减率（%）	超出目标（%）
化学需氧量（COD）排放量					
广东	105.8	85.8	-15.00	-18.90	3.90
广西	107	93.7	-12.10	-12.43	0.33
贵州	22.6	20.8	-7.10	-7.96	0.86
云南	28.5	26.8	-4.90	-5.96	1.06
二氧化硫（SO^2）排放量					
广东	129.4	105.1	-15.00	-18.78	3.78
广西	102.3	90.4	-9.90	-11.63	1.73
贵州	135.8	114.9	-15.00	-15.39	0.39
云南	52.2	50.1	-4.00	-4.02	0.02

数据来源：历年《中国环境年鉴》和《“十一五”期间全国主要污染物排放总量控制计划》。

二、"十二五"前期粤桂滇黔省际污染减排效果的比较

"十一五"时期减排取得的成效和经验，为完成"十二五"时期更加严格、更加全面的减排任务打下了良好的基础。根据《"十二五"节能减排综合性工作方案》可知，粤桂滇黔四省区2015年的化学需氧量控制量分别为170.1万吨、74.6万吨、56.4万吨和34.8万吨，2015年比2010年的削减目标分别为12.00%、7.60%、6.20%和6.00%。在"十二五"开局的2011年，欧债危机持续发酵，中国经济持续增长的外部环境中不确定因素增多，而且由于减排工作刚刚起步，主要污染物排放量仍然保持较快的增长趋势。随着污染减排工作的逐步开展，粤桂滇黔四省区污染减排的力度进一步加强，各种管理政策和措施接踵而来。这些政策、措施的实施有效地控制了化学需氧量和二氧化硫的排放，2012年粤桂滇黔四省区化学需氧量和二氧化硫排放量较2010年均有削减，初步呈现下降的趋势，具体数据见表10.4。特别要注意的是，贵州、云南两省2012年的化学需氧量排放量以及二氧化硫排放量均已经低于2015年的控制量，广西2012年的二氧化硫排放量也在2015年的控制量之下，"十二五"减排工作取得了进展。

表10.4 "十二五"前期粤桂滇黔四省区主要污染物治理效果比较

地区	2011年排放量（万吨）	2012年排放量（万吨）	2015年控制量（万吨）	2015年比2010年削减目标（%）
化学需氧量（COD）排放量				
广东	188.4	180.29	170.1	-12.00
广西	79.3	78.03	74.6	-7.60
贵州	34.2	33.30	34.8	-6.00
云南	55.5	54.86	56.4	-6.20
二氧化硫（SO^2）排放量				
广东	84.8	79.9	71.5	-14.80
广西	52.1	50.4	52.7	-7.90

续表

地区	2011 年排放量（万吨）	2012 年排放量（万吨）	2015 年控制量（万吨）	2015 年比 2010 年削减目标（%）
二氧化硫（SO^2）排放量				
贵州	110.4	104.1	106.2	-8.60
云南	69.1	67.2	67.6	-4.00

数据来源：历年《中国环境年鉴》和《“十二五”节能减排综合性工作方案》。

三、广西“十二五”中后期污染减排的形势

据广西环保厅通报，2011—2013 年，废水中化学需氧量排放量同比分别减少 15.3%、1.6%、2.7%。其中，工业废水化学需氧量排放量同比分别减少 58.4%、2.6%、12.1%，占总排放量 40% 以上的城镇生活污水化学需氧量排放量同比分别增长 -18.6%、-0.2%、2.3%；同时，占废水氨氮总排放量 60% 左右的生活污水氨氮排放同比分别增长 43.7%、-0.8%、1.0%，而比 2010 年减少 50% 的工业废水氨氮排放量仅占总量 8.9%。2013 年，广西在氨氮和氮氧化物这两项指标的排放量下降比例未能达到年度减排目标的要求，氮氧化物甚至不降反升。

2014 年，广西污染减排目标任务是化学需氧量、氨氮和氮氧化物排放量分别比 2013 年下降 1.5%、2.0% 和 8.0%，二氧化硫排放量与 2013 年持平。经环境保护部初步核定，广西 2014 年化学需氧量、氨氮、二氧化硫和氮氧化物排放量分别比 2013 年下降 2.03%、2.12%、1.13% 和 12.28%，四项指标均完成 2014 年度污染减排目标任务。其中，氮氧化物削减幅度居全国前列。

截至 2014 年，广西化学需氧量、氨氮、二氧化硫和氮氧化物分别完成“十二五”任务的 103%、71%、233% 和 22%。氨氮和氮氧化物尚有 29% 和 78% 的减排任务需要在 2015 年完成，减排任务相当繁重，“十二五”时期污染减排形势严峻。

第三节　结论与建议

一、几点结论

以上通过粤桂滇黔四省区生态文明建设绩效对比分析，考察粤桂滇黔四省区对“十一五”时期、“十二五”前期污染减排情况，得出几点结论意见。

第一，粤桂滇黔四省区生态文明建设均有新进展。广东生态文明建设水平高，生态资源、社会发展、协调程度和污染治理四个指标得分情况良好。广西生态文明建设取得较好成效，生态文明建设综合指数得分为79.36分，低于广东将近10分。其中，生态环境、污染治理指标得分高于80分，社会发展、协调程度指标得分低于80分，属于产业结构逐步优化的类型区。表明生态文明建设水平比较理想。主要是得益于几年来广西产业结构调整成效较好，高污染、高排放的重化工业比重逐步下降，产业结构趋于合理化缘故。广西、云南和贵州三省区要跟上发达地区步伐，仍然需要花大力气、下大功夫。

第二，“十一五”时期粤桂滇黔四省区完成了主要污染物排放总量控制的任务。通过“十一五”时期主要污染物减排效果的省际比较可以看出，尽管经济发达的广东污染减排任务相对较重，但其污染治理效果却更明显，而考虑到环境容量、经济发展水平、区域平衡和国家区域发展规划等因素，欠发达的广西、贵州、云南污染减排目标虽略有放宽，但其实际减排效果较广东有一定差距。造成粤桂滇黔四省区减排效果差别的原因是多方面的，既与各省区经济发展状况、产业结构、能源消费、环保技术水平等因素有关，也与当地对污染减排的重视与投入规模相关。

第三，“十二五”时期粤桂滇黔四省区面临污染减排严峻形势。“十二五”时期我国对主要污染物设置了更为严格的减排目标。对于减排效果较好的广东而言，面临着存量减排空间缩小和增量减排难度增大的问题，单位减排成本将有所上升。而对于“十一五”减排效果不理想的其他三省区来说，“十二五”减排同样是挑战和机遇同在。如果继续放任高污染、高排放产业发展，不仅难以完成“十二五”减排任务，而且生态环境将加剧恶化。为此，应总结“十一五”减排经验，开拓思路，立足技术和制度创新，严格分解落实各地区、各领域减排任务，以确保“十二五”减排目标顺利实现，全面提升环境质量，加快建成环境友好型社会。

二、问题与对策

(一) 广西生态文明建设存在的主要问题

“十一五”时期以来，广西加快推进生态文明示范区建设，继“十一五”完成国家下达的节能减排目标和淘汰落后产能任务后，“十二五”前期，每年度均基本完成污染减排任务。继续保持“山清水秀生态美”的优势和品牌。但是，目前广西经济发展方式仍较粗放，资源环境约束压力加大，现行条件和环境下，生态文明建设还存在以下主要问题：

1. 有些地方生态文明理念尚未树立

从全区层面看，经过持续多年推进生态文明建设，生态文明的理念已经基本上深入人心。但由于广西经济发展不平衡，一些贫困地区的干群谋求后来居上的意愿强烈，把经济快速增长放在第一位，重发展、轻环保，重当前、轻长远，不考虑当地自然生态承载力和环境容量，不断对自然资源实行掠夺式开发。此外，在目前仍然对 GDP 考核的情况下，地方政府以大投入大搞“政绩工程”“形象工程”的工作思路仍未转变，认为生态文明建设，只会让人缩手缩脚，尚未把主要精力放在抓生态文明建设上，更不用说将许多资金用于环境保护方面了。

2. 环保政策法规体系不健全，环境执法监管不力

尽管环境保护法规和环境经济政策工作取得成效，但目前仍然在土壤环境保护、环境监测、生物安全、遗传资源保护等方面，还没有制定法律或行政法规。排污许可、总量控制、区域限批等一些重要的环境管理制度缺少实施性法规，与专项法规相配套的立法尚未推进。政府环境执法监管

不到位，违法排污现象时有发生，特别是县、乡镇河流污染更加严重。由于对环境事故的惩罚多采取事后罚款方式，环境违法成本较低，对于限制企业破坏生态环境的行为没能构成强有力的制约。监管力量分散、部门职能交叉、执法力度不足都极大地影响了环境执法监管的效果。民众的环境知情权、参与权及监督权得不到有效保障，社会公众监督、舆论监督等社会监督形式缺位。

3. 生态环境保护的财政支持不足

环境保护的财政投入偏低，环境污染治理投资占同期 GDP 比例仅为 1.47%，自然保护区建设、重点生态工程建设、重金属污染治理、农村环境综合整治等资金缺口大，生态公益林补偿标准偏低。污染排放收费标准低，收费对象和收费项目不全，排污费管理比较混乱，使得有限的环保资金不能发挥最大效用。生态补偿机制有待完善，生态公益林补偿标准偏低。实施生态保护的优惠政策弱化，影响治理生态环境的导向作用。生态环境保护的激励机制和生态环境保护管理机制不够完善。

4. 污染物排放总量大，部分地区环境污染问题仍较突出

广西产业结构以资源型为主，主要污染物产生量、排放量大，排污强度依然维持在较高水平。个别设区城市空气质量、少量河流河段水质未能达到规定标准，部分区域地下水受到污染，特别是局部地区重金属污染突出且危害在加深，历史遗留环境问题治理难度大。大部分危险废物没有得到安全处置，难降解有毒有害有机污染物污染问题逐渐显现，环境风险在增加。农村生活和农业生产污染呈加重趋势，土壤污染源多面广，危及农村饮水安全和农产品安全。核与辐射环境安全压力不断加大，城市机动车尾气污染问题凸显。

5. 部分地区生态系统功能退化，生物多样性受到威胁

广西自然生态系统较为脆弱，长期对资源的不合理开发造成生态系统受到不同程度破坏，原生植被不断减少，部分区域水土流失、石漠化扩展趋势尚未得到有效遏制，生态服务功能减弱甚至丧失，全区石漠化面积 237.9 万公顷，水土流失面积 2.81 万平方公里。物种及其栖息地遭到损

害，一些珍稀物种已濒临灭绝的境地，外来入侵物种危害严重。海洋生态环境退化趋势仍在加剧。

6. 生态环境监管能力薄弱，科技支撑不强

广西生态环境监管职能部门机构不健全、人员不足且素质不高、基础设施缺乏等问题仍较突出，环境监控预警和应急监测能力、环境监察能力、辐射监管能力、环境宣教信息基础能力、自然保护区管护基础设施建设滞后，农村环境监管薄弱。环保科技创新体系不健全，自主创新能力不强，基础研究、关键技术研发对环境保护支撑不足，产学研结合机制、科技人员培养引进、激励和考评机制不够完善，科研成果产出率低、转化率不高，环保产业发展相对落后，难以适应环境保护历史性转变的需要。

（二）推动生态文明示范区建设，打造美丽广西的对策

1. 全面树立生态文明意识

大力培育生态文化，通过对全自治区干部群众开展人口资源环境、国情区情教育和生态科普等宣传教育，引导保水、护绿、节能、减废的良好行为习惯，倡导绿色消费、低碳消费的生活模式；以生态文明示范区建设为抓手，树立典型，全面培养生态文明意识。当前任务非常艰巨，各级政府及部门必须认清形势、把握发展机遇，始终坚持“生态立区、绿色发展”的理念，以建设生态文明示范区为抓手，带领全自治区人民协调好经济、政治、文化、社会和生态文明建设的关系，打造广西“山清水秀生态美”的优势品牌和核心竞争力，推动经济社会可持续发展，共建“美丽广西”。

2. 完善政策法规体系和环境经济政策

建立健全环保地方性法规规章和标准体系，逐步制定、落实资源价格和收费政策，完善生活污水、垃圾集中处置收费制度，适当提高排污费征收标准，采用环境倒逼机制，淘汰落后产能，完善生态补偿机制和绩效考核机制；研究制定《广西饮用水源保护区环境保护管理条例》《广西水污染防治管理条例》等法规和规范性文件，制订符合广西实际和需求的污染

物排放标准。建立适应主体功能区要求的环境经济政策、环境管理机制、生态补偿机制和绩效考核机制，引导各地严格按照主体功能定位推进发展。利用财政转移支付、保证金等手段，推进重要生态功能区、自然保护区、重要湿地、流域水资源开发和矿产资源开发等重点区域和领域的生态补偿，逐步提高重点公益林森林生态效益补偿标准，鼓励同一流域上下游生态保护与生态受益地区之间建立生态补偿机制，力争将珠江中上游流域作为国家生态补偿的重点区域。加大水土保持生态效益补偿资金的筹集力度。建立健全污染者付费制度、生态环境损害赔偿制度、资源有偿使用制度、矿山环境恢复治理保证金制度，完善体现资源环境成本的价格和收费政策。逐步提高排污收费标准，城镇污水和垃圾处理收费标准要逐步满足污水处理厂稳定运行、污泥无害化处置、垃圾无害化处置的要求。推行排污许可证制度，建立重污染企业退出机制和排污权交易制度。深化绿色信贷政策，建立抑制重污染项目和鼓励清洁项目的信贷机制。将环境监管、环境基础设施、环境监测与评估等纳入环境基本公共服务范畴，合理确定不同区域环境基本公共服务标准和支持政策，推动实现区域之间、城乡之间环境基本公共服务均等化。

3. 多渠道加大环保投入

强化政府环保投入的主体地位，切实加强对环境保护和生态建设的资金投入。强化“211 环境保护”预算科目经费保障，逐步提高政府预算中生态环保投入比重，到“十二五”期末，要使环保投入占同期国内生产总值的比重达到2.0%以上，实现各级政府对生态建设的资金投入与财政收入、GDP 增长同步。完善财政转移支付制度，将区域生态环境状况作为实行财政转移支付的重要因素，将环境基本公共服务均等化作为投资和财政专项转移支付的重点，重点补助和支持禁止开发区域和限制开发区域、少数民族地区、边境地区及特殊困难地区，增加环境保护和生态建设专项资金规模，进一步拓宽资金使用范围。建立鼓励各类社会投资主体参与环境保护和生态建设的投入机制，落实国家森林经营、生态建设各项补助政策，加大能源林、森林碳汇造林利用外资力度，形成政府、企业、社会多元化，国内、国外多渠道投入体系。利用市场机制，鼓励和引导社会和民间资本、外来资本和金融信贷参与生态文明建设。充分利用中央不断加大财政转移支付力度、增加生态建设和环境保护投入的政策，争取国家专项资金更多支持，同时积极争取国家高新技术重大产业和生态产业在广西布局。

4. 持续深入推进主要污染物减排

实行主要污染物排放总量控制制度，按照“减存量、控增量、挖潜力”的工作思路，全面推进主要污染物减排，落实减排目标责任制，通过强化结构减排、深化工程减排、实化管理减排和推进清洁生产，降低产污、排污强度。一是狠抓企业环境综合整治，提质增效。坚持“管住新的，管好老的”，推进企业污染防治设施更新改造，提高污染治理设施运行的达标率和污染防治水平，巩固达标排放成果，实现污染物浓度、总量排放达标。开展企业清洁生产审核工作，鼓励企业节能减排技术创新，提高能源和废物循环利用率。二是把污染减排与调整产业结构结合起来，做好淘汰落后产能工作。对排污强度大、高能耗、环境污染重、环境治理难度大、经济效益差的落后产能坚决予以淘汰。三是严格把好建设项目环境准入关，新建项目必须符合国家规定的准入条件、清洁生产标准、污染物排放标准及总量控制要求。

5. 以环境倒逼机制推动产业转型升级

深入开展以环境倒逼机制推动产业转型升级攻坚战，推动产业结构调整，优化经济发展，严格执行国家产业政策，加快淘汰落后产能，严格环境准入，着力推进规划环评，强化建设项目环评，从严控制高能耗、高排放，低水平重复建设和产能过剩建设项目，继续开展重污染行业环保核查和清洁生产审核，积极推动循环经济和低碳经济发展。推进北部湾经济区重点产业发展战略环评成果的落实，严格控制“两高”型产业的规模扩张，进一步提高资源能源利用效率。加快西江经济带发展规划环境影响评价，加强水环境保护和治理，把西江黄金水道建成生态好、污染少、能耗低、效益高的“绿色运输通道”和“绿色经济带”。按照“保护优先、合理开发、综合利用、循环发展”原则，强化河池、百色、崇左等桂西资源富集区资源开发利用的环境保护监管，加大矿产资源整合和开发秩序整顿力度，规范、引导资源合理有序开发。

6. 着力解决损害群众健康的突出环境问题

加强饮用水环境安全保障，大力推进 PM2.5 大气污染防治和污染治理，采取优化区域产业结构和布局、对重点工业行业进行废气治理、开展机动车排气污染防治、推广使用清洁能源等综合措施防治大气污染，稳步改善区域大气环境质量。加强重金属污染防治，严格化学品和危险废物环境管理，以土壤污染调查为基础，积极开展土壤污染治理与修复，强化环境执法监管，妥善处置环境突发事件，确保环境安全。统筹城乡环境保护，解决农村突出环境问题，以保障农村饮用水安全、治理农村生活污水垃圾污染、提高农业污染防治水平为重点，加强农村环境保护，大力推进农村环境综合整治，不断改善农村环境。

7. 深化重点领域污染综合防治

实行主要污染物排放总量控制制度，按照“减存量、控增量、挖潜力”的工作思路，全面推进化学需氧量、氨氮、二氧化硫、氮氧化物等主要污染物减排，落实减排责任，通过强化结构减排、深化工程减排、实化管理减排和推进清洁生产，降低产污、排污强度。继续推进流域水污染防治，切实抓好水质良好湖泊生态保护，让江河湖海“休养生息”，切实加强水环境综合治理，进一步改善水环境质量，保障饮用水安全。健全重点区域大气污染联防联控机制，加大农村环境保护力度，扩大农村环境连片整治范围，建立农村环境管理长效机制。

8. 加大退化生态系统修复重建力度

《中国农村扶贫开发纲要（2011—2020）》提出了生态扶贫的要求，并把滇桂黔石漠化区列入全国 14 个连片特困地区之一，以及国家今后十年扶贫攻坚的主战场。广西要全面推进石漠化综合治理，采取封山育林恢复自然植被、退耕还林、小流域水土保持、农村能源建设等措施，全面推进石漠化综合治理，逐步恢复和重建岩溶地区生态系统，创新石漠化治理与扶贫开发模式，推广乡村石漠化综合治理与扶贫开发试点经验。加强区域水土流失综合治理，在坡耕地分布广面积大、石漠化严重、人地矛盾突出的桂西和桂东北地区，重点推进坡耕地水土流失综合治理和小流域综合治理。加强矿山生态治理与修复，推进各类矿山和地质灾害多发区的生态治理，重点开展河池有色金属矿区、百色铝土矿区等大中型矿区的生态治理和修复。加强自然灾害监测防控和灾后恢复重建，科学制定自然灾害防控方案，完善应急预案，切实加强灾害防控的预警监测、应急处置和灾后重建等工作。继续开展水生态系统保护与修复，实施生态脆弱河流、水污染严重河湖的综合治理与修复，实施桂林市漓江流域水生态系统保护与修复试点建设。

9. 构建生态安全体系

以生态功能区划分为基础，加快环境功能区划，实行环境分类管理，推动各地区严格按照主体功能分类发展，优化国土空间开发格局。坚持保护优先和自然恢复为主，从源头防止生态破坏和退化，大力实施生态保护和建设重点工程，逐步构建以“两屏四区一走廊”为主骨架、以生态林为主体、以珠江防护林和沿海防护林为支撑、以自然保护区为重要组成部分的生态安全格局，提高生态安全和生态服务水平。加大自然生态系统保护力度，编制全面落实广西生物多样性保护战略行动计划，加强自然保护区综合管理，加强资源开发和基础设施建设生态保护。

10. 推进生态文明制度建设

积极推动建立健全生态文明示范区建设工作推进机制、综合决策机制、激励约束机制和公众参与机制，制定符合生态文明建设要求的相关法规体系、政策措施，继续推进环保模范城市、生态县市等生态文明建设试点，推进生态市、生态县、生态乡镇、生态村创建，深入开展绿色社区、绿色学校等创建活动，建设一批体现广西民族、山水、人文特色的环境教育基地和生态文化教育基地，提供丰富的生态文化产品。深化生态文明创建活动，引导全社会树立生态文明理念和参与生态文明建设。

11. 加大生态环境监管力度

从基础、保障、人才三个方面提升新时期生态环境监管能力。自治区、市、县各级政府要建立严格监管污染物排放的环境保护管理制度，健全环境影响评价、清洁生产审核、环境信息公开等制度，建立生态保护修复和污染防治区域联动机制。加强环境监察机构标准化建设，健全重点污染源在线监控系统，提高环境统计和信息处理能力建设，建立信息共享平台。建立经费保障渠道和机制，加强环境质量监督考核。建立和完善企业突发环境事件报告和应急处理制度、特征污染物监测报告制度。加强各级相关行政管理和执法队伍建设，加大环境保护急需人才的引进力度。进一步加大环境保护日常监管和执法检查，提高执法的强制力和威慑力，对各类环境违法违规行为实行“零容忍”，加大查处，强化对浪费资源、违法排污、破坏生态环境等行为的执法监察和专项督察。严厉打击各类环境违法行为，依法处置环境污染和生态破坏事件。

12. 增强环保科技支撑

开展环境保护和生态建设科学基础理论研究和污染防治、清洁生产、循环经济、生态修复、疫源疫病防控、风险防范、防灾减灾等关键技术攻关。精心组织实施国家水污染控制与治理科技重大专项，加强相关领域重点实验室、工程技术中心和科技数据库等基础平台建设，建立主要动植物种质资源基因库和良种繁育基地，筹建陆地生态系统野外观测定位研究站。深化产学研合作，健全标准质量、监督和认证体系，完善科技推广和服务体系，加强市场培育，加快科技创新与成果转化。大力发展环保产业，开发推广环保技术装备及产品，重点培育发展再生资源回收利用产业、污染治理装备及环境监测设备制造产业和环保设施社会化运营、环境咨询、环境监理、工程技术设计、公共检测等环境服务业。

参考文献

[1] 曹斌，林剑艺，崔胜辉．可持续发展评价指标体系研究综述［J］．环境科学与技术，2010（3）．

[2] 曹利军，王华东．可持续发展评价指标体系建立原理与方法研究［J］．环境科学学报，1998（9）．

[3] 钞小静，任保平．中国经济增长质量的时序变化与地区差异分析［J］．经济研究，2011（4）．

[4] 陈诗一．能源消耗、二氧化碳排放与中国工业的可持续发展［J］．经济研究，2009（4）．

[5] 白洁．社会和谐度评价指标体系研究［D］．厦门：厦门大学，2009.

[6] 陈旖．基于生态文明的城市发展模式比较研究［J］．贵州社会科学，2009（11）．

[7] 邓晓军，杨琳，吴春玲，吴玉溪，覃丽萍．广西水资源与社会经济发展协调度评价［J］．中国农村水利水电，2013（3）．

[8] 干春晖，郑若谷，余典范．中国产业结构变迁对经济增长和波动的影响［J］．经济研究，2011（5）．

[9] 高珊，黄贤金．基于绩效评价的区域生态文明指标体系构建——以江苏省为例［J］．经济地理，2010（5）．

[10] 谷树忠，胡咏君，周洪．生态文明建设的科学内涵与基本路径［J］．资源科学，2013（1）．

[11] 管丹萍，范恒君，杨从平．广西产业结构与经济增长关系的实